LA FIDUCIA MERCANTIL Y PÚBLICA EN COLOMBIA

ERNESTO
RENGIFO GARCÍA

LA FIDUCIA MERCANTIL
Y PÚBLICA EN COLOMBIA

2.ª ED.

UNIVERSIDAD EXTERNADO DE COLOMBIA

ISBN 978-958-710-122-7

© 2006, 1998, ERNESTO RENGIFO GARCÍA
© 2006, 1998, UNIVERSIDAD EXTERNADO DE COLOMBIA
Calle 12 n.º 1-17 Este, Bogotá
Teléfono (57 1) 342 0288
www.uexternado.edu.co
publicaciones@uexternado.edu.co

Primera edición: noviembre de 1998
Segunda edición: septiembre de 2006
Reimpresión: abril de 2009

Diseño de cubierta y composición: Departamento de Publicaciones
Impresión y encuadernación: Digiprint Editores EU.
Tiraje 1 a de 1.000 ejemplares.

Impreso en Colombia
Printed in Colombia

Prohibida la reproducción o cita impresa o electrónica total o parcial de esta obra, sin autorización expresa y por escrito del Departamento de Publicaciones de la Universidad Externado de Colombia.

A Alejandro, el pequeño

CONTENIDO

PRÓLOGO A LA SEGUNDA EDICIÓN	13
PREFACIO	15

CAPÍTULO PRIMERO
ANTECEDENTES HISTÓRICOS DE LA FIDUCIA — 17

I. Derecho romano	19
A. La *mancipatio*	20
1. *Res mancipi*	21
2. *Mancipatio familiae*	21
3. Persona in *mancipio* y *coemptio*	22
B. *Pactum fiduciae*	24
1. *Fiducia cum creditore contracta*	24
2. *Fiducia cum amico contracta*	25
II. El *trust*	27
A. Conceptualización y orígenes	27
B. Elementos del *trust*	31
C. Variedades de *trust*	31
D. El *trust* en los sistemas de *civil law*	33
III. La propiedad fiduciaria	36
A. Concepto y sujetos del negocio	36
B. Objeto	37
C. Condición	38
D. Constitución	38
E. Derechos del fiduciario	40
F. Obligaciones del fiduciario	40
G. Derechos y obligaciones del fideicomisario	40
H. El tenedor fiduciario	41
I. Extinción del fideicomiso	42
J. Inaplicabilidad del fideicomiso civil	43
IV. Albaceazgo fiduciario	43
V. El encargo fiduciario	46

CAPÍTULO SEGUNDO
ELEMENTOS, CARACTERÍSTICAS Y EFECTOS DE LA FIDUCIA MERCANTIL — 51

I. Exordio	53
A. El *trust*	53

		B. Naturaleza jurídica de la fiducia	54
		C. Definición	59
		1. Encargo fiduciario	61
	II.	Características de la fiducia mercantil	63
		A. Instrumentalidad	64
		B. Temporalidad	64
		C. Esencialmente remunerada	64
		D. *Intuitu personae*	64
	III.	Objeto de la fiducia y modalidades de constitución	68
		A. Objeto	68
		B. Modalidades	68
		C. Consensualidad	70
	IV.	Efectos jurídicos de la fiducia	70
		A. Patrimonio autónomo	70
		B. ¿Representación?	73
		C. ¿A quién se demanda?	80
		D. El fiduciario detenta una legitimación sustancial restringida por los límites del negocio celebrado	82
		E. Acreencias anteriores al negocio fiduciario	88
		F. El artículo 1238 mercantil ante la jurisdición ordinaria	94
		G. Terminación del negocio	97

CAPÍTULO TERCERO
FINALIDADES DE LA FIDUCIA MERCANTIL 99

I.	Exordio		101
II.	La fiducia de inversión		102
	A. Definición		102
	B. Clases		103
	C. Fondo común ordinario y fondo común especial		104
III.	La fiducia de administración		106
	A. Definición		106
	B. Finalidades		106
	C. Fiducia inmobiliaria		107
IV.	La fiducia en garantía		108
	A. Definición		109
	B. Reconocimiento		112
	C. Críticas		113
	D. La fiducia en garantía ante la jurisdicción ordinaria		116
	E. La fiducia en garantía frente al concordato preventivo		119
	F. La fiducia mercantil de garantía y los procesos concursales		130

v. La fiducia de titularización 139
   A. Definición 139
   B. Marco jurídico 141
   C. Procedimiento 142
   D. Titularización inmobiliaria 146

CAPÍTULO CUARTO
RESPONSABILIDAD CIVIL DEL FIDUCIARIO 149
   I. Exordio 151
   II. Culpa leve y delegación 151
   III. ¿Obligación de medio o de resultado? 160
   IV. Valoración 165
   V. ¿Buen padre de familia o buen hombre de negocios? 170
   VI. ¿Responsabilidad con bienes propios o con bienes fideicomitidos? 174
   VII. ¿Acción real o personal? 175
   VIII. Remoción por incumplimiento 178

CAPÍTULO QUINTO
TEMAS ESPECIALES DE LA RESPONSABILIDAD CIVIL DEL FIDUCIARIO 179
   I. El deber precontractual de información 181
   II. El deber de información contractual del profesional 194
   III. Responsabilidad del fiduciario por la suficiencia jurídica
      y económica de la garantía 203
      A. Caso Fiduciaria FES 203
      B. Caso Fiducafé S. A. 204
      C. Caso Sociedad Fiduciaria Cooperativa de Colombia 205
      D. Caso Banco Superior 207
      E. Posición de la Corte Suprema de Justicia 209
   IV. Expedición ilegal de certificados
      de garantía y ejecución de la garantía 210
   V. Necesidad de probar causalidad entre el daño
      y el incumplimiento de la fiduciaria 214
   VI. El negocio fiduciario como negocio de colaboración
      y el principio de confianza 220
      A. Negocio de colaboración 220
      B. Principio de confianza 223
   VII. Criterio de valoración de las decisiones de los administradores 227
   VIII. El beneficiario está legitimado para demandar 229
   IX. Daños, perjuicios y su cuantificación 233

CAPÍTULO SEXTO
FIDUCIA PÚBLICA 237
    I. Introducción 239
    II. Consagración normativa 240
    III. Posición de la Corte Constitucional 255
    IV. Crítica y excepciones a la prohibición 257
    V. Los dineros y los bienes entregados
       a un encargo fiduciario, sí se pueden embargar 267

BIBLIOGRAFÍA 271

PRÓLOGO A LA SEGUNDA EDICIÓN

En esta segunda edición de mis apuntes sobre *La fiducia mercantil y pública en Colombia* el lector encontrará, respecto de la pequeña edición del año 1998, una adición significativa y extensa, que recoge, en esencia, el análisis de todos los pronunciamientos que la Corte Suprema de Justicia ha realizado sobre el contrato de fiducia. Incluye, además, un acápite sobre la situación de la fiducia mercantil en los procesos concursales de conformidad con la Ley 550 de 1999, específicamente en el acuerdo de reestructuración y en el de la liquidación obligatoria. Al tema de la responsabilidad se le agrega un nuevo capítulo intitulado "Temas especiales de la responsabilidad civil del fiduciario", el cual se ha desarrollado con base en las preocupaciones actuales que la doctrina asume frente a la responsabilidad del profesional y en la rica casuística proveniente de nuestros tribunales de justicia. En este se analiza de manera especial el deber precontractual y contractual de la información en la medida en que la contratación moderna (y más la que ofrece servicios financieros) se encuentra hoy gobernada por cláusulas o condiciones uniformes, predispuestas unilateralmente por una de las partes. Se conceptúa el contrato de fiducia como un negocio complejo y de colaboración, pero a la vez como instrumento negocial al cual se le aplica en toda su extensión el principio de confianza. Finalmente, el último capítulo sobre la fiducia pública recoge los más recientes pronunciamientos y conceptos que sobre ella han emitido el Consejo de Estado y las autoridades administrativas.

Este *aggiornamento*, fundamentalmente jurisprudencial, se pone a disposición de los expertos y de la comunidad jurídica en general, en razón de la importancia que el negocio fiduciario ha tomado en nuestra realidad mercantil y por el relevante desarrollo dogmático y conceptual que ha adquirido en la doctrina nacional y en los tribunales de la justicia ordinaria y de la justicia arbitral. La rica casuística que el tema ofrece, que de suyo propicia la crítica y el comentario, constituye la razón de estas líneas, las cuales pretenden ahondar en la comprensión de la figura y facilitar su entendimiento en aquellos estudiantes que se han iniciado en el área del derecho contractual.

Mi reconocimiento a la doctora DEISY GALVIS por su aporte en el tema concursal; a la doctora CATALINA BARBASTEFANO por la lectura crítica de los borradores de trabajo, y al doctor JUAN PABLO BONILLA por su contribución en el tema de la fiducia pública. Así mismo, mi gratitud, una vez más, al doctor Antonio Milla, diligente Director de las publicaciones de la Universidad, y a Santiago Perea, eficaz corrector de estilo y, por supuesto, a mi Señora e hijos, Alejandro y Mateo, estímulos permanentes de mi quehacer cotidiano.

Bogotá, agosto de 2006

PREFACIO

La fiducia mercantil y pública en Colombia tiene su origen en una serie de reflexiones que había venido elaborando sobre el tema y que hoy he querido presentar de una manera armónica y coherente en este trabajo.

El tema dogmático de la fiducia ya ha tenido una suficiente difusión en derecho colombiano a través de trabajos importantes, entre los cuales se destacan los realizados por los profesores SERGIO RODRÍGUEZ, RAMIRO RENGIFO y GILBERTO PEÑA. Así mismo, en la práctica el importante desarrollo del negocio se aprecia en el número creciente de sociedades fiduciarias y en el aumento de posibilidades de celebración de negocios fiduciarios que el sistema financiero ofrece a sus usuarios. Por tales razones, los temas objeto de análisis del presente texto no tienen en absoluto la pretensión de la novedad, sino, por el contrario, el interés en la reflexión sobre puntos concretos que con el desarrollo del negocio han causado polémica, perplejidad y diferentes posiciones interpretativas.

El capítulo primero, sobre antecedentes históricos de la fiducia, se apoya en el derecho romano por considerar que quizá en la doctrina moderna existe un prejuicio o preconcepto al despachar sin mayor reflexión el estudio de formas negociales existentes en la experiencia jurídica romana, fundamentadas también en la buena fe y en la confianza, con el argumento de que el antecedente histórico de la figura es el *trust* anglosajón. Esa la razón por la cual la doctrina dominante, al analizar las raíces de la fiducia, dirige sus miradas al *common law* y a la experiencia jurídica angloamericana, con notas ocasionales al derecho romano. Ahora bien, a pesar de que en este capítulo hay prevalencia por el derecho romano –derecho de nuestras preferencias intelectuales y académicas–, también nos detenemos en el *trust*, en la propiedad fiduciaria del Código Civil, en el encargo secreto testamentario y en el encargo fiduciario, es decir, en otras formas o manifestaciones negociales basadas en la buena fe, en la confianza.

Los otros capítulos se refieren ya a problemas concretos que ha tenido el negocio fiduciario en derecho colombiano: discusión en torno de su naturaleza jurídica; sistematización de las diferentes clases de fiducia; concepto de patrimonio autónomo y si se da con él representación; la fiducia en garantía y la doctrina vigente de esta forma de negocio frente al trámite concursal; el problema de la responsabilidad del fiduciario y si asume obligaciones de medio o de resultado, y finalmente el tema de la fiducia pública que ha causado tanta polémica dentro de la Administración Pública. El lector caerá en la cuenta que los temas tratados están soportados con doctrina moderna y, sobre todo, con importantes precedentes judiciales y administrativos que los ilustran y complementan.

El libro que pongo a disposición no sólo de los estudiosos y de los especialistas es producto de mi creencia en el derecho y de la idea que con el respeto a la ley y a unas mínimas normas de convivencia ciudadana se puede iniciar un nuevo pacto social que legitime y dé credibilidad a nuestras instituciones. Con confianza recíproca de los particulares comienza a gestarse la fe en las instituciones.

Mi gratitud al Externado de Colombia que una vez más me da la posibilidad de divulgar el fruto de mis estudios y a su Departamento de Derecho Comercial en donde reina la colaboración y el estímulo. Así mismo al Dr. ANTONIO MILLA y a SANTIAGO PEREA, del Departamento de Publicaciones, quienes favorecieron que el borrador adquiriera presencia editorial.

Bogotá, 4 de octubre de 1998

CAPÍTULO PRIMERO
Antecedentes históricos de la fiducia

> La "*fides*" se define en la Antigüedad como ser de palabra, tener palabra: "*fit quod dicitur*". Aunque sea ésta una de las habituales definiciones etimológicas a base de juegos verbales, y aunque el contenido de la palabra esté con ello lejos de ser agotado, el significado esencial, sin embargo, está recogido. "*Fides*", que de ahora en adelante traduciremos como fidelidad, es la sujeción a la palabra dada, el sentirse ligado a la propia declaración.
>
> Fritz Schulz
> *Principios del derecho romano*

I. DERECHO ROMANO

El principio es la parte más importante de cualquier cosa[1], enseña Gayo, razón que motiva a escudriñar los antecedentes romanos de la fiducia, así sea de manera breve, para entender la figura. El antiguo derecho romano estaba impregnado de formas de riguroso cumplimiento de carácter sacramental y religioso. La actividad jurídica era más epidermis que sustancia, a tal punto que la forma se confundía con el negocio mismo. El mínimo error respecto del rito producía la "nulidad" del negocio y la consiguiente insatisfacción de aquellos que querían disponer de sus intereses. Además, las formas jurídicas que en su inicio eran adecuadas para disponer de los escasos intereses en la vida de relación comenzaron a mostrarse insuficientes frente a las nuevas necesidades de la vida práctica. Debido precisamente a la rigidez y a la escasez de las formas contractuales vigentes, los *civis* romanos se vieron obligados a utilizar formas jurídicas típicas para fines atípicos. Así pues, se hace necesario mirar las formas jurídicas romanas en donde aparece como elemento dominante la fiducia, esto es, negocios en donde lo fundamental es la confianza, la fe, la *fides*, la fidelidad[2].

Dentro de las formas rigurosamente impuestas en el ámbito del viejo derecho civil (*ius civile vetus*) se encuentran los negocios *per aes et libram*, es

---

1   Digesto 1, 2, 1.
2   Sobre el concepto de fidelidad en derecho romano cfr. de manera especial Fritz Schulz. *Principios del derecho romano*, Manuel Abellán Velasco (trad.), Madrid, Civitas, 1990, pp. 243 a 257.

decir, negocios celebrados por medio de "la rama (o bronce) y de la balanza". Estos negocios estaban unidos a una economía que no conocía todavía la moneda acuñada, pero que utilizaba como medio de cambio el metal para pesar primero las ramas y después el bronce, que terminó prevaleciendo en el uso. Los negocios *per aes et libram* de los cuales se tienen noticia fueron el *nexum* (abolido al final del siglo IV a. C.), la *mancipatio* y la *solutio per aes et libram*. Estos dos últimos permanecieron en uso aún después de la introducción de la moneda y duraron incluso hasta el final de la época clásica del derecho romano. Para efectos de la comprensión histórica de la fiducia importa destacar la *mancipatio*.

A. LA "MANCIPATIO"

Era un negocio jurídico solemne, susceptible de varias aplicaciones y caracterizado por su genérica función de adquisición. Era, en otras palabras, el modo general de transmitir la propiedad cualquiera que fuere la causa que la informase (compraventa, donación, legado, dote, mutuo, permuta) y es justamente ese carácter abstracto el que le permite su utilización para finalidades fiduciarias. En un comienzo habría sido una venta real que se transforma en ficticia y después sirvió para efectuar negocios en donde aparecía el elemento *fides* (deber de cumplir lo ofrecido, vinculación a la palabra empeñada).

Desde el punto de vista estructural en la *mancipatio* se presentaban dos partes: el *mancipio dans* en su papel de enajenante y el *mancipio accipiens* en su función de adquirente que consignaba el metal. El *accipiens*, ante la presencia de los testigos necesarios para cada acto libral, pronunciaba una solemne fórmula en la cual proclamaba ya existente para sí el derecho que entendía adquirir e igualmente afirmaba su adquisición. Su pronunciamiento debía estar acompañado de un gesto de aprehensión corporal sobre el objeto que pretendía. En forma sucesiva, el *mancipio accipiens*, con la cooperación del *librepens* (portador de la balanza), procedía a pesar y a realizar la respectiva consignación del *aes*, ya fuera efectiva o sólo simbólica, como en el caso de una venta imaginaria (*imaginaria venditio*), en favor del *mancipio dans*. De tal modo el acto era realizado.

1. "RES MANCIPI"

En cuanto a las aplicaciones de la *mancipatio* debe recordarse sobre todo que era el medio en virtud del cual se realizaban las adquisiciones de las cosas mancipables (*res mancipi*), es decir, aquellas cosas respecto de las cuales, por su importancia económica y social dentro de una economía agrícola, el ordenamiento jurídico exigía para su transferencia las formalidades de la *mancipatio*: los fundos situados en el suelo itálico, los esclavos, los animales de tiro y carga y las servidumbres prediales rústicas[3].

2. "MANCIPATIO FAMILIAE"

Una segunda aplicación de la *mancipatio* se tuvo en el caso de la *mancipatio familiae*, la cual implicaba la transferencia por parte de un *mancipio dans* (testador en esencia) de la totalidad de los propios bienes materiales a un *mancipio accipiens*, designado como *familiae emptor*. La transferencia de la familia, conforme a la finalidad del acto, se realizaba sin ninguna contraprestación de parte de este último. En sustancia, esta modalidad de *mancipatio* fue siempre una *imaginaria venditio*.

La *mancipatio familiae* fue creada por interpretación pontifical con el fin de consentir la elaboración de testamento a aquéllos que no tenían posibilidad de servirse del *testamentum calatis comitiis* o del *testamento in procinctu*[4]. En su originaria aplicación el negocio fue una *mancipatio* en función de una venta imaginaria que determinaba la adquisición inmediata de la familia del

---

3 Por oposición, las *res nec mancipi*, es decir los objetos de menor relevancia dentro de una economía agrícola, no requerirían de la mancipación.

4 El *testamentum calatis comitis* podía realizarse sólo dos veces al año, y el *in procinctu* sólo en tiempo de guerra. Nos dice GAYO en sus Instituciones 2, 102: "El que no había hecho testamento ni ante los comicios convocados ni en *procinctu*, si se veía en inminente peligro de muerte (*si subita morte urguebatur*), vendía su familia, esto es, su patrimonio a un amigo por medio de la *mancipatio*, rogándole que tras su muerte lo repartiera en la forma que indicaba. Este testamento se llamaba 'por el bronce y la balanza' porque se celebraba por medio de una *mancipatio*". Se debe agregar la hipótesis de la mujer *sui iuris*, a la cual por incapacidad de participar en los comicios y de ser parte del ejército le era imposible testar ante los comicios o *in procinctu*.

testador por parte del *familiae emptor* quien era a su vez amigo del testador mismo. El comprador fue considerado por los juristas como un heredero a pesar de que el *mancipio dans* estuviera todavía vivo. El *familiae emptor*, pues, resultaba titular de la familia de otro a título fiduciario[5]. Es decir, en virtud de la *mancipatio* el patrimonio del testador pasaba por un precio fingido a un adquirente fiduciario quien quedaba encargado de cumplir la última voluntad del testador y de dar a los bienes el destino requerido.

3. PERSONA "IN MANCIPIO" Y "COEMPTIO"

La tercera y última aplicación de la *mancipatio* fue aquella que tuvo como objeto a personas libres (*sui iuris* o *alieni iuris*). En la edad arcaica el *paterfamilias* pudo mediante la *mancipatio* enajenar los miembros de su familia, haciéndolos siervos de otro. Posteriormente, el *pater* pudo vender sus hijos *in potestate* sin el efecto de la reducción a servidumbre. Con esta forma de *mancipatio*, el *pater* determinaba la atribución de sus hijos al *mancipio accipiens* en situación de *persona in mancipio*[6] (situación semiservil porque eran libres en lo personal, pero se tenían como esclavos en lo patrimonial).

El anterior acto tuvo varias finalidades: fue usado con el fin de ceder a otro *pater* un elemento para adherir a trabajos de diversa índole; para realizar la *noxae deditio* de hijos que habían sido encontrados responsables de un ilícito privado por daño a terceros[7]; para realizar la adopción[8]; para realizar la emancipación[9]. En todos estos casos la *mancipatio* fue siempre una *imaginaria venditio*.

---

5   Enseña GAYO en 2, 103: "antiguamente el comprador de la familia, esto es, el que por medio de una *mancipatio* recibía la familia del testador, se colocaba en la situación de heredero, y por ello el testador le ordenaba que a su muerte repartiera los bienes en la forma por él indicada".
6   Están *in mancipio* el hijo de familia cuyo *pater* lo vende a otro *pater* o bien se lo entrega en reparación de un delito que aquél cometió (*noxae deditio*). El *mancipo datus* conserva los atributos de libertad y ciudadanía, pero en lo que toca a sus relaciones patrimoniales se considera como esclavo. El poder del *pater* no cesa, sino que queda en suspenso, renaciendo en el momento mismo en que el cuasi-dueño lo hace salir de su potestad.
7   GAYO 4, 79; también 1, 140-141.
8   GAYO 1, 134, 135.
9   En GAYO 1, 132 se lee: "Pero así como el hijo requiere tres *mancipationes*, los demás descen-

La *mancipatio* pudo también aplicarse a las mujeres *in manu*, con el mismo efecto de la reducción *in mancipio*; y naturalmente también a personas ya *in mancipio* que venían así *remancipatae*[10].

Otra aplicación de la *mancipatio* sobre personas libres fue aquella conocida con el nombre de *coemptio*. Se trató de una venta imaginaria mediante la cual una mujer, *sui iuris* o *alieni iuris*, pasaba bajo la *manus* de un extraño, cambiando de familia y asumiendo la situación de hija, o la situación de persona sujeta no asimilada a la de hija. El primer efecto se tuvo en la *coemptio matrimonii causa* y también en la *coemptio fiduciae causa* de la mujer que se sujetaba al marido o al *paterfamilias* para fines determinados. El segundo efecto se tuvo en la *coemptio fiduciae causa* realizada con un extraño, siempre con fines específicos[11].

En este orden de ideas y a manera de conclusión, se observa cómo la experiencia romana ofrece una particular forma jurídica utilizada para múltiples fines, o mejor, para finalidades heterogéneas. Cuando la forma no fue ya utilizada para la finalidad típica prístinamente concebida, las fuentes romanas hablan de actos imaginarios (*imaginaria venditio*). Es decir, la *mancipatio* se utilizó para fines diversos a los inicialmente establecidos: no sólo sirvió como medio de transferir un derecho real, sino también, dado su carácter de negocio abstracto, para cobijar las más disímiles finalidades que van desde la emancipación del hijo

---

dientes, masculinos o femeninos, salen de la potestad de los ascendientes con una sola *mancipatio*, pues la Ley de las XII Tablas sólo habla de tres *mancipationes* tratándose de la persona del hijo con estas palabras: 'si un padre vende tres veces a su hijo, el hijo se hará libre del padre'". En efecto, una triple venta del hijo determinaba la liberación de la potestad paterna: *Si pater filium ter venum duit filius a patre liber esto* (XII tab. 4, 2).

10 GAYO 1, 115-115ª; 118-118ª; 137; para la *mancipatio* de personas ya *in mancipo*, por ejemplo, GAYO 1, 140.

11 En efecto, nos dice GAYO que "entran bajo la *manus* por *coemptio* mediante una *mancipatio*, esto es, mediante una especie de ceremonia de venta [...] Esta *coemptio* la puede celebrar la mujer no sólo con su marido, sino también con un extraño, y así se dice que la *coemptio* se hace por causa de matrimonio o por causa de fiducia". La segunda se realiza cuando la mujer quiere sustituir los tutores que tiene para obtener otro. El tutor que se desprende del acto es llamado fiduciario. Así mismo nos dice GAYO: "Antiguamente también se hacía *coemptio* fiduciaria para otorgar testamento, pues entonces, y salvo algunas excepciones, las mujeres no tenían derecho a hacer testamento a menos que hicieran una *coemptio* seguida de una nueva *mancipatio* y una posterior manumisión". Cfr. GAYO 1, 113 a 1, 115.

hasta el testamento o el matrimonio. En otras palabras, la *mancipatio* se convirtió en el modo general de transmitir la propiedad, cualquiera que fuese la causa que la informase, y es justamente ese carácter abstracto del negocio el que permite su utilización para finalidades fiduciarias.

B. "PACTUM FIDUCIAE"

De otra parte, el *pactum fiduciae* era elemento configurativo de un instituto más complejo llamado *fiduciae* (término que tuvo otros significados técnicos y cuya conexión etimológica con la misma raíz *fides* es evidente: deber de cumplir lo ofrecido, vinculación a la palabra empeñada). La fiducia consistió en la enajenación de una *res* mediante *mancipatio* o *in iure cessio*[12] a título fiduciario. A la enajenación se le introducía un *pactum fiduciae* en virtud del cual el adquirente (fiduciario) se comprometía en relación con el enajenante (fiduciante), o a retransmitirle el dominio del objeto adquirido, o a disponer de él según específicas instrucciones. El compromiso dependía en cuanto a su eficacia de la verificación de una condición suspensiva o del acaecimiento de un término inicial. La experiencia jurídica romana ofrece dos particulares formas de aplicación de la fiducia: la *fiducia cum creditore contracta* y la *fiducia cum amico contracta*[13].

1. "FIDUCIA CUM CREDITORE CONTRACTA"

Constituyó, en esencia, una enérgica garantía real de los créditos. El deudor transfería al acreedor la propiedad de un objeto. El acreedor podía ejercitar lícitamente sólo algunas facultades que le correspondían en su situación de propietario[14].

---

12 La *in iure cessio* consistía en una cesión operada durante la fase *in iure*, constitutiva de un negocio jurídico solemne destinado a la creación y extinción de derechos de señorío sobre personas y cosas, construido sobre la base de un imaginario proceso civil de tipo reivindicatorio. Como modo derivativo de adquirir la propiedad fue el idóneo, con la *mancipatio*, para la adquisición de la propiedad quiritaria, sirviendo al propio tiempo para operar la manumisión de esclavos, adopciones, tutela, etc.

13 GAYO 2, 60: "la transmisión en garantía puede convenirse, bien con un acreedor, en virtud del derecho de prenda, o bien con un amigo para que nuestras cosas queden en su poder".

Sin que hubiese necesidad de explícita mención en el *pactum fiduciae*, el fiduciario, en caso de incumplimiento de la deuda para la cual había sido realizada la fiducia, podía vender el objeto para satisfacer su propio crédito, pero permaneciendo obligado a devolver al fiduciante el eventual excedente (*superfluum*) del precio recibido respecto del total del crédito. En caso de cumplimiento de la deuda (así se realizaba la función resolutiva del *pactum fiduciae* con condición suspensiva), el fiduciario era obligado naturalmente a retransmitir la cosa *fiduciae causa* al fiduciante.

El derecho del fiduciante a la restitución del objeto o a la prestación del *superfluum*, a la imputación de penas pecuniarias pagadas por terceros sobre ilícitos en el objeto, a la indemnización en caso de ventas realizadas en modo contrario a la buena fe, a la indemnización por comportamientos ilícitos –culposos o dolosos– relativos al objeto, etc., podía hacerse valer mediante el uso de la *actio fiduciae*.

Con la misma acción, pero formulada en sentido contrario, *actio fiduciae contraria*, el fiduciario podía hacer valer sus derechos eventuales: reembolso de gastos hechos en el objeto, restitución del objeto concedido en precario o en arrendamiento al fiduciante, indemnización del daño sufrido a consecuencia de evicción del objeto vendido en caso de incumplimiento, etc.

2. "FIDUCIA CUM AMICO CONTRACTA"

Fue usada con el fin de confiar en una persona de segura lealtad –constituyéndola propietaria– un objeto para custodiar y restituir al fiduciante una vez acaeciera un término inicial o se verificara una condición suspensiva; y con

---

14 Por ejemplo: podía ejercitar la *reivindicatio*, conceder en arrendamiento o en precario el objeto dado en fiducia al fiduciante. El fiduciario podía hacer propios los frutos de la cosa, pero debía imputarlos al monto de la deuda. El fiduciario, sin embargo, no podía enajenar como propio el objeto materia de fiducia antes del incumplimiento, y respondía por los daños del objeto. El fiduciario tenía derecho al reembolso de las expensas útiles y necesarias y a cuanto hubiese perdido por la evicción de los objetos dados en fiducia; también por los tributos que él hubiere pagado. El fiduciante no era ya *dominus* del objeto y, por consiguiente, no podía vendérselo al fiduciario que era el *dominus*, pero sí podía enajenarlo a terceros dado que la venta tenía sólo efectos obligatorios; por el mismo motivo, el objeto fiduciario podía ser constituido en dote por el fiduciante como *res aestimata*.

finalidad de depósito sobre todo en ocasiones de grave peligro personal para el fiduciante[15]. La figura fue usada también para transmitir el dominio de un esclavo a un fiduciario con el fin de que éste lo manumitiese en una fecha futura[16]. También fue utilizada para realizar una *donatio mortis causa*[17]. A ella se le aplicaron la *actio fiduciae directa* y la *contraria*.

La *fiduciae cum amico* fue uno de los no pocos institutos que estaban fundamentados en la *amicitia* privada, la cual constituyó una verdadera estructura jurídica en el derecho romano de la época de la República y en la época clásica[18]. Es decir, la *amicitia* entre privados constituyó una firme práctica social que influyó grandemente al ordenamiento jurídico romano para que éste la dotara de particulares efectos jurídicos.

Un comentario final: cuando el jurista moderno estudia la fiducia en garantía, comprueba que la *fiducia cum creditore contracta* representa su antecedente histórico. En efecto, en ésta el acreedor (fiduciario) recibía del constituyente de la seguridad (fiduciante, que por lo general era el propio deudor) un bien o conjunto de bienes con el anejo *pactum fiduciae*, por el cual se convenía que el fiduciario retransmitía la cosa al fiduciante cuando el crédito hubiese sido satisfecho.

---

15 GAYO 2, 60; cfr. D. 27, 3, 5 y D. 45, 3, 6.
16 D. 17, 1, 27, 1; 30; D. 21, 2, 7; D. 35, 2, 84.
17 D. 39, 6, 42 pr. Sobre el probable uso de la fiducia *cum amico* con el fin de realizar una donación a terceros, cfr. D. 24, 1, 49.
18 Veamos: en la *mancipatio familiae* intervenía un *amicus* como *familiae emptor* (GAYO 2, 102). En cada *mancipatio*, los testigos eran *amici* (GAYO 2, 25). En la *manumissio inter amicos* la comunicación a los *amici* fue elemento estructural del negocio (GAYO 1, 41; 44). La *amicitia* tuvo notable relevancia en el mandato, en la *negotiorum gestio*, y en general en el cumplimiento de actos jurídicos a favor de terceros; y también en el escogimiento del tutor, o de curadores. Los amigos tuvieron una función jurídicamente significativa en el ejercicio de la posesión, o de la servidumbre, y también para el cumplimiento de actos relativos a la defensa del dominio. También ella jugó un papel importante en los legados y fideicomisos (D. 33, 1, 19, 1; D. 33, 9, 3, 6-7), en la constitución del peculio castrense, etc.

II. EL "TRUST"

A. CONCEPTUALIZACIÓN Y ORÍGENES

Dentro de los ordenamientos jurídicos de estirpe romanista, mucho se ha discutido acerca de la influencia del *common law* en la figura de la fiducia; esa la razón por la cual se expondrán los rasgos fundamentales de ese viejo instituto de estirpe anglosajona llamado *trust*[19]. Es conveniente advertir que se hará referencia al *trust* en sentido jurídico y no en su significación económica. Desde el punto de vista económico la palabra *trust* se emplea para individualizar una forma de concentración empresarial de carácter contractual tendiente a desarrollar prácticas monopolistas o restrictivas de la competencia. Desde el punto de vista jurídico el término *trust* tiene una connotación diversa.

En sentido amplio, la propiedad de una cosa implica normalmente el poder para disfrutarla y administrarla; pero visto que en muchas oportunidades no todas las personas están en capacidad o con deseos de administrar su propiedad, la ley permite que la administración esté separada del disfrute o goce de la misma, y esa escisión se realiza en el *common law* mediante el instituto jurídico del *trust*.

---

19 No obstante que se expondrán los rasgos esenciales del *trust*, existe una copiosa bibliografía en torno de esta figura. Cfr. de manera especial los siguientes textos: RODOLFO BATIZA. *El Fideicomiso*, México, Porrúa, 1980; WALTER G. HART. "What is a Trust?", *The Law Quarterly Review*, vol. LIX, n.º 15, julio de 1890; CLARET y MARTI. *De la fiducia y del trust*, Barcelona, Bosch, 1946; REMO FRANCESCHELLI. *Il trust nel diritto inglese*, Padova, Cedam, 1935; JOSÉ M. VILLAGORDA. *Doctrina general del fideicomiso*, México, Porrúa, 1976; JOSÉ A. DOMÍNGUEZ MARTÍNEZ. *El fideicomiso ante la teoría general del negocio jurídico*, México, Porrúa, 1975; EMILIO KRIEGER. *Manual del fideicomiso mexicano*, México, Banco Nacional de Obras y Servicios Públicos, 1976; JOAQUÍN GARRIGUEZ. "Law Trust", 2 *American Journal Comparative Law*, 1953; PETER HEFTI. "Trust and their Treatment in the Civil Law", 5 *The American Journal of Comparative Law*, 1956; W. SCOTT AUSTIN. *The Law of Trust*, 3.ª ed., Boston y Toronto, Little Brown, 1967; F. W. MAITLAND. *Equity, a Course of Lectures*, Cambridge, The University Press, 1936, 1969; OSCAR ROBASA. *El derecho angloamericano*, México, Fondo de Cultura Económica, 1944; F. H. LAWSON. *Introduction to the Law of Property*, Oxford, Clarendon Press, 1958. Dentro de la literatura jurídica nacional cfr. RAMIRO RENGIFO. *La fiducia*, Bogotá, Colección Pequeño Foro, 1984: la lectura de esta obra, por constituir un gran aporte bibliográfico y contener una explicación detallada del *trust*, es imprescindible.

El *trust* expresa una relación jurídica en virtud de la cual una persona llamada *trustee* se obliga a negociar con una propiedad sobre la cual tiene un control (llamada *trust property*), para el beneficio de unas personas llamadas *beneficiaries*, dentro de las cuales él también puede estar incluido. Se trata, en esencia, de una transmisión de bienes que una persona (*settlor*) hace a otra (*trustee*), en quien tiene confianza, para que ésta con esos bienes persiga un fin lícito en favor de sí mismo o de una tercera persona (*cestui que trust*). Por lo general el *trust* recae sobre la tierra, las mercancías y las acciones; sin embargo, toda clase de propiedad puede ser objeto de este negocio.

El antecedente histórico del *trust* moderno fue una institución medieval denominada *use*, cuya creación se debió a las limitaciones y cargas que el *common law* había impuesto a los propietarios de tierras. En efecto, hasta el siglo XVI no podían existir disposiciones testamentarias sobre las tierras, pero el *use* permitió la transmisión de predios mediante acto entre vivos o por testamento a un prestanombre (*feoffee*), quien las poseía en provecho de un tercero o beneficiario (*cestui que use*)[20].

Esta transacción fue empleada no solamente como un método legítimo de proveer a la administración de la propiedad y por razones de conveniencia, sino también como un método para defraudar a los acreedores y para permitir que las instituciones religiosas obtuvieran beneficios, dado que éstas, de

---

[20] "En la época medieval un *uso* surgía cuando una persona transmitía un bien a otra (*feoffee to uses*) con la condición de que esta segunda la poseyera en nombre del primero (donante) o en nombre de una tercera persona (*cestui que use*). Claramente, el *feoffee to uses* estaba en una posición de confianza de la que podía abusar, y, consecuentemente, los derechos del *cestui que use* requerirían cierta protección. Los tribunales del derecho común se negaron a reconocer los 'usos' y a ofrecer esta protección. No obstante, ya en una fecha temprana el Tribunal de la Cancillería, actuando como tribunal de 'conciencia', intervino para obligar al *feoffee to uses* a administrar el bien en beneficio del *cestui que use* según las condiciones de la concesión. Con el curso del tiempo, el *cestui que use* vino a tener un derecho especial sobre el bien que solamente era amparado en el Tribunal de la Cancillería. Este derecho, protegido por la jurisdicción en equidad, se convirtió en un derecho equitativo" (PHILIP JAMES. *Introducción al derecho inglés*, JESÚS TORRES GARCÍA [trad.], Bogotá, Temis, 1989, p. 408). La expresión *cestui que use* significa "aquel por o para cuyo beneficio", pues la palabra *use* viene del normando-francés *oes*, *os*, la cual, a su vez, proviene del latín *opus* que significa, entre otras cosas, "beneficio". De modo pues que *use* no proviene del latín *usus*, como algunos equivocadamente han querido ver. La palabra *que* significa *para quien* o *para cuyo* y se escribía *qui* y *cui*.

acuerdo con prohibiciones reales, no podían ser propietarias de tierras de manera directa. Sin embargo, el prestanombre contraía sólo una obligación moral, careciendo el beneficiario de facultades para exigir el cumplimiento del *use*.

Por casi ciento cincuenta años el *use* dependió enteramente de la conciencia de la persona encargada de la propiedad en razón de que al no haber documento escrito la institución no obtuvo protección en las cortes del *common law*. Empero, hacia el final del siglo xiv, el *chancellor*, quien era el encargado de administrar la jurisdicción basada en la equidad (*equity*), comenzó a expedir decretos con el fin de protegerla. Los tribunales de equidad comenzaron a reconocer ciertos derechos a los beneficiarios, los cuales se consolidaron años más tarde con la elaboración de un sistema de propiedad equitativa en favor de los *cestui que use*.

La pérdida de ingresos para los señores feudales y de manera principal para el monarca constituyó la razón para que se expidiera *The Statute of Uses* en 1535, cuya intención fue la de abolir la figura del *use*. No obstante, mediante interpretaciones y decisiones de las cortes algunos tipos de *use* escaparon al alcance prohibitivo del estatuto mencionado.

El estatuto de los *uses* también negó la posibilidad de hacer testamento para transferirlos, pero en el año de 1540 se expidió *The Statute of Wills* (estatuto de los testamentos) el cual por primera vez admitió la transferencia de la tierra por vía testamentaria. A todo esto se debe agregar que durante los doscientos años siguientes las principales características del *trust* moderno fueron elaboradas en virtud de las *courts of equity*.

Aunque el *trust* moderno deriva del *use* medieval, existen importantes diferencias entre las dos instituciones: el *use* fue desarrollado respecto de la tierra. El *trust* es aplicable a todas las formas de propiedad y en particular como seguridad mercantil. La gran mayoría de los *uses* fueron pasivos, esto es, el *feoffee* no actuaba en relación con la tierra, sino que permitía que ella fuera administrada por los beneficiarios. Por el contrario, la gran mayoría de los *trust* modernos son activos en la medida en que es el *trustee* el encargado de administrar la propiedad: tiene poder para vender, arrendar o hipotecar la *trust property*, poderes de conservación, poderes de nombrar agentes, etc.

Lo típico del *trust* es que contiene una forma dual del derecho de propiedad por cuanto mientras al *trustee* corresponde el título legal de propiedad de

cia de la propiedad y con posterioridad se presenta una disposición acerca de los beneficios. En un *discretionary trust* queda a discreción del *trustee* determinar la forma como van a repartirse los beneficios.

2. *Implied trusts*. Nacen de una intención presunta o por operación de las reglas del derecho o de la equidad. Puede ocurrir que una parte proporciona dinero a otra para la compra de una propiedad. Salvo que tal provisión fuera hecha a título de donación o como una expresión natural propia de la relación cercana entre padre e hijo o hermano y hermana, la propiedad es un *trust* implícito para la primera, así la segunda tenga un pleno título sobre la propiedad adquirida. También existe un *trust* implícito cuando a pesar de la distribución de los beneficios, permanece un excedente. En este caso, el *trustee* sigue siendo responsable frente al *settlor*. "Independientemente de cómo lo llamemos (es decir, implícito o creado por aplicación de la ley), hay un fideicomiso impuesto por el derecho siempre que lo requieran la justicia y la buena conciencia. Es un proceso liberal fundamentado en los grandes principios de la equidad, que ha de aplicarse a los casos en que una de las partes no puede en conciencia quedarse con todos los bienes para sí sola, sino que debe consentir que la otra tenga una parte de ellos"[22].

3. *Constructive trusts*. Son aquellos impuestos por el derecho con independencia de la intención de las personas. Por ejemplo: un *trustee* mejora el valor de la propiedad que se le ha transferido quizá con la intención de beneficiarse él mismo. En este caso, el aumento del valor de la propiedad no va hacia él sino hacia los beneficiarios. La equidad no permite que un fiduciario adquiera un beneficio para sí en razón de su posición negocial; si adquiere tal beneficio, posee lo que adquiera en fiducia a favor de los beneficiarios[23].

4. *Statutory trusts*. Es el establecido por la ley con el fin de proporcionar medios de transferencia para algunos beneficiarios que por lo general son descendientes o parientes cercanos de un individuo que ha fallecido sin dejar testamento. Mediante esta clase de *trust* también se proporciona protección a

---

22 Lord DENNING, en Hussey *vs.* Palmer (1972), citado por JAMES. Ob. cit., p. 412.
23 "A constructive trust is the formula through wich the conscience of equity finds expression. When property has been acquired in such circumstances that the holder of the legal title may not in good conscience retain the beneficial interest, equity converts him into a trustee": Beatty *vs.* Guggenheim Exploration Co., 122 N. E. 378, 380 (N. Y. 1919) (J. CARDOZO).

las personas incapaces de administrar su propio patrimonio, como en el caso de menores de edad o de personas carentes de sano juicio.

5. *Public trusts*. Están establecidos para beneficio de un gran número de miembros. La gran mayoría de estas instituciones se encuentran en la categoría de los *charitable trusts*, es decir, fiducias caritativas cuyos bienes están destinados al desarrollo de la ciencia, de la medicina, o para apoyar organizaciones religiosas, promover la educación o evitar los efectos de la pobreza, áreas en las cuales la sociedad entera está interesada. Estos *trusts* son privilegiados por cuanto gozan de exenciones tributarias. Hay otra clase de *public trusts* que no son considerados *charitables*, tales como un partido político, una asociación profesional, etc., y, por consiguiente, no disfrutan de privilegios tributarios.

Al lado de estas funciones sociales, los *trusts* han encontrado una amplísima aplicación como medios de seguridad para las familias. En efecto, mediante el testamento los bienes del causante son colocados en un *trust* y luego invertidos de manera que produzcan réditos y ganancias en beneficio de los herederos. En el sector comercial, los *trusts* han venido desempeñando funciones importantes. Precisamente, las *trusts companies* han sido establecidas para administrar, entre otras cosas, el provecho económico de las acciones, los fondos provenientes de las pensiones y cesantías de la clase trabajadora con fines específicos, etc.

D. EL "TRUST" EN LOS SISTEMAS DE "CIVIL LAW"

Ni el derecho romano ni los modernos sistemas legales por él influidos elaboraron el negocio jurídico llamado *trust*, quizá porque la concepción romanista de la propiedad no admitía una doble titularidad sobre un mismo bien, a diferencia de lo que ocurría bajo el *common law* en donde ello era perfectamente posible. En el *trust*, como se ha observado, se refleja una particular concepción jurídica en donde se analiza la propiedad no desde el punto de vista del objeto sobre el cual recae el derecho, sino sobre el interés o beneficio económico que ella puede reportar. Por consiguiente, sobre un mismo objeto pueden coexistir dos intereses económicos. Lo importante, pues, es la función económica que la propiedad cumple. Y a esa función se le llama interés o *estate*. En estricto rigor, en el derecho anglosajón no se es propietario de la cosa, se es propietario de un interés. Sin embargo, los derechos de estirpe romano-germánica sí han elaborado instituciones fiduciarias que de cualquier manera cumplen los mismos propósitos de la figura anglosajona del *trust*, siguiendo un procedimiento diferente.

Los países de *civil law* proporcionan convenios mediante los cuales la propiedad puede ser colocada al cuidado de una persona llamada fiduciario. Mientras la propiedad esté bajo su cuidado, no existe una doble titularidad compartida con el beneficiario del negocio. Una vez que las específicas instrucciones han sido desarrolladas por el fiduciario, ahí sí, la propiedad pasa al beneficiario.

En el antiguo derecho germano, la ausencia de capacidad para hacer testamento fue suplida con la práctica de transferir la propiedad a un individuo llamado *salmann*, quien se comprometía a seguir las instrucciones del constituyente. En virtud de esta transacción, el *salmann* se convertía en propietario legal de los bienes transferidos, pero sujeto a la obligación fiduciaria de cumplir un encargo.

Cuando la influencia del derecho romano fue revivida en Alemania en el siglo XIX, las funciones del ejecutor testamentario fueron limitadas y se desarrolló el concepto del *Treuhänd* como una institución no necesariamente relacionada con las leyes sucesorales. A través de esta figura, la propiedad, una vez más, era transferida al *Treuhänder* con un propósito determinado. Algunos escritores han argüido que el *Treuhänd* es una transferencia de propiedad sujeta a una condición resolutoria; por tanto, si el *Treuhänder* no cumple con las instrucciones encomendadas, el constituyente puede recobrar la propiedad de los bienes. Por lo que respecta al beneficiario, su derecho se limita a buscar que la obligación a cargo del *Treuhänder* sea realizada a su favor. A diferencia del beneficiario en el *trust*, él no tiene ningún derecho sobre la propiedad durante la vigencia del encargo.

En los sistemas de *civil law* aparece la figura de la fiducia la cual, en esencia, requiere de dos fases bien definidas: la primera consiste en la transferencia de un bien o bienes que hace el constituyente al fiduciario a título de propietario, y la segunda, en la retransmisión que del bien o de los bienes debe hacer el fiduciario ya sea al constituyente o a un tercero (beneficiarios) una vez que el encargo ha sido realizado.

Así mismo, en el derecho romano y en los modernos sistemas legales en donde la experiencia jurídica romana ejerce grande influencia ha tenido aplicación la institución del fideicomiso. El fideicomiso fue un medio de obviar la regla según la cual sólo los ciudadanos romanos podían ser herederos y por consiguiente se convirtió en vehículo seguro para transferir la propiedad después de la muerte. Empero, es un error equiparar el fideicomiso al *trust* por las siguientes razones: mientras en el *trust* tanto el *trustee* como el *beneficiary* son propietarios, en el fideicomiso la propiedad de los bienes comienza cuando la fiducia termina; como se ha afirmado, el fideicomiso no distingue entre una propiedad legal y una propiedad basada en la equidad, como sí lo hace el *trust*, y, *last but not least*, en los países de tradición romanista, el fideicomiso surge, por lo general, de un acto testamentario, en tanto que la figura anglosajona tiene su fuente en un acto entre vivos o por disposición testamentaria.

Juristas de tradición romanista han planteado serias objeciones a la introducción del *trust* dentro de sus ordenamientos jurídicos porque, básicamente, el concepto de propiedad de cuño romanista no admite la idea de la doble propiedad sobre un mismo bien, la cual sí es fundamental en el *trust* por cuanto en él se presenta una escisión de derechos, o mejor, de intereses, entre el *trustee* y el *beneficiary*. Desde el punto de vista del *civil law*, quien tiene el beneficio de la propiedad es su titular y tiene además el derecho de disponer de ella a su arbitrio. La idea de quitarle la facultad de disposición al verdadero titular del derecho resulta incompatible con las tradicionales reglas del derecho civil. Sin embargo, por el peso de las circunstancias –y ya no por el de las ideas o de las categorías mentales–, el *trust* ha sido objeto de recibo en países de tradición romana. En efecto, la figura ha sido introducida en Suráfrica, Quebec, Liechtenstein, Panamá, Puerto Rico, México, Venezuela, Costa Rica, Argentina, Perú, Colombia, etc. En Latinoamérica la recepción ha sido influenciada, de manera especial en México, por el escritor francés PIERRE LÉPAULLE, quien en su *Traité théorique et pratique des trusts*, publicado en 1932, explicó a los abogados entrenados en un sistema de *civil law* la naturaleza de la institución y los derechos y deberes que ella contiene. Así mismo RICARDO ALFARO, jurista panameño, considerado por muchos fundador de la doctrina latinoamericana del fideicomiso, hacia el año 1920 lo identificó como un mandato irrevocable. De otra parte, el hecho que exista ya una convención internacional que regula la materia significa que la figura tiene reconocimiento en muchas partes del mundo. En efecto, en el mes de julio de 1985 se elaboró la Convención de La Haya relativa a la ley aplicable a la fiducia y a su reconocimiento.

Colombia tomó como base las legislaciones mexicana y panameña, pero no hay duda que la fuente originaria inmediata es el derecho angloamericano. En efecto, en la exposición de motivos del Proyecto de Código de Comercio colombiano de 1958 se lee: "Las grandes ventajas que, especialmente en el campo comercial y bancario, ha reportado el *trust*, han hecho que su práctica se extienda, no sólo en aquellos países de mentalidad anglosajona, sino también en países como el nuestro, cuyo derecho es de origen netamente latino y en los cuales la adopción de instituciones foráneas supone ciertamente un acomodamiento especial"[24]. Esta es la razón por la cual nos hemos detenido a explicar los rasgos fundamentales del *trust*, sin desconocer, obviamente, los antecedentes romanos, expuestos al comienzo de este trabajo, porque es dable pensar que los pactos de fiducia creados durante la experiencia jurídica romana pudieron tener influencia en el posterior desarrollo medieval del *use* y del *trust*[25].

III. LA PROPIEDAD FIDUCIARIA

A. CONCEPTO Y SUJETOS DEL NEGOCIO

A pesar de su poco uso y de sólo servir "para resolver situaciones relativamente pobres en relación con las necesidades de nuestro comercio" es conveniente exponer la propiedad fiduciaria para darle unidad al presente trabajo y

---

24 De la exposición de motivos mencionada, cfr. t. II, p. 280.
25 La tesis es discutible para algunos por la reticencia que tuvieron los juristas ingleses de incorporar el derecho romano en Inglaterra; sin embargo, en el siglo XII el derecho romano es "objeto de estudio de las personas más cultas": cfr. FELIPE SERAFINI. *Instituciones de derecho romano*, t. I, pp. 92 a 94. "... el fideicomiso, en su esencia, en sus notas esenciales, se originó en el derecho romano; pero lo que desgraciadamente sucedió es que sus seguidores, durante la Edad Media, lo pervirtieron y lo hicieron odioso, en tanto que en Inglaterra, habiendo pasado por vicisitudes paralelas, se encontraron más soluciones buenas que malas, se dieron aplicaciones que resultaron útiles en el manejo del patrimonio, que resultaron instrumentos en el desarrollo económico, y cuando se manifiesta ante todo el mundo su bondad, donde está operando bien es en el sistema anglosajón, y naturalmente allá volteamos la cara para tomarlo": J. L. DE LA PEZA. *Memorias del Seminario Latinoamericano sobre Fideicomiso*, México, Banamex, 1978, p. 9, citado por SATURNINO FUNES. *El fiduciario en la Ley 24.441*, Buenos Aires, Depalma, 1996, p. 4.

porque con seguridad los legisladores delegados del código mercantil de 1970 la tuvieron en la cuenta al redactar el título de la fiducia. Basta leer el artículo 1240 del mencionado código cuando al hablar de las causas de extinción del negocio fiduciario hace expresa remisión a las establecidas en el Código Civil para la propiedad fiduciaria.

El Código Civil colombiano trata a la figura, al igual que la experiencia jurídica romana, como una limitación del derecho de dominio: "Se llama propiedad fiduciaria la que está sujeta al gravamen de pasar a otra persona por el hecho de verificarse una condición. La constitución de la propiedad fiduciaria se llama fideicomiso" (art. 794 C. C.).

En el fideicomiso se presentan tres partes: 1. El constituyente, que es la persona que dispone de una cosa en favor de otra, a quien grava con la obligación de restituirla a un tercero o a él mismo si se verifica una condición. "La traslación de la propiedad a la persona en cuyo favor se ha constituido el fideicomiso, se llama restitución" (art. 794 *in fine* C. C.); 2. El fiduciario, quien es el que recibe la cosa con el *onus* de restituirla, y 3. El fideicomisario, que es la persona a quien si se cumple la condición debe hacerse la restitución, esto es, el traslado de la propiedad que recibió primeramente el fiduciario.

De la definición y de los sujetos que intervienen en este negocio jurídico real se puede inferir lo que sigue: el fideicomiso implica un solo derecho real ejercido por el fiduciario y que puede llegar a ejercerse posteriormente por el fideicomisario si se cumple una condición, esto es, un hecho futuro e incierto. El derecho del fiduciario es el mismo derecho de propiedad, pero con la característica de la potencial ausencia de perpetuidad en razón de que está expuesto a extinguirse por la realización de una condición que es resolutoria para el fiduciario porque pone fin al derecho en sus manos. El fideicomisario entrará a gozar de la cosa cuando la condición se haya cumplido. Lo anterior significa que en el fideicomiso no hay dos derechos –como sí sucede en el *trust* anglosajón–, sino uno: el derecho de propiedad que es ejercido sucesivamente por el fiduciario y el fideicomisario.

B. OBJETO

Dice el artículo 795 C. C. que "no puede constituirse fideicomiso sino sobre la totalidad de una herencia o sobre una cuota determinada de ellas, o sobre uno o más cuerpos ciertos". Al contener la norma una redacción negativa se muestra que la enumeración de las cosas sobre las que puede constituirse un fideicomiso es taxativa. Así pues, no son susceptibles de fideicomiso las cosas genéricas, es decir, las determinadas por los caracteres comunes a todos los individuos de su especie o género, ni las cosas consumibles por cuanto el fiduciario debe restituir la misma cosa que constituye el fideicomiso, de ahí que esté obligado a conservarla en su integridad y valor.

C. CONDICIÓN

Requisito *sine qua non* del fideicomiso civil es la presencia de una condición. Este elemento esencial de la propiedad fiduciaria consiste en un hecho futuro e incierto del cual depende la adquisición o la extinción de una situación jurídica subjetiva, en nuestro caso, del derecho real de propiedad.

La condición, tratándose del fideicomiso, es tanto resolutoria como suspensiva a la vez: es resolutoria respecto del fiduciario, puesto que su cumplimiento va a extinguir su derecho; y es suspensiva para el fideicomisario, porque mientras la condición esté pendiente su derecho está en ascuas.

D. CONSTITUCIÓN

"Los fideicomisos no pueden constituirse sino por acto entre vivos otorgado en instrumento público, o por acto testamentario. La constitución de todo fideicomiso que comprenda o afecte un inmueble, deberá inscribirse en el competente registro" (art. 796 C. C.). De tal manera que la constitución de un fideicomiso requiere como solemnidad *ad substantiam actus* la escritura pública o el testamento.

Según ALESSANDRI RODRÍGUEZ, la inscripción del fideicomiso constituido por acto testamentario representa una solemnidad. A juicio de LUIS CLARO SOLAR, la ley exige dicha inscripción como medio de evitar la solución de continuidad de las inscripciones y de dar amplia publicidad a las mutaciones de dominio. Se comparte este segundo criterio por cuanto la inscripción del fideicomiso constituido por testamento no envuelve tradición. En tal caso opera el modo de adquirir llamado sucesión por causa de muerte y es entendido que una cosa no puede adquirirse por dos modos diferentes.

Respecto del fideicomiso constituido por acto entre vivos sobre un inmueble, también se ha presentado discusión porque para algún sector de la doctrina la inscripción representa tradición de la propiedad fiduciaria del constituyente al fiduciario; empero, para otros la inscripción, además de simbolizar la tradición del fideicomiso constituido entre vivos, sería solemnidad del acto constitutivo, de tal manera que si no se realiza no habría adquisición del dominio ni fideicomiso, pues el acto constitutivo adolecería de nulidad absoluta por falta de un requisito exigido en atención a la naturaleza del acto[26].

Lo cierto es que la constitución de un fideicomiso que afecte a un inmueble debe inscribirse. El punto discutible es si la omisión de la inscripción produce la nulidad del negocio. En nuestro sentir, la inscripción no es requisito esencial para el valor del acto y, por consiguiente, su omisión no trae consigo la nulidad del fideicomiso.

El Decreto 1250 de 1970, artículo 2.º, determina que la limitación del dominio que verse sobre bienes raíces está sujeta a registro, y de acuerdo con el artículo 7.º del mismo cuerpo normativo citado deberá anotarse en la tercera columna por ser la propiedad fiduciaria una limitación en la medida en que cumplida la condición se extingue el derecho para el fiduciario. Se repite: la omisión del registro no hace nulo el negocio por cuanto el acto tendrá plenos efectos entre las partes; pero no así frente a los demás, en razón a que la no inscripción lo hace inoponible a terceros.

---

26 Cfr. ARTURO ALESSANDRI et al. *Los bienes y los derechos reales*, t. II, Santiago de Chile, Imprenta Universal, 1987, p. 607; LUIS CLARO SOLAR. *Explicaciones de derecho civil chileno y comparado*, t. VII, Santiago de Chile, p. 27. El primer autor referido había dicho en el tomo primero de la obra citada que "se comete una falta de lógica cuando se dice que una persona adquiere un derecho por dos modos de adquirir; porque cuando opera un modo, no opera otro. Así, se adquiere por prescripción *o* por herencia; pero no por prescripción *y* herencia a la vez. Diversas sentencias de la Corte Suprema y de Cortes de Apelaciones han declarado que se puede poseer una cosa por varios títulos, el dominio se adquiere por uno solo y, en consecuencia, basta un modo de adquirir; no pueden concurrir varios respecto de unos bienes. No puede pretenderse que se reúnan dos títulos, como venta y prescripción, y dos modos de adquirir, tradición y prescripción, relativamente a un mismo bien. Y así, como para adquirir las cosas heredadas o legadas, es suficiente la sucesión por causa de muerte; la tradición no es necesaria" (pp. 137 y 138).

E. DERECHOS DEL FIDUCIARIO

1. El propietario fiduciario es dueño de la cosa constituida en fideicomiso; en consecuencia está facultado para enajenarla o transmitirla por causa de muerte, salvo cuando el constituyente se lo prohiba (arts. 810 y 819 C. C.).

2. El fiduciario puede gravar su propiedad con un derecho real hipotecario, una servidumbre o un censo; pero para ello deberá hacerlo con autorización dada con conocimiento de causa (art. 815 C. C.).

3. El fiduciario tiene el derecho a la libre administración de los bienes objeto del fideicomiso (art. 817 C. C.).

4. El fiduciario tiene el derecho a gozar de los frutos naturales y civiles de la cosa (art. 813 C. C.).

5. Cuando el fiduciario tiene derecho a reembolsos o indemnizaciones por parte del fideicomisario, puede hacer uso del derecho legal de retención en contra de éste.

F. OBLIGACIONES DEL FIDUCIARIO

1. Conservación de la cosa; por tal razón, debe cuidarla como un buen padre de familia ya que él responde hasta de la culpa leve, esto es, por la falta de diligencia o cuidado que los hombres emplean de ordinario en los negocios propios.

2. Formación de inventario con el fin de determinar el contenido de la obligación de restitución una vez cumplida la obligación (art. 834 C. C.). Es de advertir que el fiduciario no está obligado a rendir caución de conservación y restitución sino en virtud de sentencia judicial.

3. Restitución de la cosa cuando se cumpla la condición; si esto no acontece, la propiedad puede consolidarse en las manos del fiduciario.

4. Cumplida la condición, el fiduciario debe indemnizar al fideicomisario por los deterioros sufridos en la cosa que provengan de su hecho o culpa.

G. DERECHOS Y OBLIGACIONES DEL FIDEICOMISARIO

1. Mientras no se cumpla la condición el fideicomisario tiene sólo una mera expectativa (art. 820 C. C.). Así mismo, si fallece antes de cumplirse la condición nada transmite a sus herederos.

2. El fideicomisario puede impetrar medidas conservativas, si la propiedad pareciere peligrar o deteriorarse en manos del fiduciario (art. 820 C. C.).

3. El fideicomisario tiene derecho a ser oído cuando se quiere gravar la cosa fiduciaria (art. 816 C. C.), ya sea con una hipoteca, una prenda, un censo o una servidumbre.

4. El fideicomisario tiene facultad para solicitar que el fiduciario rinda caución.

5. Además, puede reclamar judicialmente la cosa una vez cumplida la condición ante la renuencia del fiduciario a restituirla.

6. El fideicomisario tiene derecho a solicitar indemnización de perjuicios por las mermas o deterioros derivados de un hecho o culpa del fiduciario.

En cuanto a las obligaciones, el fideicomisario deberá reembolsar los gastos extraordinarios en que ha incurrido el fiduciario en la conservación y permanente utilidad de la cosa.

H. EL TENEDOR FIDUCIARIO

Los antecedentes históricos de la propiedad fiduciaria se encuentran, sin lugar a dudas, en la experiencia jurídica romana; sin embargo, ANDRÉS BELLO introdujo en el título octavo del libro segundo un artículo que ha llamado en particular la atención de los comentaristas. En efecto, el artículo 808 C. C. dice: "Si se dispusiere que mientras pende la condición se reserven los frutos para la persona que en virtud de cumplirse o faltar la condición, adquiera la propiedad absoluta, el que haya de administrar los bienes será un tenedor fiduciario, que solo tendrá las facultades de los curadores de bienes".

En otras palabras, el artículo transcrito dispone que el fiduciante puede ordenar que los frutos del fideicomiso se entreguen al fideicomisario. La norma no aparece en el *Code civil francais*, lo que ha hecho pensar que BELLO tuvo en mente el *trust* en la medida en que el tenedor fiduciario no tiene vocación de convertirse en propietario, sino que por el contrario es titular de un derecho en favor de un tercero beneficiario. No obstante, la incorporación de la figura anglosajona no es plena por cuanto el fideicomiso en el Código Civil sigue dependiendo estructuralmente de una condición. Si ésta no se hubiese establecido se estaría en presencia simple y llanamente del instituto anglosajón.

I. EXTINCIÓN DEL FIDEICOMISO

De acuerdo con el artículo 822 C. C. el fideicomiso se extingue por la restitución; por la resolución del derecho de su autor; por la destrucción de la cosa dada en fideicomiso; por la renuncia del fideicomisario antes del día de la restitución; por faltar la condición o no haberse cumplido en tiempo hábil; por confundirse la calidad de único fideicomisario con la de único fiduciario.

No en vano los doctrinantes al estudiar la fiducia comercial hacen forzosa alusión al fideicomiso civil. Una prueba de ello es que al referirse el legislador a las causas de extinción de la fiducia mercantil (art. 1240 C. Co.) hace expresa referencia a las causas de extinción del fideicomiso civil.

J. INAPLICABILIDAD DEL FIDEICOMISO CIVIL

Luego de la anterior presentación general de la propiedad fiduciaria conviene exponer algunas de las razones que han hecho que esta institución, entendida como una limitación del derecho de propiedad, sea de poco uso y se utilice sólo para resolver situaciones relativamente pobres en relación con las actuales necesidades del tráfico mercantil. En primer lugar, la necesidad ontológica de la presencia de una condición hace que en muchas ocasiones la finalidad jurídico-práctica que busca el constituyente, por ejemplo auxiliar a un hermano, no se realice, precisamente porque la condición es un hecho futuro e incierto, es decir, no se tiene certeza de su acaecimiento. En segundo lugar, si la condición no se realiza, el fiduciario puede devenir propietario pleno y de esta manera contradecir, se repite, la finalidad prístina que quiso buscar el constituyente al decidirse a crear una limitación en su derecho de propiedad. En tercer lugar y una circunstancia no menos importante que las descritas es que, de conformidad con el ordenamiento civil, el usufructo de la propiedad fiduciaria es, por regla general, del fiduciario, no del constituyente ni del fideicomisario: "El propietario fiduciario tiene sobre las especies que puede ser obligado a restituir, los derechos y cargas del usufructuario..." (art. 813 C. C.). Finalmente, el fiduciario puede tener unos poderes exorbitantes. En efecto dispone el artículo 819 C. C. que "si por la constitución del fideicomiso se concede expresamente al fiduciario el derecho de gozar de la propiedad a su arbitrio, no será responsable de ningún deterioro. Si se le concede, además, la libre disposición de la propiedad, el fideicomisario tendrá solo el derecho de reclamar lo que exista al tiempo de la restitución"[27].

En una reconocida sentencia, la Corte Suprema de Justicia, frente a los interrogantes de qué derechos tiene el fideicomisario, muerto el constituyente antes del advenimiento de la condición señalada para la restitución del fideicomiso, sobre los bienes constituidos en propiedad fiduciaria, y de si el fideicomisario puede enajenar su simple calidad o capacidad, respondió: "La Corte, sin vacilación, se inclina por la negativa de estos postulados, solución que es armónica en un todo con las disposiciones civiles que reglan la propiedad fiduciaria y con los principios generales que informan las donaciones y los derechos sucesorales"[28].

Así mismo, para efectos de determinar la poca usanza de la propiedad fiduciaria en el tráfico jurídico basta observar los certificados de matrícula inmobiliaria que expiden las oficinas de Registro de Instrumentos Públicos: se aprecia que este tipo de actos no suelen aparecer inscritos en la tercera columna que es la reservada para las anotaciones referidas a las limitaciones y afectaciones del dominio.

Como se observará, todas esas dificultades dogmáticas y prácticas que presenta la propiedad fiduciaria aparecen resueltas, en cierta medida, con el negocio fiduciario consagrado en el código mercantil. Basta por ahora enunciar el principio según el cual en la fiducia mercantil el fiduciario jamás podrá devenir propietario definitivo de los bienes fideicomitidos.

IV. ALBACEAZGO FIDUCIARIO

La otra clase de negocio fiduciario es la fiducia sucesoria secreta llamada por BELLO albaceazgo fiduciario y cuya regulación legal se encuentra en el título IX del libro 3.º C. C., del artículo 1368 al 1373[29]. Los albaceas han sido clasificados por la doctrina en albaceas propiamente dichos y albaceas fiduciarios.

---

27 Sobre el punto cfr. GILBERTO PEÑA CASTILLÓN. "La fiducia mercantil", en *Fiducia pública*, Bogotá, Universidad de los Andes, 1991, p. 16.
28 Cas., 28 de noviembre de 1944, LVIII, 143.
29 Sobre el albaceazgo fiduciario cfr. en especial el voluminoso y encomiable trabajo de SERGIO CÁMARA LAPUENTE. *La fiducia sucesoria secreta*, Universidad de Navarra y Dykinson, 1996.

Los primeros son en realidad verdaderos ejecutores testamentarios designados por el testador en orden a que a sus últimos designios sean en efecto cumplidos de manera directa o que velen por su cumplimiento cuando ello sea tarea de otros o de los mismos herederos. Los segundos son igualmente albaceas ya que son ejecutores de últimas voluntades del testador que los nombra, pero son especiales en la medida en que el encargo que reciben y cuya ejecución les confía el testador en forma directa y personal tiene la característica de ser secreto y confidencial. El testador, pues, deposita su confianza absoluta en aquella persona a quien designa, y de ahí el nombre de albacea fiduciario. La relación jurídica que surge entre el testador y este albacea está fundamentada en la entera honorabilidad del ejecutor elegido sin restricción alguna, a tal punto que no está obligado, en ningún caso, a revelar el objeto del encargo secreto ni a dar cuenta de su administración.

El albaceazgo fiduciario es una institución parecida al fideicomiso tácito que existió en el derecho romano, en el cual el testador que deseaba dejar sus bienes a persona declarada por la ley incapaz de heredarlo instituía por heredero a una tercera persona capaz de serlo, a quien encargaba la restitución de la herencia o de la mayor parte de ella al incapaz, y que le prometía hacerlo: el testador descansaba así en la fe que le merecía el fiduciario por él elegido y mantenía en secreto en su testamento la persona del fideicomisario, verdadero asignatario a quien quería favorecer a despecho de la ley y con desconocimiento de la incapacidad que ésta le imponía a dicha persona para poder sucederle. Por lo general en el fideicomiso debía designarse la persona del fideicomisario a quien el fiduciario debía restituir los bienes que se le asignaban; pero en el caso contemplado la persona del fideicomisario no figuraba en el testamento: en el primer caso el fideicomiso era expreso, en el segundo era tácito.

"El testador puede hacer encargos secretos y confidenciales al heredero, al albacea y a cualquiera otra persona para que se invierta en uno o más objetos lícitos una cuantía de bienes de que pueda disponer libremente. El encargado de ejecutarlos se llama albacea fiduciario" (art. 1368 C. C.). Estos encargos secretos y confidenciales están destinados, entre otros objetos, a la satisfacción de deberes morales o de conciencia que el testador no se atreve a hacer públicos. En Colombia fueron utilizados para hacer donaciones a la masonería y para compensar económicamente a una amante recóndita, sin afectar sentimientos sociales o religiosos. Se debe insistir en que la nota característica de esta institución es que el encargo hecho al albacea fiduciario debe ser secreto y confidencial (confiado a la buena fe y honradez de la persona elegida) y no indicarse el objeto. Si estuviese expresado el objeto del encargo en el testamento, no habría en consecuencia albaceazgo fiduciario sino simplemente una disposición de bienes para un determinado objeto (legado) o una asignación modal.

El límite a estos encargos está expresado en la misma ley: "No se podrá destinar a dichos encargos secretos más que la mitad de la porción de bienes de que el testador haya podido disponer a su arbitrio" (art. 1370 C. C.). Según algunos, en razón de esta norma, si el testador carece de legitimarios no podría hacer encargos secretos por cuanto en este caso no existen las porciones o cuotas en que se dividen los bienes hereditarios, siendo a ellas a las que se refiere el artículo transcrito. En otras palabras y de acuerdo con esa postura, el albaceazgo fiduciario sólo opera a condición de que el testador tenga legitimarios. Para otros, no existe norma legal que le prohiba a un testador sin legitimarios servirse de encargos secretos para disponer de todos sus bienes a su arbitrio. Sobre esta dicusión acogemos el criterio del más encomiable comentarista del Código de Bello, el profesor Claro Solar, que a propósito afirma:

> La ley ha cuidado de decir que no podrá destinarse a encargos secretos más que la mitad de la porción de bienes de que el testador haya podido disponer a su arbitrio; y la palabra "porción" tiene aquí una significación genérica que comprende no sólo partes del todo sino el todo mismo en toda su integridad: teniendo descendientes legítimos, esa porción es la cuarta parte de los bienes; teniendo otra clase de legitimarios, esa porción es la mitad de los bienes; y no teniendo legitimarios como herederos, esa porción de que puede disponer a su arbitrio el testador es la totalidad de los bienes, porque de todos ellos puede disponer libremente y es la disposición libre de los bienes lo que la ley toma en cuenta para fijar la cuantía de los bienes que puede destinarse a realizar uno o más encargos secretos[30].

---

30 Luis Claro Solar. *Explicaciones de derecho civil chileno y comparado, De las obligaciones*, t. v, Santiago de Chile, Imprenta Nascimento, 1937, n.º 2267, pp. 472 y 473.

Entonces tenemos que si el testador, por ejemplo, no tiene legitimarios, como la porción de bienes de que puede disponer a su arbitrio es la totalidad de los que constituyen su herencia, podrá destinar a encargos secretos especies o una suma que no excedan del valor a que ascienda la mitad de sus bienes. Y si tiene descendientes, el testador sólo puede destinar a dichos encargos hasta la mitad de su cuarta de libre disposición, es decir, únicamente puede disponer mediante el albaceazgo fiduciario de una octava parte de la herencia, mejor aún, sólo puede destinar especies cuyo avalúo no exceda del valor de la mitad de dicha cuarta, o una suma de dinero que no pase de esa octava parte.

Por último, conviene resaltar que el albacea fiduciario es el único mandatario en derecho colombiano que no está obligado a rendir cuentas. En efecto, dispone el artículo 1373 C. C.: "El albacea fiduciario no estará obligado, en ningún caso, a revelar el objeto del encargo secreto, ni a dar cuenta de su administración". Así pues, el albacea fiduciario no puede ser obligado a revelar el secreto que ha recibido y cuyo deber moral es mantener, así como tampoco, y a diferencia del albacea general, estará obligado a rendir cuentas de la manera como ha dado cumplimiento al encargo.

V. EL ENCARGO FIDUCIARIO

A partir de la Ley 45 de 1923 se incorporó en nuestro ordenamiento jurídico la figura del encargo fiduciario. En efecto, el artículo 7.º de dicha ley afirmó que "las palabras 'sección fiduciaria' significan una sección de un establecimiento bancario que hace el negocio de tomar, aceptar y desempeñar encargos de confianza que le sean legalmente comendados". Esas secciones se caracterizaron porque eran parte del establecimiento bancario y se les permitía tomar encargos fiduciarios dentro de la idea de establecer la banca universal en el sistema financiero colombiano. Los artículos 105 y 107 de la famosa Ley 45 enumeraron de manera no taxativa las actividades que podían realizar las secciones fiduciarias. Dentro de éstas aparecen las siguientes: administrar los bienes de las mujeres separadas que en la mayoría de los casos eran inexpertas o consideradas incapaces; ser auxiliares de la justicia, administrando los bienes que se encontraban en procesos judiciales; manejar patrimonios familiares, especialmente de huérfanos, menores, impúberes o incapaces. Sin embargo estas tres actividades no fueron desempeñadas en gran medida ya que las secciones fiduciarias hicieron mayor énfasis en la custodia de documentos, principalmente de las garantías sobre créditos del banco e involucrando servicios adicionales como el reclamo de intereses o el principal; en los mandatos de inversión, esto es, la utilización de los recursos para el fin establecido por el fideicomitente; en las cobranzas apoyando a las secciones comerciales de los bancos; en las cajillas de seguridad y los recaudos tributarios convenidos con la Administración de Impuestos con el fin de utilizar y administrar esos recursos por un período de cinco a ventiún días.

En resumen, los artículos 105 y 107 contienen las operaciones que pueden realizar los bancos, destacándose dentro de ellas muchos negocios cuyo elemento fundamental es la confianza: el derecho de obrar como fideicomisarios, albaceas, administradores, registradores de acciones y bonos, curadores de herencia, mandatarios, depositarios, curadores de bienes de dementes, menores, sordomudos, ausentes y personas por nacer. Sin embargo, no se puede llegar al extremo de afirmar que la Ley 45 de 1923 incorporó en derecho colombiano la figura del *trust* por cuanto el negocio llamado por la ley "encargo fiduciario" –expresión en ese momento desconocida– fue ubicado como una especie de mandato que podía ser con o sin representación. Es cierto que con el encargo fiduciario se presentaron algunos adelantos dogmáticos o conceptuales que lo acercaron al *trust*, por ejemplo al decir la ley que "todo establecimiento bancario que reciba fondos en fideicomiso de acuerdo con este capítulo, los mantendrá separados del resto del activo del banco..." (art. 109), y al establecerse la autorización previa del Superintendente Bancario (art. 106), pero en puridad y rigor técnico jurídico ese negocio resultó diferente a lo que hoy aparece como fiducia mercantil en el Código de Comercio. Además, desde un punto de vista práctico, el legislador reguló el encargo fiduciario con tanta amplitud que llevó a que el sector bancario no desarrollara en su real dimensión la fiducia bancaria[31]. Como se sabe, las sec-

---

31 "... para inducir el meollo de los encargos de confianza es suficiente detenerse en la excesiva enumeración del artículo 107 de la Ley 45 de 1923 y entonces uno concluye, sin ningún esfuerzo hermeneútico, que las secciones fiduciarias de los bancos podían hacer, en resumen, dos clases de negocios: a) Múltiples especies de mandatos, con o sin representación, y b) que también podían adquirir el dominio de bienes raíces o muebles y 'disponer de acuerdo con los términos del poder o fideicomiso'. Esta segunda clase de facultades hubiera facilitado la constitución de verdaderos fideicomisos mercantiles, a la manera de lo que formuló tiempo des-

ciones fiduciarias de los establecimientos bancarios desaparecieron a raíz de las reformas que en la pasada década sufrió el sistema financiero. En efecto, la Ley 45 de 1990 dispuso en su artículo 6.º que "en adelante los establecimientos de crédito no podrán prestar servicios fiduciarios"; en consecuencia, éstos sólo podrán ser prestados por sociedades fiduciarias especialmente autorizadas por la Superintendencia Bancaria tal como lo dispone el Estatuto Orgánico del Sistema Financiero (art. 29 Dcto. 663 de 1993).

Se debe dejar en claro la diferencia entre la fiducia mercantil y el encargo fiduciario por cuanto en éste no existe un efectivo acto de transferencia de bienes sino una mera entrega y no se constituye un patrimonio autónomo. Para el Código Civil la mera tenencia es la que se ejerce sobre una cosa, "no como dueño sino en lugar o a nombre del dueño". La mera tenencia, pues, se "aplica generalmente a todo el que tiene una cosa reconociendo dominio ajeno" (art. 775 C. C.). Y es que, en efecto, en el encargo el encargante no transfiere el derecho de dominio sobre los bienes objeto del encargo, a diferencia de la fiducia, en donde hay una efectiva transferencia en favor del fiduciario para la constitución de un patrimonio autónomo.

Nos mantemos en la postura tradicional que ve al encargo como una especie de negocio fiduciario en virtud de la cual una persona, que puede denominarse encargante, entrega a una sociedad fiduciaria un bien o conjunto de bienes, sin transferirle el dominio de los mismos, con la finalidad de que ésta cumpla las instrucciones impartidas en el acto constitutivo del encargo. Pero la característica de la figura es que con ella –a diferencia de la fiducia– el fiduciario no deviene propietario del bien o bienes que recibe a título de mera tenencia, esto es reconociendo dominio ajeno. Su actividad está determinada por el encargo de confianza conferido y a su finalización deberá devolver a su dueño o la persona que éste designe la tenencia material con sus mejoras o rendimientos.

Las normas relativas a los encargos fiduciarios están contenidas en el Estatuto Orgánico del Sistema Financiero. El artículo 146.1 dispone:

---

pués el C. de Co. de 1971, pero la práctica se quedó, exclusivamente, en la mera ejecución de mandatos con o sin representación. Hasta ahí, entonces, puede llegar el alcance de la expresión Encargos Fiduciarios o Encargos de Confianza": PEÑA CASTRILLÓN. *La fiducia mercantil*, cit., p. 18.

Normas aplicables a los encargos fiduciarios. En relación con los encargos fiduciarios se aplicarán las disposiciones que regulan el contrato de fiducia mercantil, y subsidiariamente las disposiciones del Código de Comercio que regulan el contrato de mandato, en cuanto unas y otras sean compatibles con la naturaleza propia de estos negocios y no se opongan a las reglas especiales previstas en el presente Estatuto.

Así pues, ante la precariedad legislativa, la escala para efectos de interpretación e integración normativa de este tipo de negocio fiduciario queda así: 1. Estatuto Orgánico del Sistema Financiero; 2. Contrato de fiducia mercantil (arts. 1226 a 1244 C. Co.), y 3. Contrato de mandato (arts. 1262 a 1286 C. Co.), siempre y cuando los dos últimos no contraríen lo dispuesto en el Estatuto y se adecuen a la naturaleza de la figura.

De otra parte, cuando el Estatuto en su capítulo VII se dedica a las sociedades fiduciarias dispone en el artículo 29.1:

Operaciones autorizadas. Las sociedades fiduciarias especialmente autorizadas por la Superintendencia Bancaria podrán, en desarrollo de su objeto social: a) Tener la calidad de fiduciarios, según lo dispuesto en el artículo 1226 del Código de Comercio; b) Celebrar encargos fiduciarios que tengan por objeto la realización de inversiones, la administración de bienes o la ejecución de actividades relacionadas con el otorgamiento de garantías por terceros para asegurar el cumplimiento de obligaciones, la administración o vigilancia de los bienes sobre los que recaigan las garantías y la realización de las mismas, con sujeción a las restricciones que la ley establece...

Obsérvese que el legislador para efectos de su integración normativa hace un reenvío al contrato de mandato por cuanto siempre se ha pensado en derecho colombiano que el encargo se asimila a un mandato comercial con sujeto calificado. Si bien se hace también un reenvío a la fiducia es precisamente porque el ente encargado debe ser siempre una sociedad fiduciaria y porque existen muchas otras normas del contrato de fiducia aplicables al encargo, pero el encargo sigue siendo el clásico encargo tal como lo han entendido el sector financiero y la Superintendencia Bancaria. En consecuencia, en el caso de que el encargo sea para constituir garantía a favor de acreedores del encargante y puesto que para efectos de la ejecución de la misma se necesita la transferencia de bienes, ese encargo con transferencia de bienes se convierte en otro negocio fiduciario, esto es, en fiducia mercantil.

CAPÍTULO SEGUNDO
Elementos, características y efectos de la fiducia mercantil

I. EXORDIO

A. EL "TRUST"

El origen de la fiducia se encuentra en la figura del *trust* anglosajón y el Código de Comercio colombiano tomó como base para su consagración normativa las legislaciones mexicana y panameña, que a su vez habían recibido influencia manifiesta del derecho angloamericano. El *trust* es una institución que refleja una cultura particular en donde se analiza la propiedad no desde el punto de vista del objeto sobre el cual el derecho recae, sino desde el interés o beneficio económico que ella puede reportar. Por consiguiente, sobre un mismo objeto materialmente considerado pueden existir dos intereses económicos. Lo importante es la función económica que la propiedad cumple, y a esa función se le llama interés o *estate*. Por tal razón, en estricto rigor, en el derecho anglosajón no se es propietario de la cosa, sino propietario de un interés[1].

La característica típica del *trust* anglosajón reside en una forma dual del derecho de propiedad, es decir, en la coexistencia de dos derechos de dominio sobre el mismo bien, cada uno de los cuales reposa en una fuente normativa diferente: un *trust ownership* (configurado como un *legal estate*), por un lado, y un *beneficial ownership* (configurado como un *equitable estate*), por otro, cada uno atribuido a un sujeto distinto. Cada sujeto tiene un derecho real sobre el bien, el cual resulta oponible *erga omnes*[2].

Los sistemas legales de tradición romanista no elaboraron la figura del *trust* porque el concepto romano de propiedad no admitía una doble titulari-

---

1 Sobre el punto cfr. ERNESTO RENGIFO GARCÍA. "La fiducia", *Memorias del X Foro Nacional de Notariado y Registro*, Bogotá, Superintendencia de Notariado y Registro, 1992, pp. 249 a 258.
2 "Trust property is that wich is owned by two persons at the same time, the relation between the two owners being such that one of them is under an obligation to use his ownership for the benefit of the other. The former is called the trustee, and his ownership is trust-ownership; the latter is called the beneficiary, and he is beneficial ownership": JOHN SALMOND. *Jurisprudence*, London, 1930, p. 284. Igualmente un jurista del derecho continental europeo explica que en el *trust* existe un desdoblamiento de la propiedad que origina dos derechos de propiedad simultáneos y radicados en dos sujetos diferentes para el logro de una misma finalidad: "lo sdoppiamento del diritto di proprietà originario in due nuovi diritti di proprietà, contemporanei, investiti in soggetti diversi ed aventi il medesimo oggetto" (FRANCESCHELLI. *Il trust nel diritto inglese*, cit., p. 13).

dad sobre un mismo bien, como sí ocurre en el *common law*[3]. Esta fue la razón por la cual algunos juristas de tradición romana plantearon serias objeciones a su incorporación dentro de sus ordenamientos jurídicos nacionales pese a los esfuerzos de Lépaulle y Alfaro –en Latinoamérica– de identificar el *trust* con la fiducia. Sin embargo, en Colombia, en la exposición de motivos del Proyecto de Código de Comercio de 1958 se lee: "Las grandes ventajas que, especialmente en el campo comercial y bancario, ha reportado el *trust*, han hecho que su práctica se extienda, no sólo en aquellos países de mentalidad anglosajona, sino también en países como el nuestro, cuyo derecho es de origen netamente latino y en los cuales la adopción de instituciones foráneas supone ciertamente un acomodamiento especial"[4].

B. NATURALEZA JURÍDICA DE LA FIDUCIA

Muchas páginas se han escrito para tratar de explicar la naturaleza jurídica de la fiducia mercantil. Entre las principales tesis esgrimidas se destacan las si-

---

3   El proyecto de ley francesa al instituir la fiducia dice en su exposición de motivos lo que sigue: "El Código Civil no conoce una institución semejante al *trust* (fiducia) de los países de derecho angloamericano que permita a una persona, el constituyente, transferir la propiedad de bienes que le pertenecen a un *trustee* (fiduciario), con la misión de administrarlos, no en interés propio de este fiduciario sino en el de los beneficiarios designados en el acta. Algunos países con tradición romano-germánica, como la República Federal Alemana, Luxemburgo y Suiza, logran un resultado parecido con la práctica referida, consagrada ya sea por medio de la jurisprudencia, o por la ley de los contratos fiduciarios. La internacionalización de la vida económica condujo a los practicantes del derecho francés a familiarizarse con esta práctica y a apreciar su utilidad, tanto en la vida de los negocios como en la administración y transmisión de los patrimonios privados. Sin embargo, con la apertura de las fronteras se teme que pueda ocurrir una deslocalización de las operaciones económicas, hacia países más atractivos tanto desde el punto de vista fiscal como jurídico. En el transcurso de los últimos años, se pudo constatar, en efecto, que las empresas francesas, cuando sentían la necesidad, no vacilaban en utilizar el mecanismo de la fiducia, efectuando con toda legalidad, sus operaciones jurídicas en Estados que conocían esta institución". El mencionado proyecto aparece publicado y comentado por Sergio Rodríguez Azuero. *La responsabilidad del fiduciario*, Medellín, Diké y Ediciones Rosaristas, 1997, pp. 113 a 126 y 138 a 153.
4   De la exposición de motivos mencionada, cfr. t. ii, p. 280. En igual sentido, la Convención de La Haya relativa a la ley aplicable a la fiducia y a su reconocimiento, del 1.º de julio de 1985, dice en su parte considerativa: "Los Estados firmantes de la presente Convención, conside-

guientes: la teoría del mandato[5]; la del fideicomiso como patrimonio sin titular o patrimonio de afectación[6]; la del desdoblamiento de la propiedad[7]; la del fideicomiso como una transmisión de derechos de los cuales es titular el fiduciario[8]; la del fideicomiso como una especie de negocio fiduciario[9]; la del fideicomiso como negocio indirecto[10], y la de la fiducia como acto de comercio[11].

Sobre esa gran cantidad de teorías y sin el ánimo de desconocer su valor en la doctrina jurídica, vale la pena transcribir el concepto de un profesor colombiano acerca del casi siempre intrincado problema de la determinación de la naturaleza jurídica de cualquier institución que afronta el jurista, el estudioso e incluso el operador del derecho: "va quedando reservado para que los comentaristas establezcan los géneros próximos y las diferencias específicas, con el fin de iniciar estudiantes y de presentar las instituciones prototípicas de cada área del derecho. Con frecuencia olvidamos que la realidad vital no es esquemática, ni arquetípica, sino anárquica, llena de zonas grises y de instituciones que se mueven en lo que podríamos llamar zonas fronterizas". Según este autor, en muchos casos por tratar de esquematizar la realidad, la calificación y ubicación de ciertos fideicomisos fracasa, y a raíz de estas dificultades de carácter práctico "se estimula el estudio de la naturaleza jurídica del acto

---

rando que el *trust* es una institución característica creada por las jurisdicciones de equidad en los países de *common law*, adoptada por otros países con ciertas modificaciones, han acordado establecer disposiciones comunes sobre la ley aplicable a la fiducia y regular los más importantes aspectos relacionados con su reconocimiento". El texto de este importante documento internacional se encuentra publicado en la citada obra de RODRÍGUEZ AZUERO, pp. 129 a 136.

5 J. RICARDO ALFARO. *Adaptación del trust del derecho anglosajón al derecho civil*, vol. I, La Habana, Academia Interamericana de Derecho Comparado e Internacional, 1948, pp. 41 y 42; VILLAGORDA. *Doctrina general del fideicomiso*, cit., pp. 96 y ss.; DOMÍNGUEZ MARTÍNEZ. *El fideicomiso ante la teoría general del negocio jurídico*, cit., pp. 144 y ss.

6 PIERRE LÉPAULLE. *Traité théorique et pratique des trusts*, 1932.

7 VILLAGORDA. Ob. cit., pp. 108 y ss.

8 DOMÍNGUEZ. Ob. cit., p. 157.

9 Cfr. JOAQUÍN GARRIGUEZ. *Los negocios fiduciarios en el derecho mercantil*, Madrid, Civitas, 1981; ARMANDO VALENTE. *Nuovi profili della simulazione e della fiducia*, Milano, Giuffrè, 1961, pp. 153 y ss.

10 DOMÉNICO RUBINO. *El negocio jurídico indirecto*, Madrid, Revista de Derecho Privado, 1953, pp. 169 y ss. Sobre el concepto de negocios indirectos cfr. FRANCESCO FERRARA. *La simulación de los negocios jurídicos*, Madrid, Revista de Derecho Privado, 1960, pp. 95 y ss.

11 R. RENGIFO. *La fiducia*, cit., pp. 257 a 259.

La fiducia, sin que sea un negocio indirecto[15] y mucho menos uno simulado[16], fuerza ser analizada estáticamente como un contrato de transferencia y dinámicamente como un compromiso entre fiduciante y fiduciario, para que este último realice los actos jurídicos que el primero le haya establecido en la disciplina textual del negocio (escritura pública o documento privado según la calidad de los bienes, arts. 1228 C. Co. y 12 Dcto. 960 de 1970). Las limitantes impuestas por el fideicomitente al fiduciario no son para debilitar su *status* jurídico como titular de un derecho real de propiedad con efectos *erga omnes*, sino para que este último realice la conducta que se le ha conferido con fundamento en una legitimación sustancial restringida derivada del contrato. La *causa fiduciae* se encuentra, pues, en el contrato mismo y en las facultades que legitiman al fiduciario para realizar solamente aquello que el fiduciante le encargó[17]. El fiduciario adquiere el dominio, pero limitado por

---

Derecho Privado, 1959, p. 233. Así mismo, sostiene el autor: "En general, en un sistema derivado de la tradición romana y, por tanto, engoznado en la tipicidad de los derechos reales y de los respectivos actos de disposición, no se puede llegar a reforzar la tutela del fiduciante por otro camino que no sea debilitar, con eficacia real frente a terceros, la posición jurídica conferida al fiduciario. ¿Pero qué es lo que ocurre cuando se adopta, en cambio, la primera de las soluciones apuntadas, es decir, dejar el derecho del fiduciario sin limitaciones de carácter real? Esto: que en la sola relación obligatoria interna, cualificada por la *causa fiduciae*, es depositada la función de limitar la posición del fiduciario y, juntamente, la de asignarle una causa idónea para justificarla (ya que sin ésta el fiduciario estaría expuesto, desde el principio, a una repetición). Esta causa puede ser garantía, custodia, administración. De este modo se configura la fiducia de tipo romano: lleva a atribuir al fiduciario una posición jurídica bastante más fuerte de la precisa para la consecución del fin práctico contemplado por las partes y de cuanto estas mismas propiamente pretenderían. El acuerdo de fiducia, encaminado a limitar los poderes del fiduciario, no sirve para quebrantar su posición en las relaciones externas, ni para resolver la propiedad con la consecución del fin, pero sí para hacer ilícito un eventual comportamiento de él que estuviese en contradicción con el destino convenido para las cosas que se le confían. La relación compleja resulta, normalmente, de la interferencia de un acto de disposición, por sí abstracto, y de un negocio obligatorio causal, que envuelve al mismo tiempo la causa justificativa del primero" (pp. 233 y 234).
15 Cfr. RENATO SCOGNAMIGLIO. *Teoria general del contrato*, FERNANDO HINESTROSA (trad.), Bogotá, Universidad Externado de Colombia, 1983, pp. 49 y ss.; BETTI. Ob. cit., pp. 232 y ss.
16 Cfr. SCOGNAMIGLIO. Ob. cit., pp. 209, 214, 216 a 218; BETTI. Ob. cit., pp. 235, 294 y ss.
17 "La finalidad determinada por el constituyente es un elemento esencial para la celebración de la fiducia mercantil en los términos del artículo 1501 del Código Civil; y es también la causa del negocio y como tal delimita las obligaciones de administración y enajenación a cargo del

el vínculo obligatorio que lo ata frente al fiduciante[18]. Es decir, la causa del negocio se halla en el *pactum fiduciae* que es el que limita las facultades del fiduciario y el cual tiene una eficacia interna, obligatoria, vinculante a las partes entre sí y, por lo tanto, no oponible a terceros. Las limitantes no surgen del acto traslativo sino del anejo *pactum fiduciae* que tiene un carácter puramente interno y obligatorio, dirigido a modificar el resultado final del negocio externo, y su violación atribuye al fiduciante no una acción real sino una acción personal de incumplimiento.

C. DEFINICIÓN

En aras de evitar una posible confusión con otras figuras jurídicas afines –particularmente con los encargos o mandatos fiduciarios–, el legislador colombiano optó por definir el contrato en estudio así: "La fiducia mercantil es un negocio jurídico en virtud del cual una persona, llamada fiduciante o fideicomitente, transfiere uno o más bienes especificados a otra, llamada fiduciario, quien se obliga a administrarlos o enajenarlos para cumplir una finalidad determinada por el constituyente, en provecho de este o de un tercero

---

fiduciario, por lo cual la transferencia de los bienes fideicomitidos y la autonomía del patrimonio legalmente derivado del contrato hay que entenderlas subordinadas a dicha finalidad. Por esa razón, y a pesar de no estar legalmente prevista como una limitación del dominio –como sí ocurre con la propiedad fiduciaria regulada en el Código Civil (arts. 793 y ss.)–, la transmisión de los bienes fideicomitidos y su recepción por parte del fiduciario sólo tiene los efectos legales y contractuales idóneos para facultar a éste en forma adecuada –y hasta excesiva en ocasiones– para cumplir con el encargo encomendado": Superintendencia de Sociedades. Auto 410-6017, 18 de junio de 1995, p. 23.

18 "En el pasado, se ha intentado construir muchas veces el contrato fiduciario como un contrato unitario, con una causa propia, la *causa fiduciae*; no obstante esta tentativa fue abandonada. Actualmente la construcción que es admitida es aquella según la cual el contrato traslativo y el pacto fiduciario dan lugar a contratos diferentes, aunque estén coligados entre ellos; y la noción de *causa fiduciae* no explica más que la conexión entre los dos contratos [...] En el caso de atribución de títulos a una sociedad fiduciaria es aplicable otro razonamiento: en este caso la ley admite, respecto de la propiedad, una sociedad fiduciaria verdadera y propia; no se produce una duplicidad de contratos coligados, sino un solo contrato, el cual es, respecto de la sociedad, antes que un contrato traslativo de la propiedad, un contrato constitutivo de una propiedad fiduciaria. Es, en consecuencia, un contrato típico que posee una causa reconocida por la ley": GALGANO. *El negocio jurídico*, cit., pp. 447 y 448.

llamado beneficiario o fideicomisario" (art. 1226 C. Co.)[19]. La fiducia es un contrato típico, principal y especial cuyos elementos esenciales son la transferencia o tradición real y efectiva de bienes del patrimonio del fideicomitente al fiduciario y la afectación del patrimonio autónomo, que con tal transferencia se produce, a una finalidad específica.

En Colombia uno de los extremos subjetivos de la relación negocial que surge por razón del contrato de fiducia está absolutamente cualificado por la normatividad nacional, siempre que la función práctico-jurídica o económico-social del mismo exige que quien recibe y adquiere —así sea bajo ciertas condiciones— el bien transferido en fiducia tiene que ser una persona de extraordinarias calidades resumidas en los conceptos de rectitud moral, comercial y económica. Esa persona no puede ser una natural, sino una jurídica cuya existencia surge a través del contrato de sociedad. Por eso se llaman sociedades fiduciarias. Y por eso, precisamente, son las únicas entidades destinatarias de una reglamentación especial de derecho económico, a fin de que sus gestiones como tales no sólo se ajusten a los términos del contrato de fiducia, sino también a los requisitos establecidos por la Superintendencia Bancaria, siempre con el objeto de evitar que a través de este contrato de tanta importancia en el mundo de los negocios se cometan fraudes en contra de terceros. De ahí que a lo largo del presente estudio se menciona la Superintendencia Bancaria como centro de

---

[19] Sobre esta definición legal, la Corte Constitucional en sentencia C-086 del 1.º de marzo de 1995 manifestó: "puede decirse que de la norma transcrita se colige que de este negocio jurídico se derivan dos partes necesarias, fiduciante y fiduciario, y una eventual: el beneficiario o fideicomisario. De igual forma, puede señalarse que los elementos característicos de este tipo de contratos son los siguientes: el primero puede definirse como un elemento real, según el cual en la fiducia mercantil se presenta una verdadera transferencia de dominio sobre los bienes fideicomitidos [...] tanto la transferencia de dominio como la constitución de un patrimonio autónomo, son dos de los elementos sin los cuales no podría existir el contrato de fiducia mercantil. Un segundo elemento de este tipo de negocios jurídicos es el que puede calificarse como personal, en el cual los fines establecidos por el fiduciante para la administración de los bienes por parte del fiduciario se enmarcan dentro de la figura del *trust* o de la confianza que el primero deposita en el segundo —es decir, en sociedades fiduciarias autorizadas por la Superintendencia Bancaria—, habida cuenta de sus capacidades, su experiencia o su *good will*, con una destinación o una finalidad determinada, de cuyos frutos se beneficiará el mismo constituyente o un tercero". De esta forma la Corte acoge la teoría del doble acto que se ha expuesto en este trabajo.

producción normativa que reglamenta e interviene la actividad de las sociedades fiduciarias, a través del que se denomina "Estatuto Orgánico del Sistema Financiero" (resumido en la abreviatura EOSF), sin perjuicio de que se entienda que el negocio jurídico de la fiducia como ente contractual está reglado por la disciplina legal específica de tal contrato, contenida en el Código de Comercio (arts. 1226 a 1244).

1. ENCARGO FIDUCIARIO

Se debe dejar también en claro la diferencia entre la fiducia mercantil y el encargo fiduciario por cuanto en éste no existe un efectivo acto de transferencia de bienes, sino una mera entrega y no se constituye un patrimonio autónomo. Para el Código Civil la mera tenencia es la que se ejerce sobre una cosa, "no como dueño sino en lugar o a nombre del dueño". La mera tenencia, pues, se "aplica generalmente a todo el que tiene una cosa reconociendo dominio ajeno" (art. 775 C. C.). Y es que, en efecto, en el encargo el encargante no transfiere el derecho de dominio sobre los bienes objeto del encargo, a diferencia de la fiducia en donde hay una efectiva transferencia en favor del fiduciario para la constitución de un patrimonio autónomo. Sin embargo, CARLOS MANRIQUE sostiene que la diferencia entre los dos negocios fiduciarios radica en que en la fiducia la transferencia es un elemento esencial del contrato, mientras que en los encargos fiduciarios dicha transferencia es un elemento natural que puede darse o no darse[20].

---

20 Dice a propósito CARLOS MANRIQUE NIETO en un juicioso estudio: "yo me inclino a pensar que hoy, después de la norma sobre la regulación de los encargos fiduciarios, las diferencias entre fiducia y encargo son: 1. Que mientras en la fiducia la transferencia de propiedad es de la esencia del contrato en los encargos ella es de la naturaleza, esto es, que puede darse o no darse, y 2. Que en la fiducia mercantil es de la esencia la creación de un patrimonio autónomo mientras que tal circunstancia no se da en los encargos, cuando ellos se hacen con transferencia de propiedad". Sustenta su tesis con base en los artículos 29.b y 146.1 EOSF para concluir: "la consideración de que el patrimonio autónomo es un régimen excepcional del régimen general del patrimonio y como tal, solo se genera cuando se da expresa creación legal, me lleva a pensar que es pertinente pensar que el tipo contractual *encargo fiduciario* no debe gozar del privilegio del patrimonio autónomo, por la sola remisión a las normas de la fiducia mercantil. Ello me permite concluir que la diferencia entre la fiducia y el encargo está en que en este último no se genera patrimonio autónomo. En resumen, podemos afirmar que el encargo fiduciario es el negocio fiduciario en el

A pesar de lo sugestivo de la tesis, con base en una norma quizá mal redactada (cfr. infra), nos mantemos en la postura tradicional que ve al encargo como una especie de negocio fiduciario en virtud de la cual una persona, que puede denominarse encargante, entrega a una sociedad fiduciaria un bien o conjunto de bienes, sin transferirle el dominio de los mismos, con la finalidad de que ésta cumpla las instrucciones impartidas en el acto constitutivo del encargo. Pero la característica de la figura es que con ella –a diferencia de la fiducia– el fiduciario no deviene propietario del bien o bienes que recibe a título de mera tenencia, esto es, reconoce dominio ajeno. Su actividad está determinada por el encargo de confianza conferido y a su finalización deberá devolver a su dueño o la persona que éste designe la tenencia material con sus mejoras o rendimientos.

Las normas relativas a los encargos fiduciarios están contenidas en el Estatuto Orgánico del Sistema Financiero. El artículo 146.1 dispone:

> *Normas aplicables a los encargos fiduciarios.* En relación con los encargos fiduciarios se aplicarán las disposiciones que regulan el contrato de fiducia mercantil, y subsidiariamente las disposiciones del Código de Comercio que regulan el contrato de mandato, en cuanto unas y otras sean compatibles con la naturaleza propia de estos negocios y no se opongan a las reglas especiales previstas en el presente Estatuto.

Así pues, ante la precariedad legislativa, la escala para efectos de interpretación e integración normativa de este tipo de negocio fiduciario queda así: 1. EOSF; 2. Contrato de fiducia mercantil (arts. 1226 a 1244 C. Co.), y 3. Contrato de mandato (arts. 1262 a 1286 C. Co.), siempre y cuando los dos últimos no contraríen lo dispuesto en el Estatuto y se adecuen a la naturaleza de la figura.

De otra parte, cuando el Estatuto en su capítulo VII se dedica a las sociedades fiduciarias dispone en el artículo 29.1:

> *Operaciones autorizadas.* Las sociedades fiduciarias especialmente autorizadas por la Superintendencia Bancaria podrán, en desarrollo de su objeto social: a)

---

que para que el fiduciario pueda cumplir la gestión que se le encarga, se puede utilizar como instrumento la representación, la entrega de tenencia, la entrega de propiedad, pero en el que nunca se constituye un patrimonio autónomo" (*Fiduciarias, fiducia, encargos fiduciarios y titularización*, noviembre de 1994, s. p., pp. 17 a 21).

Tener la calidad de fiduciarios, según lo dispuesto en el artículo 1226 del Código de Comercio; b. Celebrar encargos fiduciarios que tengan por objeto la realización de inversiones, la administración de bienes o la ejecución de actividades relacionadas con el otorgamiento de garantías por terceros para asegurar el cumplimiento de obligaciones, la administración o vigilancia de los bienes sobre los que recaigan las garantías y la realización de las mismas, con sujección a las restricciones que la ley establece...

El literal b de la norma transcrita es el que ha servido a MANRIQUE NIETO para afirmar que el encargo puede implicar transferencia de bienes. Es claro que los encargos pueden ser de inversión o de administración, pero al decir el legislador que pueden también cumplir la función de garantía, y como para que ésta se realice o se ejecute se necesita que la sociedad fiduciaria tenga la propiedad del bien o de los bienes fuente de la garantía, entonces puede existir encargo con transferencia de bienes. No creemos que la intención del legislador delegado fuera la de modificar la concepción misma que se ha tenido del encargo fiduciario, esto es, la de ser un negocio fiduciario sin transferencia de bienes. O mejor, que una posible falla en la redacción de la norma implique una nueva concepción del encargo fiduciario. Obsérvese que el legislador para efectos de su integración normativa hace un reenvío al contrato de mandato por cuanto siempre se ha pensado en derecho colombiano que el encargo se asimila a un mandato comercial con sujeto calificado. Si bien se hace también un reenvío a la fiducia es precisamente porque el ente encargado debe ser siempre una sociedad fiduciaria y porque existen muchas otras normas del contrato de fiducia aplicables al encargo, pero el encargo sigue siendo el clásico encargo tal como lo han entendido el sector financiero y la Superintendencia Bancaria (hoy Superintendencia Financiera). En consecuencia, en el caso de que el encargo sea para constituir garantía a favor de acreedores del encargante y como para efectos de la ejecución de la misma se necesita la transferencia de bienes, ese encargo con transferencia de bienes se convierte en otro negocio fiduciario, esto es, en fiducia mercantil.

II. CARACTERÍSTICAS DE LA FIDUCIA MERCANTIL

Se puede afirmar que cuatro son las características relevantes del negocio jurídico en análisis.

A. INSTRUMENTALIDAD

En efecto, la fiducia se caracteriza por ser un medio, un instrumento para múltiples propósitos prácticos. Es un negocio que fácilmente se adapta a una serie indeterminada de finalidades. Ya se estudió someramente el negocio fiduciario como contrato de transferencia (momento externo) y como acto de legitimación sustancial limitada al contenido preceptivo del mismo, según la voluntad del fideicomitente. Ese carácter instrumental también se infiere de la lectura de artículo 1234 C. Co. referente a los deberes indelegables del fiduciario, y en especial del ordinal 1.º que dispone que el fiduciario deberá "realizar diligentemente todos los actos necesarios para la consecución de la finalidad de la fiducia".

B. TEMPORALIDAD

La intervención del fiduciario es transitoria; por tal razón la ley ha impuesto límites en el tiempo (20 años), excepto los fideicomisos constituidos en favor de incapaces y entidades de beneficencia pública o utilidad común. Y, además, el fiduciario jamás podrá hacerse a la propiedad de los bienes por cuanto éstos deberán retornar al fideicomitente o pasar a un tercero en cumplimiento de la finalidad señalada en el acto constitutivo (art. 1244 C. Co.).

C. ESENCIALMENTE REMUNERADA

Es de la esencia de la fiducia mercantil la remuneración en favor del fiduciario. "Todo negocio fiduciario será remunerado conforme a las tarifas que al efecto expida la Superintendencia Bancaria" (art. 1237 C. Co.).

D. "INTUITU PERSONAE"

Se celebra tomando en consideración tanto al constituyente como a la parte fiduciaria, la que –como se dijo atrás– en Colombia no puede ser sino una sociedad constituida con el lleno de los requisitos generales de todo ente social de derecho mercantil y de los requisitos especiales consagrados por normas de orden público económico cuya aplicación corresponde a la Superintendencia Bancaria. Se trata, pues, de un sujeto cualificado.

Las relaciones fiduciarias presuponen cualidades peculiares de honorabilidad, experiencia, eficiencia y solidez financiera. De ahí que el legislador haya expresamente señalado que sólo los establecimientos de crédito y las sociedades fiduciarias, especialmente autorizados por la Superintendencia Bancaria, podrán tener la calidad de fiduciarios (art. 1226 *in fine* C. Co.). El Estatuto Orgánico del Sistema Financiero establece en el artículo 118 en qué casos los establecimientos de crédito pueden prestar servicios fiduciarios; así mismo señala cuáles instituciones financieras de creación legal pueden actuar como fiduciarias.

Puede ser fideicomitente o constituyente cualquier persona, física o jurídica, que tenga capacidad de disposición. En esto, se han de seguir los principios del derecho común en materia de capacidad. Y puede ser fideicomisario o beneficiario cualquier persona física o jurídica, esto es, cualquier sujeto con capacidad de goce, sin que necesariamente tenga capacidad de ejercicio.

Ahora bien, como se verá, el fiduciario responde hasta de la culpa leve en el cumplimiento de su gestión, y este principio debe interpretarse o concordarse con el artículo 1234 C. Co. que establece *ex lege* los deberes indelegables que adquiere el fiduciario, a más de los que las partes expresamente establezcan en el acto constitutivo. En esto se debe insistir porque las obligaciones principales de las sociedades fiduciarias son todas aquellas que sean necesarias para lograr la finalidad de la fiducia y tienen la característica de ser indelegables: "Son deberes indelegables del fiduciario, además de los previstos en el acto constitutivo, los siguientes: 1. Realizar diligentemente todos los actos necesarios para la consecución de la finalidad de la fiducia...", dice la norma citada. En consecuencia, no es lícito trasladar, delegar o abandonar en el fiduciante, en un comité o en cualquier otro tercero (ingeniero, arquitecto, interventor en la fiducia inmobiliaria, por ej.) los actos necesarios para la consecución de la finalidad práctica o económica buscada a través de la celebración del negocio. La delegación de la ejecución de los actos necesarios del fiduciario ocasiona un comportamiento censurable por el ordenamiento que puede comprometer la responsabilidad patrimonial del fiduciario[21]. Por el

---

21 En el Tribunal de Arbitramento de Leasing Mundial S. A. *vs.* Fiduciaria FES S. A., laudo del 26 de agosto de 1997, árbitros JORGE SUESCÚN MELO, JORGE CUBIDES CAMACHO y ANTONIO

contrario y dado que muchas de las labores concernidas en una gestión fiduciaria pueden ser variadas y múltiples, podrá el fiduciario delegarlas, si no ha habido prohibición y siempre y cuando –se repite– no sean las necesarias al encargo para el cual fue contratado y por el cual se le remuera.

De todas formas, es pertinente señalar que el artículo 1234 C. Co. plantea el problema de saber si es una norma imperativa o dispositiva, es decir, si su contenido puede ser o no modificado por la autonomía privada de los particulares en sus actos de disposición de intereses. En otros términos, la pregunta obligada es si en el acto constitutivo de la fiducia se puede establecer que el constituyente autoriza al fiduciario a delegar incluso los actos necesarios para la ejecución del encargo. Creemos que no. Quien lea el elenco de las obligaciones indelegables que hace el legislador, podrá caer en la cuenta que ellas son tan esenciales al contrato en estudio que aquél las estableció para que fuesen realizadas por el fiduciario y sólo por él. Cuando la ley habla de *deberes indelegables* y *actos necesarios* lo hace precisamente porque el contratante al cual se recurre o se busca como intermediario o sustituto negocial es un profesional especializado que no puede eludir la ejecución de los actos esenciales, necesarios o principales del encargo. Además, no debe olvidarse que el contenido del contrato de fiducia está intervenido por el legislador por la posibilidad de abuso que él mismo genera en contra de quien le ha transferido sus bienes (fideicomitente). En consecuencia, si a pesar de la prohibición hay delegación, el delegante (fiduciario) continúa respondiendo frente al fideicomitente o beneficiario según el caso, esto es, su responsabilidad no se traslada

---

ALJURE SALAME, se encontró responsable a la entidad fiduciaria por haber expedido certificado de garantía sin haberse constituido el patrimonio autónomo que lo sustentara. Allí se dijo que la fiduciaria tiene dentro de sus deberes indelegables el de actuar con diligencia y acuciosidad para lograr o para verificar que se logre la conformación válida del patrimonio autónomo, así como para constatar la razonabilidad de los avalúos: "De acuerdo con las consideraciones precedentes del Tribunal, ha quedado establecido que Leasing Mundial, beneficiario del certificado de garantía n.º 000294, no pudo hacer efectiva tal garantía, porque el patrimonio autónomo no llegó a quedar constituido –por falta de tradición del inmueble fideicomitido– con lo que la fiduciaria compromete su responsabilidad personal, por incumplimiento culposo de sus deberes indelegables, en particular por su falta de diligencia en obtener o en verificar que se obtuviera la inscripción de la Escritura Pública contentiva del negocio fiduciario en el Registro de Instrumentos Públicos correspondiente" (p. 50).

al delegado. El artículo 2161 C. C. a propósito del mandato ha dispuesto que "el mandatario podrá delegar el encargo si no se le ha prohibido; pero no estando expresamente autorizado para hacerlo, responderá de los hechos del delegado como de los suyos propios".

Si sobre las obligaciones no necesarias, es decir las accesorias, puede haber delegación en un tercero no obstante no existir prohibición en el acto constitutivo, importa tener presente los efectos que ella produce y específicamente si el deudor original (fiduciario) se libera o no de responsabilidad por las obligaciones asumidas por el tercero, es decir, si la asunción respecto de esas obligaciones accesorias es a título liberatorio o cumulativo de responsabilidad[22]. En otras palabras, si la asunción de deuda produce novación o si el tercero acompaña al fiduciario como codeudor solidario o subsidiario (delegación novatoria o delegación cumulativa o concurrente). Esto resulta de especial interés para efectos de fijación en el momento de la redacción del acto constitutivo del negocio fiduciario por cuanto, entre otras razones, la delegación no siempre implica novación.

---

22 Si hay delegación se tiene entonces que el fideicomitente es el delegatario, el fiduciario el delegante y el tercero que asume la ejecución de una o varias obligaciones accesorias es el delegado. Dice FERNANDO HINESTROSA: "en la delegación activa, el delegatario resulta acreedor del delegado, en vez del delegante o junto con él (sustitución o conjunción), según que, en su orden, el delegante libere al delegado (novación por cambio de acreedor, arts. 1690, 2.º y 1693 C. C.) o lo retenga (porque así lo exprese o porque no aparezca el *animus novandi*); en la delegación pasiva, por iniciativa del deudor originario y con la aceptación del acreedor, un tercero, delegado, lo reemplaza o se coloca junto a él, solidaria o subsidiariamente, según que el acreedor expresamente declare libre al deudor primitivo, o que se estipule en una u otra forma la vinculación concurrente del tercero delegado, o 'parezca deducirse del tenor o espíritu del acto' (art. 1694 C. C.). Por ello, una delegación activa, novatoria o cumulativa, puede concurrir con una delegación pasiva, novatoria o de duplicación. En todo caso, desde el punto de vista de la alteración del sujeto pasivo, debe precisarse con la mayor nitidez respecto de la figura de la delegación, que, por iniciativa del deudor y con la aceptación expresa del acreedor, un tercero puede, en razón de su promesa (asunción de deuda), bien ocupar su sitio en la relación jurídica o, simplemente, acompañarlo, como deudor solidario o subsidiariamente, con ventaja para el acreedor, dada la duplicación del sujeto pasivo o la presencia adicional de un garante (art. 1694 C. C.). Y agregarse que según nuestro ordenamiento la asunción liberatoria de deuda, dependiente en últimas de la declaración del acreedor, causa novación (art. 1690, 3.º C. C.), con todas las consecuencias propias de esta figura" (*Obligaciones*, Bogotá, Universidad Externado de Colombia, 1977, p. 63).

III. OBJETO DE LA FIDUCIA Y MODALIDADES DE CONSTITUCIÓN

A. OBJETO

Pueden ser objeto de este particular negocio jurídico todos los bienes o derechos que se encuentren *in commercium*; no así los derechos que tengan un carácter personalísimo. Por consiguiente, el contrato de fiducia puede recaer sobre bienes corporales, tanto muebles (dinero, títulos valores) como inmuebles, y sobre bienes incorporales como las patentes, modelos de utilidad, diseños industriales, marcas y demás signos distintivos y los derechos de autor (obras literarias, artísticas y científicas).

B. MODALIDADES

En cuanto a las modalidades de constitución encuéntrase: "La fiducia constituida entre vivos deberá constar en escritura pública registrada según la naturaleza de los bienes. La constituida *mortis causa*, deberá serlo por testamento" (art. 1228 C. Co.). En este último caso, el perfeccionamiento del negocio dependerá de la aceptación del fiduciario, designado en la disposición testamentaria.

La parte inicial de la norma podría ser interpretada por algunos en el sentido de que la fiducia que recaiga tanto sobre bienes muebles como inmuebles debe estar solemnizada en una escritura pública y sólo tratándose de los segundos se debe recurrir al registro. Otros dirían, por el contrario, que la solemnidad de la escritura pública está reservada para los inmuebles ya que la que verse sobre muebles no requiere tal solemnidad, pudiéndose constituir mediante documento privado.

Esta posibilidad de duda en cuanto a si la fiducia sobre muebles se debe o no constituir también mediante escritura pública se disipa con la lectura de lo que en este punto fue tratado por el Estatuto Orgánico del Sistema Financiero (Dcto. 663 de 1993). "Los contratos que consten en documento privado y que correspondan a bienes cuya transferencia esté sujeta a registro deberán inscribirse en el Registro Mercantil de la Cámara de Comercio con jurisdicción en el domicilio del fiduciante, sin perjuicio de la inscripción o registro que, de acuerdo con la clase de acto o con la naturaleza de los bienes, deben hacerse conforme a la ley" (num. 3 art. 146).

El mismo EOSF previó incluso la posibilidad de que se celebren fiducias sobre bienes inmuebles que no requieran de la solemnidad de la escritura pública, pero la condicionó a la existencia de una norma de carácter general, la que no se ha expedido y será muy difícil que lo sea porque tamaña reforma implicaría acabar con una solemnidad contenida en un código decimonónico, cuya aplicación efectiva ha dado seguridad a todos los negocios que implican mutación del dominio o constitución de cualquier derecho real (principal o accesorio). En efecto, dice el estatuto citado: "Las sociedades fiduciarias podrán celebrar contratos de fiducia mercantil sin que para tal efecto se requiera la solemnidad de la escritura pública, en todos aquellos casos en que así lo autorice mediante norma de carácter general el Gobierno Nacional" (num. 2 art. 146 EOSF).

Así las cosas, la fiducia constituida sobre bienes muebles no requiere de la solemnidad de la escritura pública para su perfeccionamiento, sin que esto signifique la imposibilidad de que se haga (art. 12 Dcto. 960 de 1970). Ella puede constituirse mediante documento privado. Si el negocio fiduciario afecta bienes raíces –se repite– se requiere la escritura pública y toma de su razón en el registro inmobiliario, al tenor de lo dispuesto en el artículo 2.º del Decreto 1250 de 1970[23].

Como la fiducia se caracteriza por una transferencia efectiva de un bien o conjunto de bienes del constituyente al fiduciario, quien se hace propietario –a diferencia de lo que sucede en el encargo fiduciario–, no hay duda que el acto o negocio deberá registrarse en la primera columna del folio de matrícula inmobiliaria, por cuanto es ésta la utilizada para inscribir los títulos que impliquen modos de adquisición del derecho de dominio[24].

---

23 Dice el citado artículo: "*Están sujetos a registro*: 1. *Todo acto, contrato*, providencia judicial, administrativa o arbitral *que implique constitución*, declaración, aclaración, adjudicación, modificación, limitación, gravamen, medida cautelar, *traslación* o extinción *del dominio* u otro derecho real principal o accesorio *sobre bienes raíces*, salvo la cesión del crédito hipotecario o prendario [...] 4. Los actos, contratos y providencias que dispongan la cancelación de las anteriores inscripciones" (cursiva fuera de texto).
24 El artículo 7.º del Decreto 1250 de 1970 en su parte pertinente dispone: "El folio de matrícula

C. CONSENSUALIDAD

Existe una exepción a la solemnidad y es la que se refiere al caso de los fideicomisos de inversión (su objeto es el dinero). Estos se pueden celebrar por el mero consentimiento: "Los contratos de inversión en fondos comunes son consensuales, pero deberá quedar constancia de la adhesión del fideicomitente o fiduciante al reglamento del fondo respectivo aprobado por la Superintendencia Bancaria" (num. 2 art. 151 EOSF).

No obstante la consensualidad permitida para esta última clase de fiducia, se debe anotar que tanto los reglamentos de los fondos comunes como los modelos de contrato mediante los cuales se vinculan los distintos fideicomitentes están sujetos a la aprobación de la Superintendencia Bancaria[25].

IV. EFECTOS JURÍDICOS DE LA FIDUCIA

A. PATRIMONIO AUTÓNOMO

Lo más destacable de la regulación normativa de la fiducia mercantil radica en la situación en que se encuentran los bienes objeto del negocio jurídico. En primer lugar, los bienes fideicomitidos están excluidos de la garantía común de los acreedores del fiduciario y "solo garantizan las obligaciones contraídas en el cumplimiento de la finalidad perseguida" (art. 1227 *in fine* C. Co.). En segundo lugar –y en aras de otorgar al fideicomitente y al beneficiario las mayores garan-

---

constará de seis secciones o columnas, con la siguiente destinación: La primera columna para inscribir los títulos que conlleven modos de adquisición, precisando el acto, contrato o providencia...".

25 De modo pues que tanto el reglamento como el contrato requieren aprobación previa. Sobre el reglamento del fondo común la obligación de la aprobación surge de la parte *in fine* del artículo 151.2 transcrito. Sobre la aprobación previa del modelo de contrato el EOSF dispuso: "Los modelos respectivos, en cuanto estén destinados a servir como base para la celebración de contratos por adhesión o para la prestación masiva del servicio, serán evaluados previamente por la Superintendencia Bancaria al igual que toda modificación o adición que pretenda introducirse en las condiciones generales consignadas en los mismos" (num. 4 art. 146). En otras palabras, existe una intervención estatal en el contenido del contrato y ésta no se reduce únicamente a los contratos de fiducia de inversión, sino que se extiende a los demás tipos o clases.

tías de que el fiduciario habrá de dar a los bienes fideicomitidos el destino acordado–, se dispone en el artículo 1233 C. Co. que "los bienes fideicomitidos deberán mantenerse separados del resto del activo del fiduciario y de los que corresponden a otros negocios fiduciarios, y forman un patrimonio autónomo afecto a la finalidad contemplada en el acto constitutivo".

La separación de los bienes de un fideicomitente de los bienes de otros y de los activos que conforman el patrimonio de la sociedad fiduciaria es una separación no solamente contable y jurídica, sino también física. Esto es precisamente lo que le da la categoría de patrimonio autónomo a los bienes que un constituyente transfiere al fiduciario para el desarrollo de una finalidad específica estipulada en el contrato. Lo que equivale a decir que si la sociedad fiduciaria X recibe fiducias de A, B, y C, ella es titular de tres patrimonios autónomos. Tendrá tantos patrimonios como fideicomisos tenga bajo su titularidad.

Superada doctrinariamente la teoría clásica del patrimonio-personalidad por las teorías que admiten que un titular puede tener más de un patrimonio, como en el caso de la aceptación de la herencia con beneficio de inventario, en el régimen patrimonial que surge con la sociedad conyugal, en el caso del heredero del ausente con presunción de fallecimiento o, en fin, como sucede en algunas legislaciones con los bienes que conforman la masa de la quiebra, resultaba fácil pensar o deducir una figura negocial conformada por un conjunto de bienes (patrimonio) para afectarlos a un fin específico o particular. Para la pandectística alemana del siglo XIX, el patrimonio ya no era un atributo de la personalidad sino un conjunto de bienes destinados a satisfacer las necesidades de su titular. En consecuencia, además de un patrimonio general existen patrimonios especiales constituidos por bienes afectados a un fin determinado. Y esos patrimonios especiales han recibido diferentes denominaciones: patrimonios autónomos (RODRÍGUEZ AZUERO), patrimonios de destino (DOMÍNGUEZ MARTÍNEZ), patrimonios separados (PIGLIATTI), patrimonios de afectación (LÉPAULLE). Pese a las nomenclaturas y a las distinciones doctrinales que se hacen de cada una de las categorías conceptuales mencionadas y que aquí se tratan indistintamente, lo cierto es que esos patrimonios especiales, afectados o separados se caracterizan porque necesitan una norma jurídica que los cree[26] en la medida que representan una excepción al

---

26 La disposición legal que crea la figura del patrimonio autónomo en el contrato de fiducia

principio general de que el patrimonio es la prenda común de los acreedores; son independientes del patrimonio general y, como última característica, sólo responden por las obligaciones contraídas con ocasión de la finalidad perseguida[27]. En resumen, frente al patrimonio general de cada persona existen patrimonios especiales o separados conformados por bienes afectados a un fin determinado y los cuales poseen determinadas características: son de creación legal, son independientes del patrimonio general y sólo garantizan obligaciones relacionadas con la finalidad para la cual fueron constituidos. En derecho colombiano, tratándose del patrimonio autónomo que se crea con la fiducia mercantil no se está frente a un patrimonio sin sujeto sino con sujeto por cuanto el ente fiduciario deviene titular de los bienes fideicomitidos, y es especial en la medida que está conformado por un conjunto de bienes afectos a una finalidad específica y en ciertas ocasiones responde incluso por obligaciones contraídas por el fideicomitente o constituyente (art. 1238 C. Co.). De modo pues que la figura jurídica o categoría dogmática del patrimonio autó-

---

mercantil es el artículo 1233 C. Co. Así mismo, otras instituciones similares, mas no equivalentes, son de creación legal, tales como el patrimonio de familia inembargable, los bienes afectados a vivienda familiar y la empresa unipersonal. Mediante la Ley 70 de 1931 se dispuso: "Autorízase la constitución a favor de toda familia, de un patrimonio especial, con calidad de no embargable, y bajo la denominación de patrimonio de familia" (art. 1.º). "El patrimonio de familia no es embargable, ni aun en caso de quiebra del beneficiario. El consentimiento que este diere para el embargo no tendrá efecto" (art. 21). "El patrimonio de familia no puede ser hipotecado ni gravado con censo, ni dado en anticresis, ni vendido con pacto de retroventa" (art. 22). La Ley 258 de 1996 estableció la afectación a vivienda familiar: "Entiéndese afectado a vivienda familiar el bien inmueble adquirido en su totalidad por uno de los cónyuges, antes o después de la celebración del matrimonio destinado a la habitación de la familia" (art. 1.º). "Los bienes inmuebles bajo afectación a vivienda familiar son inembargables, salvo los siguientes casos: 1. Cuando sobre el bien inmueble se hubiere constituido hipoteca con anterioridad al registro de la afectación a vivienda familiar; 2. Cuando la hipoteca se hubiere constituido para garantizar préstamos para la adquisición, construcción o mejora de vivienda" (art. 7.º). La Ley 222 de 1995 creó la empresa unipersonal: "Mediante la empresa unipersonal una persona natural o jurídica que reúna las calidades requeridas para ejercer el comercio, podrá destinar parte de sus activos para la realización de una o varias actividades de carácter mercantil. La empresa unipersonal, una vez inscrita en el registro mercantil, forma una persona jurídica" (art. 71).

27 Sobre el punto cfr. la publicación del Banco Mexicano SOMEX S. A. titulada *Las instituciones fiduciarias y el fideicomiso en México*, México, Fondo Cultural de la Organización SOMEX S. A., 1982, pp. 179 y ss.

nomo, pese a su mención en el Código de Comercio, no ha sido acogida en su plenitud en la experiencia jurídica nacional.

El patrimonio fiduciario es pues un patrimonio autónomo con titular constituido por bienes afectados a cumplir la finalidad establecida en el acto constitutivo. Así como la ley establece qué bienes son inembargables, respecto de los bienes fideicomitidos ella los ha sustraído de la garantía general de que gozan los acreedores respecto del patrimonio de las personas (arts. 2488, 1677 y 2492 C. C.), es decir, los ha aislado mediante su autonomía para quedar, en principio, ajenos a la prenda común de los acreedores del fiduciario, del constituyente y del beneficiario, salvo fraude a terceros como se verá infra. Sin embargo, se debe insistir que la figura del patrimonio autónomo no ha sido recogida en toda su extensión en nuestro derecho, porque si bien se acepta normativamente la derogación del principio de la libre utilización y disposición de los bienes que lo constituyen por parte de su titular, no se acogió la regla según la cual los bienes fideicomitidos quedan exentos de la acción singular o colectiva de los acreedores del fiduciario, fiduciante y beneficiario por cuanto, tratándose de los segundos, el artículo 1238 C. Co. los legitima para perseguir los bienes objeto del negocio fiduciario si sus acreencias son anteriores a la constitución del mismo.

B. ¿REPRESENTACIÓN?

Con el uso de la expresión "*patrimonio autónomo*" el legislador persigue que los bienes o derechos dados en fideicomiso formen, para todos los efectos legales, un activo separado de aquel propio del fiduciario, de tal manera que no sean garantía de sus acreedores y no respondan por sus obligaciones personales. Tal es el celo en la aplicación del principio de la separabilidad de patrimonios que el legislador dentro de los deberes indelegables del fiduciario le impone el de "mantener los bienes objeto de la fiducia separados de los suyos y de los que correspondan a otros negocios fiduciarios" (num. 2 art. 1234 C. Co.). Lo anterior,

> ... podría significar –afirma Escobar Sanín– que el fiduciario no compromete ante terceros su responsabilidad patrimonial en cada negocio celebrado, como sí lo compromete un mandatario que negocia sin representación, esto es, en su propio nombre. La realidad, por lo tanto, es que el fiduciario actúa como susti-

tuto del fiduciante, pero como es titular o propietario formal de los bienes, con innegable efecto ante terceros, deberá deducirse que está procediendo a nombre propio, en calidad de dueño y no de representante de otro, creando en quienes contratan con él la confianza en que su patrimonio respalda los negocios celebrados y compromete su responsabilidad económica, a menos que pese a la titularidad en su favor, haga saber al tercero que contrata a nombre del fiduciante (*contemplatio domine*)[28].

En otras palabras, para el autor citado el fiduciario actúa en realidad como sustituto del fideicomitente, pero como es propietario formal de los bienes fideicomitidos se debe deducir que procede a nombre propio en calidad de dueño y no de representante de otro, a menos que pese a la titularidad sobre un patrimonio autónomo haga saber al tercero que contrata en nombre del fiduciante. Es decir que el fiduciario puede presentar una de estas dos caras contrapuestas: o actuar en unos casos como propietario del patrimonio autónomo o actuar como intermediario o sustituto. Si seguimos esta línea de razonamiento podríamos agregar que el ente fiduciario también puede actuar a nombre de su propio patrimonio. En suma, el fiduciario puede actuar en nombre de su patrimonio, en nombre del patrimonio autónomo del cual es titular, y como sustituto o intermediario del fideicomitente. Si ante terceros no pone de presente que actúa como sustituto del fideicomitente, quiere decir que está celebrando para sí el negocio y que por lo tanto ha comprometido su patrimonio personal, porque aquéllos confiaron en su capacidad económica, pero el negocio podrá producir efectos sobre el patrimonio fiduciario, en tanto y en cuanto no se haya excedido en el ejercicio de sus funciones, porque si ha habido exceso el negocio no podrá afectar el patrimonio autónomo, sino el patrimonio personal del ente intermediario.

Pero de acuerdo con lo normal y con la finalidad práctico-jurídica que se busca con el negocio fiduciario en su modalidad de fiducia, el fiduciario no contrata en nombre del fiduciante –por eso es que se ha afirmado que es un patrimonio especial–, sino en nombre del patrimonio autónomo del cual es titular; en consecuencia es relevante destacar que el fiduciario deberá notificarle

---

[28] GABRIEL ESCOBAR SANÍN. *Negocios civiles y comerciales, negocios de sustitución*, t. I, 2.ª ed., Bogotá, Universidad Externado de Colombia, 1987, p. 87.

a los terceros que con él contratan que está actuando en nombre del patrimonio autónomo porque de lo contrario podría comprometer su responsabilidad patrimonial en la medida en que genera en terceros la creencia seria de que se compromete o contrata en nombre propio[29]. Por consiguiente, si no comunica a los terceros que actúa como fiduciario, con base en la regla de la apariencia, se entiende que ha comprometido su patrimonio personal porque ha generado en terceros la creencia de que está celebrando para sí el negocio[30].

Para algún sector de la doctrina en el contrato de fiducia no hay representación, entre otras razones porque el fiduciario no actúa por cuenta del fiduciante; la representación se aplica a las personas –naturales o jurídicas– y

---

[29] "*La contemplatio domini*. El representante tiene el deber (carga u obligación) de hacer presente que no obra para sí y por cuenta propia, sino que obra por cuenta ajena y, primordialmente, de declarar el nombre de la persona por y para quien obra, y a la que, naturalmente, irán a parar los efectos de su actuación (negocio o acto). Este deber de corrección y lealtad tiene un destinatario doble: de una parte, el tercero, a quien, en principio, no le importa por qué el agente es sólo parte formal, y menos los términos de la relación de gestión que lo ata al *dominus*. Esto permite establecer que el agente no obra *pro domo sua*, sino del *dominus*, quien es el verdadero interesado. En el evento de que el agente no declare que obra por cuenta ajena y de quién, o que esa circunstancia no sea evidente o, de todos modos, conocida por el tercero, éste podrá legítimamente dar por supuesto que obra para sí, o sea que está contratando con él y no con el representado, y, por consiguiente, los efectos del acto o contrato se radicarán en cabeza del agente (arts. 500 y 2177 C. C.). Más propiamente, el agente debe esclarecer en qué condición obra: por regla general, por medio de declaración a propósito, pero sin que la ley restrinja las posibilidades de expresión a esta o aquella forma. Lo que importa es que resulte inequívoca tal circunstancia, que bien puede darse *per facta concludentia*": FERNANDO HINESTROSA. "De la representación", en *El contrato en el sistema jurídico latinoamericano*, t. II, Bogotá, Universidad Externado de Colombia, 2001, p. 213.

[30] Frente al punto vale la pena recordar el Código Civil en normas pertinentes: "Los actos del representante de la corporación, en cuanto no excedan los límites del ministerio que se le ha confiado, son actos de la corporación; en cuanto excedan de estos límites solo obligan personalmente al representante" (art. 640); "En todo lo que obre dentro de los límites legales, o con poder especial de sus consocios, obligará a la sociedad; obrando de otra manera él solo será responsable" (art. 2105); "El mandatario puede, en el ejercicio de su cargo, contratar a su propio nombre o al del mandante; si contrata a su propio nombre no obliga respecto de terceros al mandante" (art. 2177); "El mandatario que ha excedido los límites de su mandato es solo responsable al mandante, y no es responsable a terceros sino: 1.°) Cuando no les ha dado suficiente conocimiento de sus poderes; 2.°) Cuando se ha obligado personalmente" (art. 2180); "El mandante cumplirá las obligaciones que a su nombre ha contraído el mandatario dentro de los límites del mandato. Será, sin embargo, obligado el mandante si hubiere ratificado expresa o tácitamente cualesquiera obligaciones contraídas a su nombre" (art. 2186).

con la fiducia mercantil no surge un nuevo ente con personalidad jurídica o, como dirían los italianos, un nuevo centro de imputación normativa[31]. Ante esto, algunos han sugerido que se hable más bien de vocería que de representación siendo, por lo tanto, el fiduciario un vocero del patrimonio autónomo que se constituye con el negocio. No parece atinado recurrir a un término no muy jurídico como es el de vocería o vocero para calificar las actividades que el fiduciario desarrolla sobre el patrimonio autónomo que se ha conformado con la transferencia de bienes de parte del constituyente. Quien escribe estas líneas se inclina por la tesis según la cual el fiduciario es titular de un derecho real especial, en cuanto está dirigido a unos fines negociales predeterminados por el fideicomitente en el negocio fiduciario. Y esa titularidad reposa sobre el bien transferido que constituye el denominado patrimonio autónomo. De ahí que se haya afirmado supra que el fiduciario detenta es una legitimación sustancial restringida por los límites del negocio celebrado. En fin, hay *una causa fiduciae* que limita la legitimación que adquiere el fiduciario con el acto de transferencia. Así las cosas, es en nuestro sentir muy formalista el argumento de negar la representación porque ésta se predica sólo de las personas naturales o jurídicas. Los conceptos y las categorías jurídicas tienen que adaptarse a las nuevas realidades. En nada afectaría la estructura lógica del ordenamiento jurídico afirmar que en la fiducia hay representación por cuanto el fiduciario actúa en nombre y por cuenta del patrimonio autónomo, patrimonio que es especial en la medida en que tiene un titular y está afectado al cumplimiento

---

31 Sobre esto cfr. en especial PEÑA CASTRILLÓN. "La fiducia mercantil", cit., pp. 17 y ss. La tesis según la cual el ente fiduciario actúa como vocero del patrimonio autónomo es acogida por la Resolución 400 del 22 de mayo de 1995 en virtud de la cual se actualizan y unifican las normas expedidas por la Sala General de la Superintendencia de Valores. En efecto, aquí se dispone que en un proceso de titularización el agente de manejo que actúa "como vocero del patrimonio autónomo" es quien debe emitir valores, recaudar los recursos provenientes de la emisión y relacionarse jurídicamente con los inversionistas en virtud de su vocería, conforme a los derechos incorporados en los títulos (cfr. art. 1.3.3.1). Sin embargo, en dicha resolución previamente el legislador había dicho que "en desarrollo del contrato la fiduciaria, actuando en representación del patrimonio autónomo, emitirá los títulos movilizadores, recaudará los fondos provenientes de la emisión y se vinculará jurídicamente en virtud de tal representación con los inversionistas conforme a los derechos incorporados en los títulos" (art. 1.3.2.1). La pregunta que surge es si para el legislador de la titularización de activos los conceptos de vocería y representación son equivalentes.

de una determinada finalidad. Se insiste en que es una representación que legitima moderada o restrictivamente al fiduciario en razón de la *causa fiduciae*, no oponible a terceros, y la cual hace que éste deba ajustar su comportamiento a la finalidad establecida en el contrato. En suma, el patrimonio autónomo bajo un criterio tradicional no tiene subjetividad jurídica porque no es persona natural ni persona jurídica; pero a la luz de su regulación normativa en el derecho colombiano tiene derechos y obligaciones, puede demandar y ser demandado, y actúa por medio de su titular que es el fiduciario.

Frente al equívoco de querer asimilar la fiducia al contrato de mandato conviene aclarar que si bien en ambos se manejan intereses ajenos que se le confían al fiduciario o al mandatario, en la fiducia se actúa a nombre del patrimonio autónomo constituido con la transferencia de la propiedad, y la propiedad es por naturaleza irrevocable, a diferencia del mandato que es en sí mismo revocable. RICARDO ALFARO, fundador de la doctrina latinoamericana del fideicomiso, en orden a explicar la naturaleza jurídica de la figura definió el fideicomiso como un mandato irrevocable, y completó la definición al agregar que en virtud de éste "se transmiten ciertos bienes"[32]. ALFARO fue criticado porque, si bien el fiduciario desempeña un encargo, no lo hace como representante sino como dueño a quien se le transmiten los derechos para la realización de los fines buscados con el negocio[33].

En el mandato no hay transferencia de bienes (basta el acto de apoderamiento de parte del mandante), el mandatario obra para un tercero y es de la esencia su revocabilidad. En la fiducia hay transferencia de bienes (elemento esencial del contrato), el fiduciario obra en nombre y por cuenta del patrimonio autónomo del cual es titular en forma sustancialmente restringida por la

---

[32] ALFARO. Ob. cit., pp. 41 y 42. Sobre el punto cfr. ERNESTO MARTORELL. *Tratado de los contratos de empresa*, t. II, Buenos Aires, Depalma, 1966, pp. 874 a 876.

[33] "A ALFARO se le criticó, con razón, que no se podía asimilar, y ni siquiera explicar, la naturaleza jurídica del fideicomiso en las legislaciones latinoamericanas, como mandato irrevocable utilizando la figura del *trust*, entre otras razones porque si bien el *trustee* desempeña un encargo, no lo hace como representante sino como dueño a quien se le transmiten los derechos para la realización de los fines del fideicomiso. Los actos del mandatario en nombre de su mandante hacen que los bienes pasen del patrimonio de este último al del tercero con quien aquél contrata. Cuando el *trustee* es utilizado como representante, lo que también ocurre en el derecho anglosajón, las figuras ya ni siquiera son comparables": MARTORELL. Ob. cit., p. 875.

causa fiduciae, y sobre si el contrato es revocable o irrevocable puede haber discusión. Ni en el Código de Comercio ni en el Estatuto Orgánico del Sistema Financiero existe norma que haya establecido la irrevocabilidad en los contratos de fiducia mercantil; antes por el contrario, en el primero se prevé la revocabilidad siempre y cuando el constituyente se hubiese reservado dicha facultad unilateral en el acto constitutivo del contrato. En efecto, en el ordinal 2.º artículo 1236 C. Co. se enseña que el fiduciante tiene el derecho de "revocar la fiducia, cuando se hubiere reservado esa facultad en el acto constitutivo, pedir la remoción del fiduciario y nombrar el sustituto, cuando a ello hubiere lugar". Sin embargo, la norma reguladora de los procesos de titularización ha establecido que éstos pueden llevarse a cabo mediante contratos de fiducia mercantil irrevocables[34]. Además la praxis muestra cómo en la actualidad los contratos fiduciarios elaborados por el sector financiero suelen estipular que la transferencia del patrimonio autónomo se hace con el carácter de irrevocable. Se ha pensado, *iure condendo*, que debería existir una norma que estableciera la irrevocabilidad de los contratos de fiducia dado que esto permitiría actuar al intermediario con más seguridad y tranquilidad y no estar potencialmente expuesto a un acto de revocación ejercido por el fiduciante. Se agrega, además, que dicha irrevocabilidad daría mayor seguridad jurídica frente a los compromisos que en el ejercicio del encargo adquiere el fiduciario frente a terceros. De todas maneras obsérvese, *iure condito*, que la revocación entendida como facultad unilateral del fideicomitente sólo opera cuando en el acto constitutivo el ejercicio de la misma expresamente se la ha reservado el fideicomitente. *Contrario sensu*, si no ha habido reserva, o mejor, si no se ha dispuesto sobre ella, la mencionada facultad no podrá ejercerse.

En un interesante precedente judicial el Consejo de Estado afrontó el tema del mandato y el de la incidencia de no notificar a aquellos con quienes se contrata la calidad en que se actúa (ya se ha dicho que si no se exhibe *la contemplatio domine* los efectos del negocio se pueden trasladar a la esfera patrimonial de quien los celebra y no del *dominus*). En el caso, el Consejo de

---

[34] En efecto, la Resolución 400 de 1995 de la Superintendencia de Valores habla, entre otras, de la fiducia mercantil irrevocable como vía jurídica para llevar a cabo la titularización (art. 1.3.1.2 y 1.3.2.1).

Estado decidió sancionar al representante legal de un ente fiduciario por cuanto la conducta desplegada por éste había desbordado su objeto social exclusivo al dedicarse de manera habitual y profesional a celebrar operaciones a futuro, no comprendidas dentro del objeto social. Dentro de los argumentos esgrimidos por el representante legal se encuentra uno relacionado con el mandato sin representación. Se arguyó, en efecto, que las operaciones a futuro se hacían a nombre propio, o sea de la fiduciaria, pero para el fondo común ordinario administrado por la fiduciaria y, por ende, dentro de su actividad principal. Para el Consejo de Estado las sociedades tienen objeto exclusivo determinado por la ley y el representante legal no puede permitir la realización de operaciones sociales por fuera de su objeto social; en el punto que se quiere destacar dijo:

> Si la sociedad fiduciaria tiene en términos generales por actividad principal la celebración de negocios fiduciarios traslaticios y no traslaticios, es decir, de contratos de fiducia mercantil y de encargo fiduciario, a través de los cuales gestiona negocios ajenos, su capacidad jurídica se circunscribe a la realización de tales negocios, y se extiende tanto a aquellos actos directamente relacionados con dicho objeto social principal como a los que tengan por finalidad cumplir las obligaciones y ejercer los derechos derivados de la existencia y funcionamiento de la compañía, *v. gr.*, los derechos y obligaciones derivados de sus relaciones laborales [...] Las operaciones a futuro celebradas por la fiduciaria fueron efectuadas a nombre propio [...] pues los documentos mediante los cuales se instrumentalizaron las compraventas de títulos a futuro se expidieron a nombre de la fiduciaria sin especificar que actuaba a nombre de otro. Por lo tanto, no resulta de recibo el argumento según el cual la actuación de la fiduciaria fue en interés del fondo común ordinario, a través de la figura del mandato sin representación en virtud del cual las operaciones a futuro se celebraron a nombre propio pero por cuenta ajena, pues el negocio fiduciario exige la separación de los bienes fideicomitidos de los demás bienes de otros fideicomisos, y de los bienes propios de la sociedad fiduciaria, lo cual significa que el fiduciario no compromete su responsabilidad patrimonial, en tanto que en el mandato sin representación no existe tal separación y el mandatario sí compromete su propio patrimonio, por lo que en la administración de un fondo común ordinario no existe la posibilidad de actuar en nombre propio pero por cuenta del fideicomitente o del patrimonio autónomo, y por ende, la fiduciaria sólo actúa en nombre y por cuenta de otro y así debe darlo a conocer en el desarrolllo de la gestión a ella encomendada[35].

En la fiducia mercantil, pues, no hay mandato sin representación. Y no se da porque mediante este negocio fiduciario se constituye un patrimonio autónomo o de afectación al cumplimiento de las obligaciones del fideicomiso; dicho patrimonio tiene que estar separado de los otros patrimonios de los cuales también sea titular el fiduciario y tiene que estar separado del patrimonio propio del ente fiduciario. Cuando actúa el fiduciario no lo hace en nombre propio y por cuenta del patrimonio autónomo o en nombre propio y por cuenta y riesgo del fideicomitente; sino en nombre y por cuenta del patrimonio autónomo.

Tampoco hay un mandato con representación porque en esta gestión el mandatario actúa en nombre y por cuenta del mandante sin necesidad de que el mandatario se haga dueño de los bienes que va a invertir, administrar, enajenar o constituir en garantía, según el caso. En la fiducia se requiere el acto de transferencia del bien objeto del encargo que garantizará las obligaciones contraídas en el cumplimiento de la finalidad perseguida. De otra parte, si bien, en principio, el fiduciario cuando actúa no compromete su responsabilidad patrimonial cuando celebra negocios relacionados con el cumplimiento de la finalidad de la fiducia, de todos modos sobre él pesa la carga de hacer notar que no obra para sí y por cuenta propia, sino que obra en nombre y por cuenta del patrimonio autónomo por cuanto de no hacerlo la comprometería.

C. ¿A QUIÉN SE DEMANDA?

Abordada desde el punto de vista sustancial la figura, importa ahora analizar a quién se demanda en el evento en que la finalidad perseguida con el contrato no se consiga y el fideicomitente o beneficiario se sienta afectado por la mala gestión o por el obrar ilícito del fiduciario. En un proceso arbitral el apoderado de la parte demandada esgrimió como excepción previa y como argumento de fondo que la demanda, ante la presunta mala gestión, había sido mal dirigida porque debió demandarse al patrimonio autónomo y no a la sociedad fiduciaria. El laudo, con muy buen criterio (a pesar de que habla de vocería y

---

35 Consejo de Estado, Sala de lo Contencioso Administrativo, Sección Cuarta. 14 de junio de 1996, C. P.: DELIO GÓMEZ LEYVA, exp. 7450, en especial pp. 15 a 18.

no de representación), sostuvo que las reclamaciones que eventualmente deba formular el fiduciante o el beneficiario, que controviertan la gestión realizada por la sociedad fiduciaria, sólo pueden dirigirse contra ella, y nunca contra el patrimonio autónomo:

> Ciertamente, si en una demanda de esta naturaleza sólo pudiera llamarse al fiduciario como vocero del patrimonio autónomo, ello significaría que en el evento de resultar probada su negligencia en la gestión, la responsabilidad patrimonial no recaería en el fiduciario sino en el patrimonio autónomo tergiversándose el alcance del artículo 1243 C. Co. Por el camino que propone el apoderado de la sociedad fiduciaria demandada, simultáneamente se llega a un absurdo y a una paradoja; el primero, consistente en que el causante del daño dejaría de responder, por el simple hecho de ser titular del patrimonio autónomo que administró indebidamente; y la segunda, en que el interesado en exigir la responsabilidad, en caso de salir victorioso en sus pretensiones, resultaría perjudicado porque el pago de la indemnización afectaría el patrimonio autónomo, el que terminaría doblemente disminuido: en una primera ocasión, a causa de los desaciertos del fiduciario, y en una segunda oportunidad, por razón de tener que atender la condena impuesta en la sentencia[36].

Es decir que por la mala gestión responde el representante (no vocero, en nuestro criterio) del patrimonio autónomo. Se sigue pues la regla según la cual el fiduciario responde hasta de la culpa leve en el cumplimiento de su gestión. Sin embargo, en circunstancias en que no se discute la gestión del fiduciario, y cuando estén comprometidos los intereses del patrimonio autónomo y no los propios del gestor, aquél concurre al debate judicial asistido o representado por éste. En efecto, dentro de los deberes indelegables que enumera el legislador se dispone que el fiduciario deberá llevar la personería para la protección y defensa de los bienes fideicomitidos contra actos de terceros, del beneficiario y aun del mismo constituyente; o sea, la fiduciaria como representante del patrimonio autónomo podrá ser tanto demandante como de-

---

36 Tribunal de Arbitramento de Bloch Niño y Cia. S. en C., Blomag S. en C. *vs.* Fiduciaria Colmena. Laudo del 14 de octubre de 1993, árbitros XIMENA TAPIAS, DARÍO LAGUADO y RAMIRO BEJARANO, publicado en *La jurisprudencia arbitral en Colombia*, HERNÁN FABIO LÓPEZ BLANCO (dir.), t. II, Bogotá, Universidad Externado de Colombia, 1993, pp. 304 a 312.

mandada cuando estén en discusión asuntos relacionados con los bienes objeto del encargo[37]. Si lo que se discute es su gestión, su actividad desplegada, actúa ya no como representante, sino *iure proprio* dentro del respectivo proceso.

D. EL FIDUCIARIO DETENTA UNA LEGITIMACIÓN SUSTANCIAL RESTRINGIDA POR LOS LÍMITES DEL NEGOCIO CELEBRADO

El tema de la legitimación por pasiva cuando existe error de conducta en el manejo del patrimonio autónomo por parte de la fiduciaria sigue siendo objeto de controversia. La Corte Suprema hubo de volver sobre el punto en un asunto en donde se discutió el incumplimiento de una sociedad fiduciaria y ésta se opuso a las pretensiones porque estimó que la responsabilidad derivada del contrato celebrado no corría a cargo suyo sino del patrimonio autónomo[38]. Según el tribunal de instancia debió demandarse directamente al patrimonio autónomo representando por la entidad fiduciaria: "no existe duda que Fiduciaria BNC S. A. fue citada al proceso directamente y no como vocera del patrimonio autónomo Altos de Arboleda, por lo que entonces no está legitimada por pasiva y se impone negar las pretensiones".

La Corte en sus consideraciones expone la teoría de los patrimonios autónomos, destacando que la ley no les ha reconocido personalidad jurídica, y

---

[37] En este sentido cfr. Tribunal Superior del Distrito Judicial, Hipotecario de Corporación Colmena *vs.* Fiduciaria Alianza S. A. Auto del 29 de septiembre de 1997, M. P.: CÉSAR JULIO VALENCIA COPETE. El punto en discusión era si se debía demandar al fiduciario o al patrimonio autónomo, por una deuda hipotecaria contraída por fideicomitente con anterioridad a la celebración del negocio fiduciario. Allí se dijo: "tampoco puede aceptarse, como lo quiere hacer ver el recurrente, que quien ha debido ser demandado es el patrimonio autónomo, el que, según criterio, al no ser citado así produjo la nulidad de la actuación [...] lo verdaderamente cierto es que, por lo menos en el ámbito procesal, no queda duda de que quien a términos de los artículos 44 y 77, numeral 5, del CPC, en concordancia con el artículo 1234, numeral 4, del Código de Comercio, debió ser citado como parte demandada fue la sociedad Fiduciaria Alianza S. A., por ser la persona jurídica que, de acuerdo a este último texto tegal, debe llevar la personería para la protección y defensa de los bienes fideicomitidos contra actos de terceros, del beneficiario y aun del mismo constituyente".

[38] Corte Suprema de Justicia, Sala de Casación Civil. Sentencia del 3 de agosto de 2005, M. P.: SILVIO FERNANDO TREJOS, exp. 1909, Hisslap Limitada *vs.* Fiduciaria BNC S. A. (antes Fiduciaria Caldas S. A.).

frente a la fiducia mercantil y en concreto en relación con su naturaleza jurídica afirma que se trata de un patrimonio autónomo afectado a una específica o determinada destinación con un sujeto titular, "así lo sea de un modo muy peculiar [...] [E]n el plano sustancial el fiduciario es quien debe obrar por el patrimonio autónomo cuando la dinámica que le es inherente lo exija, sin que lo haga propiamente en representación del mismo, reservada como ciertamente se halla esta figura a las personas naturales o jurídicas".

Entonces, y tal como lo hemos sostenido, desde el punto de vista sustancial cuando el fiduciario debe obrar por el patrimonio autónomo, con el fin de que no se entienda que es un acto propio y que eventualmente pueda comprometer su patrimonio personal, debe informarles de su condición a los terceros con quienes contrata: "[E]s a él, entonces, a quien en la realización de los actos que le competen como fiduciario le corresponde revelar la condición en que actúa, precisamente para traducir en concreto el deber legal de mantener separado el patrimonio propio de los demás que autónomamente quedan a su disposición y de estos entre sí, como dispone el artículo 1233 C. Co.".

Ahora bien, desde el punto de vista procesal y específicamente cuando el fiduciario se ve obligado a demandar o resulta demandado, su comparecencia en el respectivo proceso se hace de la siguiente manera:

1. Como el patrimonio autónomo no es persona natural ni persona jurídica, su comparecencia como demandante o demandado debe darse por conducto del fiduciario quien no obra ni a nombre propio, porque su patrimonio permanece separado de los bienes fideicomitidos, "ni tampoco exactamente a nombre de la fiducia, sino simplemente como dueño o administrador de los bienes que le fueron transferidos a título de fiducia como patrimonio autónomo afecto a una específica finalidad". Entonces, el patrimonio autónomo, como no puede ser parte, porque no tiene capacidad para ello, ocurre al proceso a través del fiduciario en razón a que como titular de los bienes fideicomitidos debe proteger los intereses recogidos en esa titularidad, "sin que en tal caso se pueda decir, ni que esté en juicio en nombre propio (ya que no responde personalmente), ni que esté en juicio en nombre de otro (ya que no hay tras él un sujeto de quien sea representante). Surge más bien de ahí un *tertium genus*, que es el de estar en juicio en razón de un cargo asumido y en calidad particular de tal".

Obsérvese, pues, que la carencia de personería jurídica impide el concepto de representación en el sentido tradicional y limitado que este tiene, y que la comparecencia se debe a la particular condición que posee el fiduciario en relación con los bienes fideicomitidos o en razón del encargo recibido en el acto constitutivo del negocio. En efecto, dentro de los deberes indelegables del fiduciario se encuentra el de "llevar la personería para la protección y defensa de los bienes fideicomitidos contra actos de terceros, del beneficiario y aun del mismo constituyente" (num. 4 art. 1234 C. Co.).

2. Es obvio que el fiduciario puede ser demandado directamente cuando, por ejemplo, se le sindique de haber incurrido en extralimitación de funciones, o por haber obrado con culpa o con dolo en detrimento de los bienes que conforman el patrimonio autónomo; en estos casos, es fácil inferir, sin mayor fatiga intelectual, que las resultas del proceso no pueden comprometer al patrimonio autónomo.

3. Pero el punto es determinar a quién se demanda cuando el ente fiduciario celebra actos o contratos ligados al logro de la finalidad perseguida con la constitución de la fiducia mercantil. La respuesta también es obvia: se debe demandar a la fiduciaria en tanto y en cuanto ella detenta "una legitimación sustancial restringida por los límites del negocio celebrado". Es válido también señalar que en estos casos se debe demandar al fiduciario indicando que se hace en su condición de vocero o titular del patrimonio autónomo.

Para la Corte, y ya descendiendo al problema que tuvo bajo análisis, "no se equivocó el tribunal por haber estimado que las pretensiones de la demanda se refieren a la renovación de un contrato de interventoría celebrado inicialmente por la sociedad Fiduciaria Caldas con la demandante, donde aquella actuó diciéndose 'vocera' del patrimonio autónomo que surgió a raíz de la constitución de la fiducia mercantil que tenía por finalidad la construcción del conjunto 'Altos de Arboleda', y que por consiguiente tal patrimonio es el que debe soportar las pretensiones y no la fiduciaria directamente".

La Corte, pues, estuvo de acuerdo con el tribunal de instancia en el sentido de haber negado las pretensiones de la demanda por falta de legitimación en la causa por pasiva en la medida en que la fiduciaria había obrado contractualmente en su condición de fiduciario y a ésta no era dable demandarla de manera directa. Entonces, así el patrimonio autónomo no tenga capacidad negocial ni capacidad para ser parte en el proceso, la demanda no puede dirigirse de manera directa contra el ente fiduciario por cuanto, se insiste, éste obró contractualmente no a nombre propio, sino en su condición de fiduciario, es decir, como titular de una legitimación sustancial restringida por los límites del negocio celebrado. El patrimonio autónomo está sujeto al cumplimiento de una finalidad determinada, y en cuanto tal es él y no otro patrimonio –en el caso el del fiduciario– el que responde por las obligaciones que se asumen con ocasión de la búsqueda de la finalidad establecida.

La sentencia podría ser objeto de críticas porque la tesis según la cual por el incumplimiento de las obligaciones del patrimonio autónomo debe demandarse no a éste, ni a la fiduciaria, sino a la fiduciaria en calidad de vocera del patrimonio autónomo, puede no satisfacer a aquellos que defienden el principio constitucional de la prevalencia del derecho sustancial sobre el procedimental, dado que en el fondo, obsérvese, la discusión giró en torno de la legitimación pasiva de la acción, pero siempre se tuvo claro que el demandado debía ser el ente fiduciario. Decir que el demandado no podía ser directamente la fiduciaria es correcto, lo que sí parece ser un excesivo rigorismo es desestimar las pretensiones por cuanto de los hechos se deducía fácilmente que la fiduciaria estaba siendo demandada por actos relacionados (celebración de un contrato de interventoría) con el patrimonio autónomo del cual era titular o estaba administrando. De todos modos queda como objeto de reflexión que de acuerdo con lo decidido por la Corte, no es para nada irrelevante la necesidad que se tiene, *prima facie*, de saber a quién se demanda en situaciones jurídicas gobernadas o regidas por negocios jurídicos fiduciarios.

En efecto, también en una reciente sentencia la Corte Suprema vuelve sobre el tema de la legitimación por pasiva en un negocio fiduciario y actuando como juez de segunda instancia modifica el fallo apelado absolviendo tanto a la fiduciaria como al fideicomisario, quienes en la primera habían sido condenados solidariamente a responderle a un tercero por una deuda adquirida por el fideicomitente antes de la celebración del negocio fiduciario[39]. Para la Corte no existe solidaridad entre la fiduciaria y el constituyente por las deudas previas que este último haya contraído con terceros.

En el conflicto se discutió si la fiduciaria y el beneficiario tenían que responder por la restitución de una suma de dinero que había sido objeto de

---

39 Corte Suprema de Justicia, Sala de Casación Civil. Sentencia del 31 de mayo de 2006, M. P.: PEDRO OCTAVIO MUNAR CADENA.

un precontrato celebrado entre el futuro fideicomitente y un tercero antes de la constitución del patrimonio autónomo, con un punto adicional consistente en que el demandante no le atribuyó a la sociedad fiduciaria ni al beneficiario el haber incurrido en culpa por el incumplimiento de las obligaciones a su cargo, ni la extralimitación o el abuso en el desempeño de sus funciones. El juicio, pues, se adelantó con base en la presunción de solidaridad de que trata el artículo 825 C. Co. y no con el fin de establecer responsabilidad de estos dos demandados por el desarrollo y ejecución de la fiducia.

El tribunal de instancia, al confirmar la sentencia que dictó el *a quo*, consideró viable la pretensión de la restitución de la suma de dinero que el promitente comprador (el tercero demandante) le había pagado a la constructora en su condición de promitente vendedora, por la existencia de un negocio de fiducia mercantil en donde habían participado la constructora, la fiduciaria y el fideicomisario, y porque estos tres estaban obligados en forma solidaria en razón del ánimo de lucro y el carácter oneroso del contrato de fiducia mercantil.

De modo pues que el debate giró en torno de si el fiduciario y el beneficiario detentaban legitimación pasiva para responder por la obligación de restituir los dineros desembolsados por el promitente comprador en desarrollo de un contrato de promesa de compraventa anterior al nacimiento del contrato fiduciario (pero sin la intervención de los primeros), cuando quiera que tanto esos dineros como la posición contractual del promitente vendedor habían sido transferidos al patrimonio autónomo.

La Corte insistió en que el fiduciario es "un dueño instrumental de los bienes fideicomitidos" y que no puede actuar como pleno y absoluto titular de un derecho de dominio y observó:

> [N]i en virtud de la ley, ni con ocasión del aludido contrato de fiducia están llamados a resistir la pretensión restitutoria el banco fideicomisario, ni, comprometiendo su propio patrimonio, la Fiduciaria del Estado. Por supuesto que si de cara a la obligación de restituir esos dineros no es factible asumir como deudoras a las mencionadas entidades, menos habrá forma de deducir a su cargo la solidaridad establecida por el artículo 825 del Estatuto Mercantil: simple y llanamente, la solidaridad por pasiva no cabe frente a una misma obligación, si no existe pluralidad de deudores, ello es elemental; por supuesto que, sin necesidad de asentar extensas definiciones jurisprudenciales o doctrinarias, lo cierto es que esa especie de obligaciones –las solidarias– presuponen, cuando

del extremo pasivo se trata, la coexistencia de varios deudores de una misma prestación, hipótesis que, reitérase una vez más, no se estructura en este caso.

Y más adelante agregó:

> Con todo, ya quedó dicho que la fiduciaria fue condenada a restituir, no como titular del aludido patrimonio autónomo, calidad por la cual era ostensible su legitimación por pasiva, sino a título particular. Se insiste, según lo corrobora la actitud procesal del demandante, éste, quien había alegado la solidaridad de los demandados frente a la pretensión restitutoria, tampoco manifestó ninguna reserva frente a la condena que en el fallo de primera instancia se le impuso a la fiduciaria, *a título personal*, vale decir, con afectación de su pecunio particular, condena por cuya vigencia, como era de esperarse, la actora desplegó sus mejores esfuerzos al replicar la demanda de casación interpuesta por la Fiduciaria del Estado. Establecido, entonces, que la fiduciaria no estaba llamada a responder, con su propio patrimonio, por la pluricitada obligación, no queda solución distinta de concluir que se imponía su absolución, lo que conlleva la revocatoria de la restitución patrimonial impuesta por el juzgador *a quo* a la Fiduciaria del Estado.

Así pues, el error de los jueces de instancia consistió en haber ordenado la restitución solicitada por el demandante a la fiduciaria a título personal, lo cual implicaba un castigo para ella, y no la restitución como titular de un patrimonio autónomo que estaba administrando. Se recuerda que, por regla general, el fiduciario no compromete su responsabilidad frente a terceros, salvo cuando, por ejemplo, se ha excedido en el ejercicio de sus funciones o cuando ha aparecido ante terceros como real propietario de los bienes que le han transferido, ocultando que lo es solamente a título instrumental, porque se sabe que si el fiduciario no exterioriza ante terceros su condición, se puede entender que ha asumido el negocio como propio.

Si en el litigio se hubiese discutido el comportamiento contractual de la fiduciaria, y este hubiese sido cuestionado o no hubiese alcanzado lo estándares que se esperan de un profesional de su arte u oficio, la condena o la restitución podía haberse señalado a título personal; pero, se insiste, en el marco del conflicto, el demandante no le atribuyó a la sociedad fiduciaria errores de conducta, ni la extralimitación o el abuso en el desempeño de sus funciones. Sigue siendo, pues, el tema de la legitimación por pasiva un punto de cuidado en este tipo de negocios que habrá de tenerse muy en claro antes de recurrir a la justicia ordinaria o arbitral.

Ahora bien, tal como se dijo atrás, la Corte, fungiendo como tribunal de instancia, produce la sentencia sustitutiva en virtud de la cual absuelve a la fiduciaria y al beneficiario, pero mantiene la condena para la sociedad constructora que en efecto había recibido el dinero solicitado en restitución de parte de la demandante, así con posterioridad se hubiese transferido éste al patrimonio autónomo cuyo titular era la fiduciaria que resultó, se repite, exenta de responsabilidad.

Seguramente por las dificultades conceptuales que el tema tratado presenta, el Ministerio de Hacienda y Crédito Público expidió el Decreto 1049 del 6 de abril de 2006 en virtud del cual reglamentó los artículos 1233 y 1234 C. Co. disponiendo:

> Los patrimonios autónomos conformados en desarrollo del contrato de fiducia mercantil, aun cuando no son personas jurídicas, se constituyen en receptores de los derechos y obligaciones legal y convencionalmente derivados de los actos y contratos celebrados y ejecutados por el fiduciario en cumplimiento del contrato de fiducia. El fiduciario, como vocero y administrador del patrimonio autónomo, celebrará y ejecutará diligentemente todos los actos jurídicos necesarios para lograr la finalidad del fideicomiso, comprometiendo al patrimonio autónomo dentro de los términos señalados en el acto constitutivo de la fiducia. Para este efecto, el fiduciario deberá expresar que actúa en calidad de vocero y administrador del respectivo patrimonio autónomo. En desarrollo de la obligación legal indelegable establecida en el numeral 4 del artículo 1234 del Código de Comercio, el Fiduciario llevará además la personería del patrimonio autónomo en todas las actuaciones procesales de carácter administrativo o jurisdiccional que deban realizarse para proteger y defender los bienes que lo conforman contra actos de terceros, del beneficiario o del constituyente, o para ejercer los derechos y acciones que le corresponden en desarrollo del contrato de fiducia.

E. ACREENCIAS ANTERIORES AL NEGOCIO FIDUCIARIO

De otra parte, "Los bienes objeto del negocio no podrán ser perseguidos por los acreedores del fiduciante, a menos que sus acreencias sean anteriores a la constitución del mismo. Los acreedores del beneficiario solamente podrán perseguir los rendimientos que le reportan dichos bienes. El negocio fiduciario celebrado en fraude de terceros podrá ser impugnado por los interesados" (art. 1238 C. Co.). Este artículo es el que mayor perplejidades ha causado dentro de los procesalistas y su ambigua redacción ha llegado incluso a plantear serias dudas en cuanto a la seguridad de una institución que precisamente debe operar sobre bases de seriedad y de certeza.

En palabras concretas, el *punctum dolens* o punto de fricción radica en lo siguiente: para algunos, la primera parte del artículo consagra una acción ejecutiva en favor de los acreedores del fiduciante en contra del patrimonio autónomo, y la segunda permite la famosa acción pauliana de revocación. Para otros, en cambio, la acción establecida en la primera parte no es diferente a la acción pauliana a que se refiere el inciso segundo.

La importancia de determinar la clase de acción, o mejor, de pretensión, establecida en el inciso primero es manifiesta por cuanto dentro de las causales de extinción del negocio fiduciario se contempla la de "la acción de los acreedores anteriores al negocio fiduciario" (num. 8 art. 1240 C. Co.). ¿Bastará, pues, una mera acción ejecutiva para que termine un contrato de fiducia mercantil de tanta trascendencia social?

> Las diferencias entre los dos incisos del artículo 1238 –sostiene LÓPEZ BLANCO– son que en el primero no se requiere demostrar nada diferente a la existencia de la obligación anterior a la constitución de la fiducia, mientras que en el segundo se debe acreditar la intención fraudulenta, pero en los dos eventos se trata de proceso ordinario, pues la índole de la pretensión, que en los dos es la misma, no admite la posibilidad de vía ejecutiva por ausencia de los requisitos del artículo 488 del Código de Procedimiento Civil, pues se reitera que en este proceso no se trata de cobrar la obligación anterior, sino de dejar sin efectos un contrato de fiducia [...] Siempre es necesario que previamente, y mediante proceso ordinario, se deje sin efectos el negocio de fiducia para reconstruir el patrimonio del deudor y entonces adelantar el proceso ejecutivo o, al menos, poder denunciar esos bienes para que sean embargados, secuestrados y rematados dentro del mismo[40].

---

40 HERNÁN FABIO LÓPEZ BLANCO. "La fiducia en garantía, implicaciones procesales", *Revista Jurídica del Externado de Colombia*, vol. 7, n.° 1, enero-junio de 1993, p. 56.

Para otros, el artículo en análisis consagró dos tipos de acciones diversas con trámite procesal diferente: la de los acreedores del fiduciante y del beneficiario sobre los bienes fideicomitidos y los rendimientos que reporten dichos bienes, y la de los interesados (todo acreedor es un interesado, pero no todo interesado es acreedor) para impugnar el negocio fiduciario cuando se ha celebrado en fraude a terceros. La primera a través de un proceso ejecutivo, la segunda mediante proceso ordinario[41]. ÁLVAREZ sugiere que la causal extintiva se conforme cuando ya el proceso ejecutivo haya avanzado o cuando exista sentencia que ordene seguir adelante la ejecución.

Parece exagerado sostener que el mero ejercicio de la acción ejecutiva no cualificada (personal o real) de parte de los acreedores del fiduciante anteriores a la celebración del contrato constituya causal suficiente de extinción del negocio fiduciario[42]. La naturaleza y la teleología del proceso ejecutivo, como mecanismo compulsorio para obtener la satisfacción de las prestaciones contenidas en el título de ejecución, riñe con la posibilidad de que por tal proceso se resuelva un contrato, cualquiera que él sea. Basta esta razón para asir el significado de la norma en estudio, en cuanto creemos que las acreencias anteriores a la constitución del negocio fiduciario sólo pueden ser aquellas que tienen una garantía real como la hipoteca o la prenda. Por esa razón, en la práctica, las sociedades fiduciarias en Colombia se preocupan, al estudiar la titulación del bien que es materia de la transferencia, de que sobre él no pesen ni gravámenes ni limitaciones del dominio que puedan generar inestabilidad

---

41 Cfr. MARCO ANTONIO ÁLVAREZ. "La fiducia mercantil y el derecho de los acreedores sobre los bienes fideicomitidos", *Revista de Derecho Privado*, Bogotá, Universidad de los Andes, 1995, pp. 109 a 125. Dice este autor: "Lo que sí no puede negarse es que en derecho se persiguen bienes y no negocios jurídicos; utilizando las propias palabras del artículo 1238 C. Co., los contratos se impugnan, lo que no sucede con las cosas, pero estas sí pueden ser perseguidas [...] El artículo 1238 C. Co. consagra los dos tipos de pretensiones, correspondiendo el primer inciso a pretensiones de naturaleza satisfactiva y el segundo de naturaleza conservativa. De ahí que en el primer caso se hable de que la pretensión de los acreedores del fiduciante por acreencias anteriores a la constitución de la fiducia, recaiga sobre *los bienes objeto del negocio fiduciario*, en tanto que en el segundo caso se haga referencia a la *impugnación*, lo cual resulta obvio si se tiene presente que para la conservación de un patrimonio es menester atacar los actos de disposición que hubiere ejecutado el deudor sobre los bienes de su patrimonio" (p. 119).

42 En este sentido, auto del Tribunal Superior de Bogotá, agosto de 1997, M. P.: CÉSAR JULIO VALENCIA.

al contrato o que puedan crear dificultades al cumplimiento de los fines convenidos en el mismo. Esta posición descarta, entonces, que los acreedores quirografarios o personales puedan perseguir un bien que se transfirió a título de fiducia. Esa posibilidad queda sólo reservada, se repite, para los acreedores con garantía real por cuanto el ente fiduciario tuvo la posibilidad de conocer las acreencias reales que en un futuro pudieran afectar la realización y el desarrollo del negocio, en virtud del principio de la publicidad registral.

De todos modos nuestra postura puede ser entendida *de iure condendo* por cuanto tal como está redactada la norma el primer inciso del artículo sí daría lugar para iniciar juicios ejecutivos reclamando la satisfacción de obligaciones contraídas antes de la celebración del negocio fiduciario. Obsérvese las palabras con que comienza el artículo: "los bienes objeto del negocio fiduciario". Y es precisamente con la acción ejecutiva (personal, real o mixta) que se persiguen las acreencias insatisfechas. Es decir, tal como aparece la norma y respetando las palabras usadas por el legislador, los acreedores pueden perseguir los bienes mediante el trámite de un proceso ejecutivo sin que previamente haya necesidad de atacar la validez del negocio fiduciario. El inciso segundo sí contiene una pretensión diferente por cuanto ya no se trata de perseguir bienes, sino de impugnar la validez de un negocio jurídico en orden a reconstituir el patrimonio del deudor y de esta manera garantizar el principio según el cual dicho patrimonio constituye la prenda común y general de los acreedores (arts. 2488, 1677 y 2492 C. C.).

Así pues, con el segundo inciso del artículo 1238 transcrito se le hace honor al derecho que tienen los terceros acreedores de impugnar el acto cuando han sido defraudados a través de la transferencia que el fiduciante realizó en el contrato fiduciario. Es obvio que para este caso tiene que hacerse uso de la importante institución jurídica consagrada en nuestro ordenamiento y conocida con el nombre de acción pauliana (art. 2491 C. C.) o acción revocatoria (Ley 222 de 1995), entre nosotros sujeta la primera a un proceso ordinario o plenario y la segunda al trámite del proceso verbal de mayor o menor cuantía según el caso. Como el acto siempre es mercantil ya que el fiduciario siempre es una entidad fiduciaria, el trámite será el previsto en la ley mercantil. En efecto, la Ley 222 prevé en su artículo 183:

> Cuando los bienes que componen el patrimonio liquidable, sean insuficientes para cubrir el total de los créditos reconocidos, podrá demandarse la revoca-

ción de los siguientes actos o negocios, realizados por el deudor: 1. La extinción de las obligaciones, las daciones en pago, y en general, todo acto que implique disposición, constitución o cancelación de gravamen, limitación o desmembración del dominio de bienes del deudor, realizados en detrimento de los intereses o derechos de los acreedores, durante los doce meses anteriores a la apertura del trámite concursal, cuando no aparezca que el adquirente obró con buena fe exenta de culpa. 2. Todo acto que a título gratuito se hubiere celebrado dentro de los veinticuatro meses anteriores a la apertura del trámite concursal...

La segunda hipótesis no se aplica porque la fiducia mercantil es un contrato esencialmente remunerado. En cuanto a la primera, obsérvese que se exige la prueba de que el adquirente no haya obrado con buena fe exenta de culpa, es decir que para la estructuración de la acción revocatoria mercantil se exige, como también se exige en el Codigo Civil, la presencia del elemento subjetivo, solo que en éste se reclama una buena fe simple u ordinaria en tanto que en derecho mercantil una buena fe máxima, no ordinaria o exenta de culpa. Mientras que la buena fe simple corresponde a la "diligencia y cuidado que los hombres emplean ordinariamente en sus negocios propios", la buena fe exenta de culpa corresponde a "la esmerada diligencia que un hombre juicioso emplea en la administración de sus negocios importantes" (arts. 529, 622, 784.12, 820, 835, 841, 842, 863, 898, 919, 960 y 1320 C. Co.); es decir, diligencia y cuidado medianos, y diligencia y cuidado máximos. De esta manera, la legislación desconoce una de las diferencias que la doctrina nacional había establecido entre la acción pauliana del Código Civil y la acción revocataria que traía el derogado artículo 1965 C. Co. En efecto, se sostenía que para la procedibilidad de la acción revocatoria mercantil bastaba el mero acto de disposición sin necesidad de auscultar o encontrar elemento subjetivo alguno. La postura de la ley modificatoria del Código de Comercio está en contravía con la actual tendencia sobre la objetivación de las relaciones mercantiles y de querer perpetuar una clasificación de buena fe bastante discutida, pese a su consagración positiva, ya que en nuestro criterio la buena fe es una, sin necesidad de epítetos o calificativos. Nos imaginamos las dificultades prácticas o de prueba para las partes y para el juez de determinar o valorar ante ciertas circunstancias cuándo se está en presencia de una buena fe simple y cuándo ante una buena fe cualificada.

La Superintendencia Bancaria en Circular Externa n.º 7 de 1996, título V, capítulo I, numeral 1, punto 9, acogió un criterio diferente al por nosotros expuesto. Para el órgano vigilante del sector bancario el artículo 1238 estableció en ambas hipótesis una acción pauliana y, en consecuencia, los acreedores del fiduciante deben hacer regresar los bienes al patrimonio del fiduciante mediante el trámite de un proceso ordinario. Los acreedores deberán, pues, probar la mala fe del adquirente y el debilitamiento de la prenda general de los acreedores para de esta manera obtener una sentencia que destruya la relación jurídica surgida con la celebración del respectivo contrato fiduciario (*pristinum statum reducit* o regresar las cosas al *statu quo ante*). Para la Superintendencia el uso en el artículo 1238 de la frase "podrán ser perseguidos" no determina cuál es la clase de acción que pueden o deben utilizar los acreedores; por lo tanto, la pretensión debe seguir el trámite propio de un proceso ordinario, siguiendo las normas generales del procedimiento civil, dado que no se trata de una obligación clara, expresa y exigible y que no existe una norma procesal que haya asignado un trámite especial.

Dos consideraciones adicionales. Se sostiene que el artículo 1238 C. Co. constituye una modificación al sistema general de prelación de créditos establecido en el Código Civil por cuanto a partir de la constitución de la fiducia sus beneficiarios gozan de una prelación, frente a todos los acreedores del fiduciante, respecto de las acreencias posteriores a la constitución del negocio y que puede hacerse efectiva únicamente sobre los bienes objeto del contrato. De otra parte, en rigor lógico y dogmático el artículo 1238 desfigura la institución propia del patrimonio autónomo porque en puridad una vez que los bienes salen del patrimonio del fiduciante y conforman un patrimonio separado deberían quedar exentos de la acción singular o colectiva del fiduciario, el fiduciante y el beneficiario. Pues bien, de acuerdo con la normativa colombiana los bienes están exentos de las acciones de los acreedores del fiduciario y del beneficario, mas no de los acreedores del fiduciante que podrán perseguir los bienes objeto del negocio fiduciario si sus acreencias son anteriores a la constitución del mismo. Se recuerda que en el plano dogmático una de las características de los patrimonios de afectación, separados o autónomos, es que sus normas no sólo derogan el principio de su libre utilización por parte de su titular, sino que, coetáneamente, sus normas también derogan la garantía ilimitada y genérica del patrimonio frente a los acreedores. En derecho colombiano la segunda característica no se da en la medida que los acreedores del fiduciante pueden agredir el patrimonio autónomo. Esta la razón por la cual sostenemos que la teoría del patrimonio autónomo en nuestro derecho está en cierto grado desvirtuada. El aserto resulta corroborado con la doctrina que sobre la fiducia y su relación con el trámite concursal ha elaborado la Superintendencia de Sociedades y que en esencia sostiene que los acreedores fiduciarios no pueden ejecutar su garantía por fuera del concordato del fideicomitente, tal como se verá más adelante a propósito de la fiducia en garantía.

F. EL ARTÍCULO 1238 MERCANTIL ANTE LA JURISDICIÓN ORDINARIA

El inciso primero del artículo 1238 C. Co. consagra una acción a favor de los acreedores anteriores a la constitución de la fiducia, para perseguir los bienes objeto del negocio fiduciario. En igual sentido, el numeral 8 artículo 1240 ibídem prevé dentro de las causales de extinción del negocio fiduciario la "acción de los acreedores anteriores al negocio fiduciario". El tema de si la acción consagrada en estas disposiciones requiere, para su correcto ejercicio, la concurrencia tanto de la prueba de la calidad de acreedor anterior como de la disminución de la garantía de pago del crédito a causa de la celebración del negocio fiduciario, es un punto conflictivo. Sobre esto se trae a colación una sentencia de casación civil[43], en la cual, pese a que la Corte Suprema no resolvió de fondo por falta de pruebas y de requisitos formales de la demanda, el recurrente planteó sugestivos argumentos en cuanto a la interpretación y la aplicación de las normas mencionadas. En la demanda de primera instancia, un acreedor anterior a la celebración del negocio de fiducia pidió decretar la rescisión de un contrato de fiducia, por considerar que el fideicomitente había actuado de mala fe y defraudado a sus acreedores al designar como beneficiarios del fideicomiso, entre otros, a un socio y a una entidad codeudora del fideicomitente. El juez de primera instancia declaró la rescisión parcial de la fiducia. El *ad quem* consideró que la posibilidad de perseguir los bienes por los acreedores anteriores al negocio fiduciario corresponde a la acción de extinción de la fiducia y no a la acción para rescindir el contrato. Frente al ejercicio de estas dos acciones, el tribunal estimó, en síntesis, que el artículo 1238

---

[43] Corte Suprema de Justicia, Sala de Casación Civil. Sentencia de 14 de diciembre de 2005, M. P.: Manuel Isidro Ardila Velásquez.

C. Co. consagró dos tipos de acciones: una objetiva y una subjetiva. Con base en la primera, expuso el tribunal, los bienes del negocio fiduciario pueden ser perseguidos por los acreedores del fiduciante, siempre y cuando sean acreencias anteriores a la constitución de la fiducia. La subjetiva, consiste en la posibilidad de impugnar el negocio fiduciario celebrado en fraude de terceros. Respecto de la primera acción de carácter objetivo, el tribunal concluyó que siendo la acreencia anterior a la fiducia, por ese solo hecho se está legitimado para solicitar el aniquilamiento del acto, sin necesidad de averiguar la buena o mala fe de la parte demandada, ni menos la culpa del demandante. Es decir que para la prosperidad de la acción de extinción del negocio fiduciario sólo es necesario demostrar que la acreencia es anterior a la constitución del patrimonio autónomo.

En la demanda de casación se formuló el cargo bajo la égida de la causal primera, por violación directa de la ley, como consecuencia de la indebida interpretación y aplicación de los artículos 1238 y 1240 numeral 8 C. Co. El recurrente, en esencia, advirtió que si bien la acción de extinción de un negocio fiduciario es distinta a la acción pauliana, puesto que tiene un cariz objetivo, no es menos cierto que se requiere para su correcto ejercicio, según lo indicado por la Superintendencia Bancaria en la Circular Básica Jurídica divulgada mediante Circular Externa n.º 007 del 19 de enero de 1996, demostrar que la acreencia es anterior a la constitución del patrimonio autónomo y también la existencia de un efectivo detrimento de la garantía general de la obligación del deudor fideicomitente como consecuencia del negocio fiduciario celebrado. Además, el impugnador esgrimió lo que sigue:

> ... para la prosperidad de la acción de los artículos 1238 y 1240 (num. 8) del Código de Comercio, el acreedor demandante debe demostrar en el proceso la preexistencia de la obligación de cara a la celebración del contrato de fiducia, el cierto, real y concreto detrimento de la garantía general de sus obligaciones (el patrimonio del deudor), en relación con la acreencia del demandante, y no la simple disminución o merma de este patrimonio, y la relación de causalidad entre la constitución de la fiducia y el detrimento del patrimonio del deudor, cierto y concreto respecto de la obligación a favor del demandante.

El recurrente alegó que de aceptarse el razonamiento del tribunal, se impediría que el constituyente de una fiducia tenga acreencias anteriores, pues de tenerlas, pese a que no haya disminución del patrimonio del fideicomitente, el patrimonio autónomo puede ser objeto de extinción con la sola demanda del acreedor que posea una obligación anterior a la celebración del contrato de fiducia. Lo anterior, en su opinión, prohijaría la violación "al derecho a la libre disposición de los bienes y a la libre disposición de la voluntad humana".

Sin embargo, la Corte Suprema consideró que la interpretación de la norma realizada por el tribunal no era susceptible de modificarse en casación, puesto que el recurrente no aportó argumentos ni evidencias suficientes para arruinar la inteligencia propuesta por el *ad quem*[44]. En efecto, dice la Corte que la interpretación de una norma no puede surgir de un examen en el que prevalezca el casuismo. En últimas, lo que se concluye en este pronunciamiento es que el recurrente no argumentó con suficiencia las razones por las cuales la Corte debía entender que en las disposiciones analizadas, que consagran la acción de extinción del negocio de fiducia a favor de los acreedores preexistentes al patrimonio autónomo, están "inmersas" las exigencias o requisitos –para el éxito de la acción en sede judicial– de demostrar la afectación o el detrimento del patrimonio del deudor y su relación de causalidad con la celebración del negocio fiduciario.

En consecuencia, al no decidir de fondo la Corte, quedó en pie el razonamiento del tribunal, en el sentido de que en la acción consagrada en el artículo 1238 C. Co. no está previsto el requisito de exigir prueba del fraude o del perjuicio derivado del negocio fiduciario celebrado por el deudor y, en esa medida, sólo sería indispensable demostrar que la acreencia es anterior a la constitución del patrimonio autónomo, para efectos de que prospere la acción

---

44 Estimó la Corte que el recurrente "apenas si da poner de presente que esos requisitos adicionales [la disminución de la solvencia del deudor y el nexo de causalidad entre la constitución de la fiducia y el detrimento del patrimonio del deudor] cuya prueba reclama, figuran intrínsecos en las normas, algo que, de cualquier manera, no encarna una demostración que convenga al recurso extraordinario; en efecto, expuesta una tesis con unos alcances como los advertidos, encarando al tribunal en cuanto dijo que al éxito de esta acción basta demostrar que se trata de un acreedor anterior a la fiducia, sin que, de otra parte, quepa exigir prueba del fraude o del perjuicio, pues son cosas que la codificación mercantil no menciona y no es posible traerlas del Código Civil, en particular, cuando regula el fraude pauliano, lo menos que se esperaba del impugnador es que, al insistir en que, de todos modos, en las normas están intrínsecos esos otros elementos, explicara la *ratio* de sus planteos".

de extinción del negocio de fiducia. Sigue siendo, pues, este tema muy delicado, no pacífico y generador de riesgo para la existencia de los muchos negocios fiduciarios que existen en la praxis negocial colombiana.

En síntesis, al quedar vigente la decisión del tribunal, la disminución de la solvencia del deudor y el nexo de causalidad entre la constitución de la fiducia y el detrimento del patrimonio del deudor no son requisitos intrínsecos del artículo 1238 C. Co. para la prosperidad de la acción; para el éxito de la acción "basta demostrar que se trata de un acreedor anterior a la fiducia, sin que, de otra parte, quepa exigir prueba del fraude o del perjuicio, pues son cosas que la codificación mercantil no menciona y no es posible traerlas del Código Civil, en particular, cuando regula el fraude pauliano". Por lo reciente de la decisión, el tema seguirá siendo materia de análisis y, sobre todo, si se quiere tener una sólida postura contraria, habrá necesidad de una urgente reforma legislativa.

G. TERMINACIÓN DEL NEGOCIO

De otra parte, las causales de extinción del negocio fiduciario tienen expresa disposición y deben ser integradas con las establecidas en el Código Civil para la propiedad fiduciaria por así disponerlo el artículo 1240 C. Co.

El fideicomitente está facultado para revocar la fiducia, cuando se hubiere reservado esta facultad en el acto constitutivo (arts. 1236 num. 2 y 1240 num. 11 C. Co.). Podrá, además, pedir la remoción del fiduciario y nombrar sustituto, cuando a ello hubiere lugar. Esta misma facultad puede ser ejercitada por el beneficiario. Es de advertir que la renuncia del fiduciario sí requiere autorización previa del Superintendente Bancario (art. 1232 *in fine* C. Co.). Así mismo, la Superbancaria ha sostenido que la remoción del fiduciario en los eventos contemplados en el artículo 1235 C. Co. sólo puede provenir de solicitud formulada por el beneficiario, y no de terceros ajenos al negocio de fiducia[45].

El fiduciario, además de estar obligado a efectuar el inventario de los bienes recibidos en fiducia, así como a prestar caución especial, previa petición del fideicomitente, está en la obligación de rendir cuentas comprobadas

---

45 Cfr. Superintendencia Bancaria. Concepto 97011542-3 del 29 de mayo de 1997.

de su gestión al beneficiario cada seis meses y al fideicomitente (num. 8 art. 1234 C. Co.). Aunque no existe norma expresa, pensamos que el fiduciario también debe rendir cuentas a la finalización del negocio fiduciario.

Por último, se debe anotar que el fiduciario, *iure condito*, responderá hasta de la culpa leve en el cumplimiento de su gestión. Es decir, deberá emplear en su encargo la confianza y cuidado que los hombres emplean ordinariamente en sus negocios propios. Debe administrar los bienes fideicomitidos como *un buen padre de familia*, o mejor, "con la diligencia de un buen hombre de negocios", según las palabras del artículo 23 de la Ley 222 de 1995. El tema de la responsabilidad del fiduciario será objeto de análisis en los capítulos cuarto y quinto.

CAPÍTULO TERCERO
Finalidades de la fiducia mecantil

I. EXORDIO

Las finalidades del fideicomiso dentro del tráfico pueden ser tan amplias y extensas como el mismo talento y la creatividad humana, encontrando como límites únicamente las normas ordenadoras de la institución (requisitos de existencia y validez del negocio: forma, contenido, causa, voluntad, objeto y legitimación).

El fideicomiso puede ser utilizado como medio técnico y jurídico para, entre otras cosas, asegurar: la educación de menores; la pensión alimenticia; los gastos de hospitalización y curación de enfermos; la utilización del beneficio de un seguro de vida; la inversión de las reservas de una sociedad o empresa; el cumplimiento de los objetivos de una entidad de derecho público o de una entidad de beneficencia. También, para administrar los recursos captados por los fondos de empleados de las empresas; para la administración y venta de muebles e inmuebles; para la administración de bienes como resultado de acuerdos concordatarios; para administrar contratos; para garantizar obligaciones, etc. Todo esto significa que existe una amplia gama de actividades económico-jurídicas que pueden ser realizadas a través de la fiducia mercantil. Esta la razón por la cual la figura ha sido calificada como un negocio de carácter instrumental.

No obstante la variedad de finalidades, la doctrina ha tratado de sistematizar el fideicomiso y ha llegado a elaborar diferentes clasificaciones[1]. En nuestro país se habla de fiducia inmobiliaria, en garantía, de titularización; fiducia de administración de emisiones de bonos o de papeles comerciales; fiducia para la liquidación de sociedades comerciales; fiducia de administración de tesorerías empresariales y fiducia de administración de empresas en concordato; fiducia para la administración de herencias o legados y de bienes de incapaces; fiducia para la administración de seguros de vida, fiducia de administración y pagos[2]. También con ocasión del Régimen de Contratación Estatal (Ley 80 de 1993), el cual permite a los entes públicos celebrar contratos de fiducia, se habla de una

---

[1] Sobre las diferentes clasificaciones del fideicomiso, cfr. PEÑA CASTRILLÓN. Ob. cit., pp. 22 a 30; R. RENGIFO. Ob. cit., pp. 268 a 277; SERGIO RODRÍGUEZ. *Contratos bancarios*, 3.ª ed., Bogotá, ABC, pp. 658 a 664.
[2] Asociación de Fiduciarias. *La cartilla fiduciaria, fiducia para todos*, 1994.

nueva modalidad: la fiducia pública. Para efectos de esta sede y siguiendo la clasificación que se deduce del Estatuto Orgánico del Sistema Financiero se hablará de la fiducia de inversión, de administración y de garantía. Y como subespecie de la fiducia de administración se hará referencia a la fiducia inmobiliaria, y especial estudio se dedicará a la de titularización.

El EOSF enumera en el artículo 29 las operaciones autorizadas para las sociedades fiduciarias:

> Las sociedades fiduciarias especialmente autorizadas por la Superintendencia Bancaria podrán, en desarrollo de su objeto social:
>
> a) Tener la calidad de fiduciarios, según lo dispuesto en el artículo 1226 del Código de Comercio;
>
> b) Celebrar encargos fiduciarios que tengan por objeto la realización de inversiones, la administración de bienes o la ejecución de actividades relacionadas con el otorgamiento de garantías por terceros para asegurar el cumplimiento de obligaciones, la administración o vigilancia de los bienes sobre los que recaigan las garantías y la realización de las mismas, con sujeción a las restricciones que la ley establece...

De la norma transcrita se extrae la clasificación propuesta: fiducia de inversión (*la realización de inversiones*); de administración (*la administración de bienes*) y de garantía (*la ejecución de actividades relacionadas con el otorgamiento de garantías por terceros para asegurar el cumplimiento de obligaciones*).

Al observar el artículo 1226 C. Co. y el EOSF, se establece que las diferentes modalidades de fiducia desarrolladas en este último se encuentran implícitas en el precepto legal primeramente citado, cuando éste estableció como deberes del fiduciario los de administrar o enajenar "para cumplir una finalidad determinada por el constituyente".

II. LA FIDUCIA DE INVERSIÓN

A. DEFINICIÓN

Esta modalidad consiste en la transmisión que realiza el constituyente al fiduciario de un bien o conjunto de bienes para que los enajene y su producido lo invierta en ciertas actividades que generen rendimiento en provecho del beneficiario, como, por ejemplo, en la concesión de préstamos.

Por lo general, el objeto del fideicomiso está representado por dinero o títulos valores. El constituyente busca maximizar los rendimientos de sus recursos valiéndose de una sociedad fiduciaria que, además de su seriedad y conocimiento del mercado, cuidará sus haberes como "un buen padre de familia"[3].

El EOSF trae la siguiente definición: "Entiéndese por fideicomiso de inversión todo negocio fiduciario que celebren las entidades aquí mencionadas con sus clientes, para beneficio de éstos o de los terceros designados por ellos, en el cual se consagre como finalidad principal o se prevea la posibilidad de invertir o colocar a cualquier título sumas de dinero, de conformidad con las instrucciones impartidas por el constituyente" (num. 2 art. 29).

B. CLASES

El constituyente puede señalarle al fiduciario la manera como ha de invertir sus bienes (fideicomiso limitado) o puede dejarle plena autonomía (fideicomiso libre, num. 3 art. 1234 C. Co.). Esta última opción es la más frecuente en la medida en que el grado de experiencia y liquidez que acompaña a las fiduciarias es garantía para el inversionista. Sin embargo, se debe resaltar que "los encargos y contratos fiduciarios que celebren las sociedades fiduciarias no podrán tener por objeto la asunción por éstas de obligaciones de resultado, salvo en aquellos casos en que así lo prevea la ley" (num. 3 art. 29 EOSF).

Así las cosas, las obligaciones que asume el fiduciario tienen el carácter de obligaciones de medio[4]. En consecuencia, "las sociedades fiduciarias se abstendrán de garantizar, por cualquier medio, una tasa fija para los recursos

---

[3] En efecto, el fiduciario responde hasta de la culpa leve en el cumplimiento de su gestión. Debe emplear en su encargo la diligencia y cuidado que los hombres emplean ordinariamente en sus propios negocios (cfr. art. 63 C. C.).

[4] Sin embargo, esta afirmación no puede ser tan tajante, o mejor, debe ser entendida en el sentido de que existen obligaciones para el fiduciario que tienen la característica de ser de resultado. A guisa de ejemplo, la rendición de cuentas periódicas de su gestión a los constituyentes; la obligación de llevar cuentas separadas de cada negocio; la obligación de transferir los bienes fideicomitidos a quien corresponda conforme al contrato, etc.

recibidos, así como de asegurar rendimientos por valorización de activos que integran los fondos" (num. 5 art. 151 EOSF).

Aparte de los beneficios evidentes para el constituyente, el fideicomiso de inversión puede contribuir al crecimiento del ahorro nacional, por cuanto entre más conocimiento exista de este procedimiento, mayor volumen de ahorro podrá canalizarse a través de las fiduciarias. El desarrollo del país se verá beneficiado en razón de que con los recursos recibidos por parte de los fideicomitentes podrán financiarse sectores productivos de la economía nacional mediante, *verbi gratia*, la emisión de acciones por las empresas o en préstamos directos a empresa nacionales deseosas de inversión.

Los fideicomisos de inversión pueden asumir dos modalidades: 1. Fideicomisos de inversión administrados individualmente o específicos, y 2. Fideicomisos de inversión administrados en forma colectiva.

Los primeros se caracterizan porque la administración del dinero o de los títulos valores la realiza la sociedad fiduciaria en forma separada de las otras sumas de dinero o títulos que también administra y que ha recibido de otros fideicomitentes. Las inversiones, por lo tanto, pertenecen a cada constituyente en forma separada. En los segundos, *contrario sensu*, la administración es conjunta y las inversiones del fondo no pertenecen a ningún fideicomitente en particular.

C. FONDO COMÚN ORDINARIO Y FONDO COMÚN ESPECIAL

Los fondos de inversión administrados en forma colectiva se dividen, a su vez, en fondos comunes ordinarios (FCO) y fondos comunes especiales (FCE):

> Las sociedades fiduciarias podrán conformar *fondos comunes ordinarios* de inversión integrados con dineros recibidos de varios constituyentes o adherentes para el efecto. Para los efectos de este Estatuto entiéndese por "Fondo Común" el conjunto de los recursos obtenidos con ocasión de la celebración y ejecución de los negocios fiduciarios [...] sobre los cuales el fiduciario ejerza una administración colectiva; así mismo podrán integrar *fondos comunes especiales*. (Num. 2 art. 29 EOSF, cursivas nuestras).

Sin embargo, mientras una sociedad fiduciaria puede constituir y administrar simultáneamente varios fondos comunes especiales de inversión, siempre y cuando acredite ante la Superintendencia Bancaria la capacidad administrativa necesaria, la ley ha establecido una prohibición general en el sentido de que ninguna institución fiduciaria puede administrar más de un fondo común ordinario de inversión.

El fondo común ordinario, como se ha dicho, es una modalidad de fiducia de inversión, a través de la cual un conjunto de personas entregan recursos a una sociedad fiduciaria, para conformar un fondo administrado por ésta, la cual invierte los recursos (destinación forzosa) en títulos de renta fija emitidos, avalados o garantizados por la Nación, el Banco de la República, entidades vigiladas por la Superintendencia Bancaria (bancos, corporaciones financieras, corporaciones de ahorro y vivienda), o en cualquier otro título que autorice expresamente la Superintendencia Bancaria, siempre y cuando las sociedades emisoras, aceptantes o garantes de los títulos, no sean matrices ni subordinadas de la institución fiduciaria.

En el fondo común especial los fideicomitentes aportan recursos para conformar un patrimonio autónomo que la sociedad fiduciaria invertirá con miras a cumplir el objetivo específico establecido en el reglamento de administración del fondo. Por ejemplo, un FCE sirve para organizar los aportes de capital y coordinar la consiguiente operación de compra de acciones y derechos que se ofrezcan en un momento dado en el mercado, como consecuencia, entre otras, del proceso de privatización de empresas estatales que se ha venido desarrollando en el país. Sirve también para conformar y operar fondos de pensiones establecidos voluntariamente por los fideicomitentes, para disfrutar de uno o varios planes de pensiones de jubilación e invalidez.

Así mismo, a través de un FCE se puede intervenir en el proceso de titularización de papeles de deuda pública o privada, de bienes inmuebles, de contratos de *leasing*, etc., mediante la colocación de títulos nominativos o a la orden emitidos por la sociedad fiduciaria, lo que otorga a sus adquirentes derechos alícuotas sobre el fondo constituido con los bienes descritos y cuya propiedad ha sido previamente entregada en fideicomiso. Esta nueva operación financiera se convierte en un mecanismo eficiente para conseguir recursos adicionales de inversión, a la par que es una atractiva colocación financiera.

En los FCE, a diferencia de los FCO, los recursos se invierten de acuerdo con las instrucciones específicas de los fideicomitentes.

> El constituyente o adherente deberá expresar en el contrato, de manera inequívoca, los bienes o actividades específicas en los cuales deben invertirse los re-

cursos o la persona o personas a quienes deben entregarse en todo o en parte los dineros en desarrollo del negocio y el título y las condiciones en que tal entrega debe realizarse [...] En ningún caso la destinación de los recursos podrá ser establecida por la entidad fiduciaria o encontrarse preimpresa en los modelos de contrato que se empleen para tal efecto. (Num. 3 art. 151 EOSF).

El EOSF dispone que las entidades que desarrollen fideicomisos de inversión deben abstenerse de realizar operaciones que puedan ocasionar conflictos de intereses entre el fiduciario y el constituyente o adherente, o entre el fiduciario y el beneficiario (num. 6 art. 151 EOSF). El Código de Comercio prevé la posibilidad de intervención del Superintendente Bancario cuando entre el fiduciario y el fideicomitente surjan desavenencias en cuanto a la naturaleza y alcance de las instrucciones contenidas en el acto constitutivo (cfr. num. 5 art. 1234 ibíd.).

III. LA FIDUCIA DE ADMINISTRACIÓN

A. DEFINICIÓN

Esta modalidad de fiducia consiste en la transferencia de unos bienes para que una entidad fiduciaria los administre en beneficio del constituyente o del fideicomisario. Su alcance puede calificarse de ilimitado. En últimas, su funcionamiento depende de una extensa variedad de necesidades que padecen los miembros sociales, las empresas, las fundaciones, etc., los cuales acuden a entes especializados para que las satisfagan.

B. FINALIDADES

Muchas pueden ser las razones que motivan a una persona para alejarse de la administración de sus bienes: falta de experiencia, desconocimiento del mercado bursátil, edad, viajes, actividades políticas, académicas, científicas o culturales. La entidad fiduciaria tiene a su favor la seriedad y el grado de especialización adquirido. Además, la institución se encuentra controlada por la Superintendencia Bancaria y las obligaciones contraídas por el constituyente después de la creación del negocio fiduciario no afectan los bienes fideicomitidos. Estos conforman un patrimonio autónomo separado del activo del fiduciario y sólo garantizan las obligaciones adquiridas en cumplimiento de la finalidad perseguida, tal como se ha explicado a lo largo de este escrito.

A través del fideicomiso de administración, cuando recae sobre bienes inmuebles, el fiduciario se encarga de celebrar contratos de arrendamiento, del cobro de rentas, de iniciar los respectivos procesos de lanzamiento, del pago de impuestos, etc., todo esto en provecho del beneficiario. Así mismo, mediante esta modalidad se administran los fondos de pensiones de jubilación e invalidez, de cesantías y, en general, cualquier otro tipo de fondos de empleados constituidos voluntariamente en empresas por el personal vinculado a ellas.

Son objeto de este fideicomiso, así mismo, los bienes que han sido objeto de donaciones. Piénsese en la tragedia de Armero en donde los bienes donados han sido administrados por una sociedad fiduciaria con el encargo de transferirlos a los beneficiarios.

Los anteriores casos no son sino meros ejemplos que permiten ver el gran campo de aplicación que puede tener en Colombia la fiducia de administración. Por supuesto, se requiere mayor vulgarización del negocio y que las instituciones estén respaldadas por factores como la liquidez, la seriedad y, sobre todo, la honestidad. El régimen fiduciario se debe fortalecer, y ello dependerá del grado de confianza y respetabilidad de que goce en el ambiente y la conciencia sociales.

C. FIDUCIA INMOBILIARIA

En la hora actual, una de las más importantes aplicaciones de la fiducia de administración en Colombia es la fiducia inmobiliaria, llamada así porque el objeto del negocio fiduciario recae sobre bienes inmuebles tales como lotes, casas, urbanizaciones o proyectos de construcción y la cual permite acometer actividades que se extienden desde la simple administración de inmuebles hasta el desarrollo de grandes proyectos de construcción; empero, esta especie de fiducia ha concentrado la mayoría de sus operaciones con el sector privado en el negocio de la construcción sobre planos, en la cual la fiduciaria recibe un lote de terreno y un proyecto de construcción para que lo desarrolle en viviendas de interés social, para estratos altos, centros comerciales o de oficinas, clubes sociales e, incluso, la administración de proyectos de *time share* o de tiempo compartido.

IV. LA FIDUCIA EN GARANTÍA

El deudor, en cuanto titular del polo pasivo de la relación obligatoria, se halla obligado a llevar a cabo el programa de prestación establecido para de ese modo liberarse y satisfacer el interés del acreedor. Si ello no se lleva a cabo, resulta plena de sentido la noción de responsabilidad, puesto que el acreedor, en cuanto titular del polo activo de la relación, puede agredir el patrimonio del deudor, por cuanto éste responde del cumplimiento de sus obligaciones con todos sus bienes presentes y futuros.

No obstante lo expuesto, en ocasiones es posible (y hasta recomendable) aumentar la expectativa del acreedor de ver satisfecho su interés, y para ello se emplean otros medios o mecanismos que, al margen de la responsabilidad patrimonial universal del deudor, que no constituye en sentido estricto una garantía, refuerzan el derecho de crédito. A estos otros medios se les denomina garantías y, precisamente, por su función de respaldo al derecho de crédito suelen instrumentarse como accesorios de éste, por lo que su régimen se articula con base en la conocida máxima *accesorium sequitur principale*. En definitiva, la garantía se conceptúa como un derecho subjetivo o bien como una facultad que corresponde al acreedor y que le permite contar con un mayor grado de seguridad respecto de la satisfacción de sus intereses.

Pero a la vez, el ordenamiento jurídico reconoce, con la admisibilidad de otro tipo de garantías diferentes a las tradicionales, tal como lo admitió la Comisión preparatoria del Código de NAPOLEÓN, "que todo lo que tiende a facilitar convenciones, multiplicar y asegurar los medios de liberación del deudor, es útil a la sociedad y beneficioso, al mismo tiempo, al acreedor y al deudor"[5].

Ahora bien, con la admisibilidad de la fiducia en garantía se puede sistematizar la mutación de la razón de ser de las garantías así: 1. De la garantía con desposesión se pasa a la garantía sin desposesión para permitir que el deudor explote la cosa y con su producto pague la acreencia debida (de la prenda con tenencia se pasa a la prenda sin tenencia); 2. A la garantía con desposesión se se le aúna la obligación para el acreedor de hacer producir la

---

[5] Citado por GABRIEL ESCOBAR SANÍN. *Negocios de civiles y comerciales, negocios de sustitución*, t. I, Bogotá, Universidad Externado de Colombia, 1985, p. 383.

cosa (en la anticresis, por ej., "el acreedor está especialmente obligado a hacer producir la cosa"), y 3. Actualmente existe la garantía administrada por un tercero con el fin específico de ejecutarla en caso de incumplimiento del deudor, que es lo que sin ambages ocurre en la fiducia en garantía.

A. DEFINICIÓN

En virtud de esta especie de fiducia, el deudor transfiere determinados bienes a una entidad fiduciaria con el objeto de respaldar el cumplimiento de una o más obligaciones principales para que en el evento en que no se satisfagan, se proceda a la venta de los bienes y con el producto se le cancelen los créditos al acreedor.

Para otorgar merecido reconocimiento a la experiencia jurídica romana, de notable influjo en el derecho colombiano, y cuestionar el aserto de la pretendida novedad de esta modalidad, se ha de anotar que dentro de las especies de negocios fiduciarios de cuño romanista existió la llamada *fiducia cum creditore contracta* que en esencia constituyó una verdadera garantía real de los créditos. El deudor, en efecto, transfería al acreedor la propiedad de un objeto y éste podía, en caso de incumplimiento de la deuda para la cual había sido realizada la fiducia, vender el objeto para satisfacer su propio crédito, pero permaneciendo obligado a devolver al fiduciante (deudor) el eventual excedente (*superfluum*) del precio recibido, respecto del total del crédito. En caso de cumplimiento de la deuda, el fiduciario (acreedor) era obligado naturalmente a retransmitir la cosa *fiduciae causa* al fiduciante.

Pues bien, si tomamos debida cuenta de lo anterior se nota que entre la "moderna" fiducia en garantía y la antigua *fiducia cum creditore contracta* existen similitudes, pero no son equivalentes. La distinción entre las dos instituciones la marca el hecho de que en el instituto romano la venta de la cosa dada en garantía era promovida directamente por el acreedor, mientras que en el instituto moderno esa venta la realiza no el titular del derecho de crédito, sino el ente fiduciario, evitando la ejecución forzosa jurisdiccional.

En cuanto a su definición ha dicho el órgano vigilante de la actividad bancaria y financiera lo que sigue:

> Entiéndase por fideicomiso de garantía aquel negocio en virtud del cual una persona transfiere de manera irrevocable la propiedad de uno o varios bienes a

título de fiducia mercantil, o los entrega en encargo fiduciario irrevocable a una entidad fiduciaria, para garantizar con ellos o con su producto, el cumplimiento de ciertas obligaciones a su cargo y a favor de terceros, designando como beneficiario al acreedor de éstas, quien puede solicitar a la entidad fiduciaria la realización o venta de los bienes fideicomitidos para que con su producto se pague el valor de la obligación o el saldo insoluto de ella, de acuerdo con las instrucciones previstas en el contrato[6].

Sobre la naturaleza jurídica de la figura el mismo ente, hoy denominado Superintendencia Financiera, hubo de afirmar:

> Teniendo en cuenta el concepto y alcances de esta clase de fideicomiso, no cabe duda que la naturaleza jurídica del mismo permite enmarcarlo dentro de la gama general de las garantías que el ordenamiento jurídico reconoce como instrumentos idóneos para asegurar el cumplimiento de las obligaciones de índole privada. Bajo este contexto general, puede afirmarse válidamente que la fiducia en garantía es una especie de caución de las que trata el artículo 65 trascrito[7], toda vez que precisamente la finalidad del negocio fiduciario consiste en establecer una obligación a cargo del fiduciario como titular del patrimonio fideicomitido, y a favor del beneficiario-acreedor, cuyo único fin radica en que, en caso de incumplimiento por parte del fideicomitente-deudor, el fiduciario deberá pagar al beneficiario el importe de las acreencias amparadas con la celebración del contrato, hasta concurrencia del producido de la enajenación de los bienes dados en fiducia. Luego, se trata de un verdadero negocio de garantía[8].

Según el Código Civil, "caución significa generalmente cualquiera obligación que se contrae para la seguridad de otra obligación propia o ajena. Son especies de caución la fianza, la hipoteca y la prenda". De esta definición se infiere que

---

6 Superintendencia Bancaria. Circular Básica Jurídica, título v, p. 1. Circular Externa 007, 19 de enero de 1996.
7 Dispone el artículo 65 C. C.: "Caución significa generalmente cualquiera obligación que se contrae para la seguridad de otra obligación propia o ajena. Son especies de caución la fianza, la hipoteca y la prenda". Caución es término genérico y comprende todas las seguridades accesorias que se dan para la seguridad de otros. Son reales (hipoteca, prenda y derecho de retención) y personales (fianza, cláusula penal, o sea la pena civil).
8 Superintendencia Bancaria. Concepto 040130 del 31 de agosto de 1989.

con la constitución de una garantía se crea una obligación distinta de la garantizada, esto es, que la garantía es un vínculo jurídico distinto del que generó la obligación garantizada. Se habla de garantía en un sentido general para referirse a cualquier medida o modo especial de asegurar la efectividad de un crédito. De esta manera la garantía viene a ser una disposición o un precepto de la autonomía privada que viene a añadir al crédito algo que el crédito por sí mismo no tiene, de tal forma que esta adición o yuxtaposición lo que hace es reforzar al acreedor en la seguridad de que su derecho será satisfecho.

En la fiducia en garantía, la fiduciaria no se obliga a cumplir la obligación que asumió el fideicomitente. En otras palabras, en la fiducia en garantía no hay una relación fideiusoria, es decir, el objeto de la obligación asumida por el ente fiduciario no es el mismo de la obligación principal[9]. Si el contrato de fiducia fuese de naturaleza fideiusoria, el objeto de la obligación para el fiduciario sí sería el mismo que el de la obligación del fideicomitente.

Así mismo, pertinente es anotar que de conformidad con el Decreto 2360 de 1993, los contratos irrevocables de fiducia mercantil de garantía son considerados garantías admisibles. Y que un certificado de garantía es un documento que da cuenta de la cobertura o respaldo de una acreencia y el cual debe expedirse una vez integrado y constituido el patrimonio autónomo respectivo. Expedirlo antes de constituirse el patrimonio autónomo y de estar radicado éste en cabeza del ente fiduciario, comprometería la responsabilidad de la fiduciaria tal como lo ha sostenido la justicia arbitral.

La función económica y social del negocio jurídico de la fiducia en garantía es, como su mismo nombre lo señala, servir de garantía a los acreedores o beneficiarios de la misma. Esa, pues, es su razón de ser, su causa concreta que se expresa en el contenido del negocio y el cual sirve para determinar el sentido del contrato. Se debe afirmar, además, que este tipo de negocio es calificado como un vínculo de destinación, en el sentido de que actúa o se dirige en beneficio de los acreedores.

---

9   Si fuese de naturaleza fideiusoria el objeto de la obligación sería el mismo que el de la obligación principal. Dispone el artículo 2361 C. C.: "La fianza es una obligación accesoria, en virtud de la cual una o más personas responden de una obligación ajena, comprometiéndose para con el acreedor a cumplirla en todo o en parte, si el deudor principal no la cumple".

B. RECONOCIMIENTO

Cuando se revivió la figura en derecho colombiano, fue objeto de rechazo por parte del organismo de control. En efecto, la Superintendencia Bancaria en concepto OJ-416-21887, del 4 de noviembre de 1974, sostuvo que la fiducia en garantía adolecía de ilicitud por cuanto se estaban sustituyendo las garantías reales (prenda e hipoteca) "por medios complejos e indirectos que por sus resultados pugnan con el ordenamiento jurídico afectando la licitud del contrato"[10].

De acuerdo con el concepto arriba aludido, el fideicomiso en garantía constituía un contrato en fraude a la ley en el sentido de que implicaba una violación indirecta de las normas que prohiben el pacto comisorio.

Lo que el concepto no tuvo en la cuenta fue el hecho de que en esta clase de fideicomiso lo que se garantiza es el cumplimiento de obligaciones contraídas entre dos personas diferentes al fiduciario[11]. Si a través de la figura se

---

10 Cfr. *Fideicomiso*, Cuadernos de la Biblioteca Feleban, n.° 11, Bogotá, Kelly, 1981, pp. 63 y ss.
11 "El funcionamiento de la Fiducia en Garantía puede entenderse mejor con el siguiente ejemplo: la empresa fabricante de dulces 'Bombones Ltda.' requiere de un crédito de $50 millones para ampliar su planta de producción y empaque. Con tal fin, celebra con la sociedad 'Fiduciaria Estrella S. A.' un contrato de fiducia mercantil mediante el cual le transfiere una bodega cuyo valor comercial es de $30 millones y el lote sobre el cual está edificada tal bodega, el cual tiene un valor comercial de $50 millones. Estos dos bienes salen entonces del patrimonio de 'Bombones Ltda.' y entran a formar un patrimonio autónomo; sin embargo, 'Bombones Ltda.' puede reservarse el uso de la bodega y del lote. En el contrato de fiducia mercantil 'Bombones Ltda.' ha instruido a la 'Fiduciaria Estrella' para que en caso de que se presente algún incumplimiento en el pago oportuno de la deuda, proceda de inmediato a vender, por su valor comercial, los bienes que conforman el patrimonio autónomo, de forma tal que, con su producto, se pague el saldo insoluto de la deuda y, que en caso de que quede algún remanente, éste le sea devuelto. / La existencia del patrimonio autónomo implica que si 'Bombones Ltda.' deja de pagar alguna deuda adquirida con posterioridad a la celebración del contrato de fiducia mercantil y que no estuviera garantizada con dicho contrato, el acreedor de ésta no puede pedir que los bienes que lo integran (la bodega y el lote) se embarguen [...] Al mismo tiempo, o después de constituir el patrimonio autónomo, 'Bombones Ltda.' solicita al 'Banco Prestamista' el crédito por los $50 millones y le ofrece como respaldo el contrato de la fiducia mercantil de garantía celebrado con 'Fiduciaria Estrella'. Sin embargo, transcurrido algún tiempo, 'Bombones Ltda.' se percata de que su proyecto de expansión es un poco más costoso de lo que se imaginaba, por lo que decide solicitar otro crédito por 10 millones de pesos, para lo cual

garantizaran obligaciones contraídas entre dos personas, una de las cuales fuera el ente fiduciario, entonces sí se podría afirmar, sin temor a yerro, que el negocio estaría viciado de nulidad, por cuanto regla de oro en el contrato de fiducia es que el fiduciario jamás podrá devenir, por razón del negocio, propietario de los bienes fideicomitidos: "Será ineficaz toda estipulación que disponga que el fiduciario adquirirá definitivamente por causa del negocio fiduciario, el dominio de los bienes fideicomitidos" (art. 1244 C. Co.).

Así mismo, a nivel de la doctrina especializada la figura despertó objeciones. En México, por ejemplo, se arguyó que esta especie de fideicomiso pugnaba con su sistema constitucional y que la facultad de vender concedida al fiduciario implicaba atribuciones jurisdiccionales. Para el profesor BATIZA, sin embargo, lo anterior es inexacto, si se considera que el fiduciario no resuelve controversia alguna, limitándose a comprobar una mera situación de hecho: la falta de pago por parte del deudor, supuesto previamente convenido por las partes para la ejecución del fideicomiso, es decir, para proceder a la venta y con su producto hacer pago al acreedor fideicomisario y, en caso de quedar un sobrante, entregarlo al deudor fideicomitente[12].

C. CRÍTICAS

No obstante que en Colombia la fiducia en garantía fue aprobada por la Superintendencia Bancaria el 9 de julio de 1984, ha operado en la práctica y es objeto de reconocimiento positivo en el EOSF, los embates contra la figura continúan y las más severas críticas no se han silenciado.

---

acude al 'Banco Triple Equis'. Dado que el valor de los bienes que conforman el patrimonio supera el valor de la deuda que tiene con el 'Banco Prestamista', le ofrece también al 'Banco Triple Equis', como respaldo de su deuda, el contrato de fiducia mercantil de garantía que tiene con 'Fiduciaria Estrella' (obviamente comunicando tal circunstancia al 'Banco Prestamista'). / El día que 'Bombones Ltda.' cancele en su totalidad alguna de las deudas adquiridas, puede proceder a solicitar un nuevo crédito ofreciendo el mismo contrato de fiducia mercantil de garantía celebrado tiempo atrás. Mientras tanto, el valor del patrimonio autónomo se ha ido incrementando por razón de la valorización de los bienes que lo integran. Es por esta razón por la cual se afirma que la fiducia en garantía permite la rotación de acreedores": Asociación de Fiduciarias. Ob. cit., pp. 29 y 30.
12 BATIZA. *El fideicomiso*, cit., pp. 145 y 146.

Se ha afirmado que la fiducia en garantía es atentatoria del debido proceso, por cuanto al no existir actuación judicial se deja al deudor en estado de indefensión, se le cercenan las posibilidades de dar caución para evitar embargos, para que le sea reconocido el beneficio de competencia, para que presente excepciones previas y perentorias, para que los bienes sean divididos en lotes y para que se le reduzcan los embargos. Empero y tal como afirma López Blanco,

> ... indicar que con la fiducia en garantía se viola el debido proceso por cuanto se desconoce el artículo 2417 del Código Civil, donde se dispone que "no se podrá tomar al deudor cosa alguna contra su voluntad para que sirva de prenda, sino por el Ministerio de Justicia", conlleva un craso desconocimiento de los supuestos de esta disposición, pues precisamente lo que aquí se pretende proscribir es que contra la voluntad del deudor se tome como garantía un bien. Esta posibilidad es por completo contraria a lo que se obtiene en el contrato de fiducia en garantía, donde el deudor en uso de sus facultades de disposición de bienes lo transfiere libre de apremio al patrimonio autónomo que se constituye, sin que el acreedor se apropie de él en contra de su voluntad, porque en caso de pretender la efectividad de su garantía debe dirigirse al fiduciario, acreditar que se dan los requisitos establecidos por el fiduciante en las instrucciones y, entonces, si se cumplen, procederá la fiduciaria –no el acreedor– a enajenar el bien en las mejores condiciones del mercado y siempre de acuerdo con las instrucciones que recibió para pagar con el producido [...] La fiducia en garantía no consiste, en absoluto, en transferir un bien al patrimonio autónomo con la instrucción vaga e imprecisa de que con el producido de su venta se pagará a cualquier acreedor del constituyente que así lo exija. En el contrato se expresa quién o quiénes son los acreedores (parte beneficiaria dentro del contrato), cuál la obligación que se garantiza y las bases dentro de las cuales debe ser efectuado el pago, de haber lugar a la efectividad de la garantía; de modo que la fiduciaria no se erige en juez, sino en simple ejecutora de las órdenes que se han impartido en el acto de constitución y a las que debe ceñirse[13].

En síntesis, se trata del ejercicio de la voluntad anticipada del fiduciante, quien legitima a la sociedad fiduciaria al darle el encargo de transferir a título de venta el bien que constituye el patrimonio autónomo de la fiducia. Todo este

---

13 López Blanco. "La fiduciaria en garantía", cit., pp. 57 a 58.

problema se mueve dentro de la autonomía privada y la libertad de disposición del fideicomitente.

La práctica social ha demostrado que el fideicomiso en garantía presenta ventajas tanto para el acreedor como para el deudor. Para el primero, en cuanto no tiene necesidad de someterse a un engorroso trámite judicial, sino que basta una orden del cliente para que el fiduciario proceda a vender los bienes, liquidarlos y satisfacer la obligación. Para el segundo, en la medida en que al obviarse el trámite del remate judicial, el bien puede ser vendido de acuerdo con su real valor comercial. Y es que, en realidad, cuando el bien es vendido directamente por la fiduciaria, mejoran las condiciones de venta y se eliminan las pérdidas causadas por los remates judiciales[14].

En síntesis, la fiducia en garantía presenta las siguientes ventajas frente a las tradicionales garantías reales: 1. Se pueden garantizar varias obligaciones en primer grado con un mismo bien; 2. Los bienes dados en garantía sólo deben responder por las obligaciones expresamente determinadas. Por consiguiente, no pueden ser perseguidos por obligaciones contraídas con posterioridad a la celebración del contrato, y 3. A través de su constitución se evita el albur y los costos de un engorroso proceso judicial en la medida que la figura constituye una lícita realización extrajudicial de la garantía la cual está prohibida en la hipoteca y la prenda por regla general.

Destácase en este punto de la fiducia en garantía que –de todas maneras– la transferencia es un requisito o presupuesto del cabal cumplimiento de la finalidad establecida por el fideicomitente. En otros términos, éste decide transferir un bien –mueble o inmueble, títulos, etc.– para que la sociedad fiduciaria, a su vez, también lo transfiera, naturalmente a título oneroso, a fin de que con lo recaudado en este último negocio se realice el cumplimiento de lo debido por el inicial constituyente. No cabe duda que, en últimas, cumple

---

14 "... si respecto del mismo bien se ha constituido prenda o hipoteca [...] se olvida que el proceso conlleva gastos de secuestre, peritos y costas del proceso, aparte de la dilatada actuación que lleva por fin a una diligencia de remate, donde usualmente los precios no son los mejores, pues quien compra en ellos siempre lo hace motivado justamente por los bajos precios, que compensan los avatares que corre el postor a quien se le adjudican (posibilidad de que se pida nulidad del remate, negativa del secuestre a entregar, incertidumbre acerca del estado en que se va a recibir el bien, entre otras)": ibíd., p. 58.

la misma función práctico-jurídico-económica de la hipoteca, naturalmente sin participar en nada de la estructura de esta institución. Cabe aquí, entonces, una última reflexión: la fiducia en garantía no es figura diferente de las otras especies de fiducias, sobre todo porque todas ellas están precedidas del acto de disposición del fideicomitente, materializado en la transferencia.

Para que se pueda constituir la garantía en análisis es necesario el cumplimiento de los siguientes requisitos: que el objeto de la garantía sea un bien raíz; que exista un avalúo previo del bien; que el contrato prevea en forma inequívoca y objetiva las condiciones para la enajenación del bien en caso de incumplimiento del deudor; que el valor de los bienes que se transmitan a la fiduciaria no sea inferior a una vez y media el valor de los créditos garantizados más los rendimientos (la sociedad fiduciaria controla que el valor total de las obligaciones garantizadas no exceda el 66.6% del valor comercial de los bienes) y, finalmente, la constitución se debe realizar para garantizar obligaciones de valor determinado.

D. LA FIDUCIA EN GARANTÍA ANTE LA JURISDICCIÓN ORDINARIA

Aunque el punto ya ha sido suficientemente tratado por la doctrina nacional y por el organismo de intervención y vigilancia del sector financiero, la Corte Suprema de Justicia hubo de analizar con prolijidad encomiable el punto de si el negocio de la fiducia en garantía violaba la prohibición del pacto comisorio, es decir, el acuerdo en virtud del cual el deudor faculta a su acreedor para disponer de la prenda, o apropiarse de ella por medios diversos de los establecidos en la ley[15]. El casacionista en su recurso sostuvo que la facultad que tenía la fiduciaria de vender los bienes fideicomitidos para con ellos pagarse las deudas contraídas por el deudor fideicomitente, era competencia propia de los jueces ordinarios y que dicha facultad no podía arrogársela la fiduciaria ni siquiera con el visto bueno del fideicomitente. Para el censor, si se le otorga al fiduciario un poder de ejecución que es exclusivo de los jueces, se infringe la garantía constitucional del debido proceso.

---

15 Corte Suprema de Justicia, Sala de Casación Civil. Sentencia del 14 de febrero de 2006, M. P.: CARLOS IGNACIO JARAMILLO JARAMILLO.

La Corte después de hacer una rica exposición del contrato de fiducia mercantil y de precisar que la fiducia en garantía envuelve una caución, entendida genéricamente como la "obligación que se contrae para la seguridad de otra obligación propia o ajena", se dedica al análisis del pacto comisorio señalando que en sentencia anterior se había ya indicado que la prohibición al acreedor prendario o hipotecario de apropiarse o disponer de otra manera de la prenda, no es una prohibición absoluta, sino relativa,

> ... pues lo que sancionan las normas es que las partes, en el mismo contrato o negocio pignoraticio, prevean mecanismos distintos de los contemplados en ellas, para que esa apropiación o enajenación tenga lugar, pero nada obsta para que, a posteriori, acreedor y deudor celebren acuerdos en virtud de los cuales aquel pueda hacerse al dominio de la cosa prendada o hipotecada, sin necesidad de venta pública, ni de proceso judicial, o que el bien pignorado se enajene en forma privada por el deudor, para que el precio se aplique directamente al pago de la obligación.

Obviamente la Corte indica que este tipo de acuerdos a posteriori deben ser "libre y razonadamente configurados, fruto de una negociación reflexiva y en modo hija de la imposición o del abuso". En otras palabras, la Corte ya había avalado la tesis de la licitud de pactos acordados entre acreedor y deudor sobre mecanismos privados de disposición de la cosa pignorada o de su apropiación por parte del acreedor, diferente a los señalados en la ley, siempre y cuando en ellos se preserve la voluntad del deudor[16].

A continuación la Corte expone un amplio elenco de razones para considerar que a la fiducia en garantía no puede entendérsele como expresión de un pacto comisorio. 1. En primer lugar se afirma en la sentencia que el pacto comisorio es una figura propia de específicos contratos, como la prenda, la hipoteca y la anticresis, y que a éstos está dirigida la prohibición, la cual no puede extenderse a la fiducia en garantía. 2. La prohibición se aplica a todos los contratos que dan lugar a un derecho real de garantía y, como se sabe, la fiducia en garantía no es, ni da lugar, a un "arquetípico derecho real en cabeza

---

16 Cfr. Corte Suprema de Justicia, Sala de Casación Civil. Sentencia del 29 de julio de 2005, M. P.: CARLOS IGNACIO JARAMILLO JARAMILLO.

del fideicomisario-acreedor, no sólo porque en materia de derechos de este linaje rige –en Colombia– el criterio de *numerus clausus* –por oposición al de *numerus apertus*–, sino también porque el beneficiario de la fiducia mercantil de garantía no goza del atributo de persecución que le es propio a aquellos". Si bien, esta clase de fiducia ha sido reconocida como una garantía admisible, ella no puede calificarse como un derecho real. 3. La fiducia en garantía no se roza con un pacto comisorio, pues la disposición de los bienes fideicomitidos o su entrega al acreedor en dación en pago, son actos que en concreto ejecuta un tercero autónomo e independiente, autorizado *ex ante* por el deudor y no por el acreedor[17]. Es decir que el fiduciario actúa con estricta sujeción a las instrucciones dadas por el fideicomitente. 4. No puede afirmarse que la fiducia en garantía reemplaza los medios compulsivos de pago previstos en el Código de Procedimiento Civil, pues tal argumento pasa por alto que el pago que se verifica como corolario de la enajenación de los bienes fideicomitidos es un pago voluntario que hace el propio deudor, quien con ese cometido se sirve del fiduciario. 5. Para la Corte Suprema, con el pago extrajudicial de una obligación que se realiza mediante la fiducia en garantía, no se viola el debido proceso. El pago es una actuación privada que cumple el fiduciario por instrucciones del propio fideicomitente,

> ... luego no hay razón para afirmar que la venta de tales bienes cercena, *in radice*, el derecho de defensa del fiduciante, a cuya voluntad plasmada en el contrato se sujeta el fiduciario [...] Pero es incontestable que si el fiduciario atiende a cabalidad sus compromisos contractuales, sobre la base de que ninguna de las partes discute el derecho de crédito, no habrá hecho cosa distinta que darle cumplimiento a la voluntad de pago del deudor, quien, por tanto, *a posteriori*,

---

17 De todas maneras frente a este punto, la Corte deja entrever un problema que seguramente van a tener las fiduciarias que se encuentran controladas por el acreedor beneficiario en la medida en que aquí alguien podría plantear un conflicto de intereses por cuanto los entes fiduciarios suelen hacer parte de estructuras financieras complejas compuestas por el banco y sociedades con funciones específicas: leasing, fiduciarias, etc. Dijo la Corte: "Otras reflexiones, según el caso, podría llegar a ameritar la hipótesis en que la fiduciaria es una sociedad controlada por el acreedor beneficiario, evento del que no puede ocuparse la Corte, toda vez que no fue planteado o insinuado en el marco del recurso de casación que ahora se resuelve, sin que pueda hacerlo *ex officio*, dada la naturaleza eminentemente dispositiva que, de antiguo, informa dicho medio de impugnación".

no puede invocar la violación del debido proceso, como argumento ulterior para sustraerse de la ejecución de las cláusulas que gobiernan el negocio jurídico fiduciario, celebrado merced a su previa participación, con la inequívoca finalidad de disciplinar aspectos cardinales atinentes a su débito.

Así las cosas, para la Corte la fiducia mercantil en garantía no constituye una expresión del pacto comisorio. Por último, se debe recabar que la ejecución de la garantía tiene como presupuesto que no exista controversia en torno de la existencia de la obligación, su validez y su incumplimiento, porque si ella se presenta, "no puede el fiduciario fungir como árbitro, ni atenerse únicamente al requerimiento que le haga el acreedor"[18]. El fiduciario, pues, no resuelve controversia alguna, su labor, por el contrario, se limita a comprobar una situación objetiva consistente en el incumplimiento de una deuda que es lo que al final de cuentas activa este mecanisno de ejecución extrajudicial de la garantía con base en las instrucciones que con antelación ha señalado el deudor.

E. LA FIDUCIA EN GARANTÍA FRENTE AL CONCORDATO PREVENTIVO

Mediante autos 410-6017 del 18 de diciembre de 1995 y 410-3480 del 4 de junio de 1997 la Superintendencia de Sociedades, ente administrativo, pero con funciones jurisdiccionales en materia de procesos concursales, esto es, concordato y liquidación obligatoria, determinó que las sociedades fiduciarias no pueden ejecutar los contratos de fiducia en garantía en favor de los acreedores beneficiarios sin permiso del juez del concordato, cuando el fideicomitente deudor, con posterioridad a la celebración del negocio fiduciario, se encuentra inmerso en un proceso concordatario. De esta manera la

---

18 Señaló la Corte: "Lo primero, porque el fiduciario no es juez, ni ejerce, *pro tempore*, ninguna actividad judicial; lo segundo, porque el fiduciario no puede privilegiar a uno de los intervinientes, sea el beneficiario acreedor, sea el fideicomitente deudor. Pero es claro que si ninguna controversia existe, el fiduciario debe proceder 'diligentemente' a realizar 'todos los actos necesarios para la consecución de la finalidad de la fiducia' (num. 1 art. 1234 C. C.), sin que ello entrañe violación a derecho fundamental alguno. No en vano, ello es toral, el deudor acudió voluntariamente a la celebración de un contrato que, *ministerio legis*, autoriza a las partes a disciplinar lo relativo al pago, para el evento del incumplimiento del deber de prestación".

Superintendencia de Sociedades vino a fijar su posición en una interesante y polémica situación que tuvo que definirse de manera principal dentro del trámite concordatario de Acerías Paz del Río S. A., por cuanto el fiduciario argumentaba que para la realización de la garantía fiduciaria no se requería la autorización previa de la Superintendencia. Así pues, una de las consecuencias legales de la admisión a concordato del fiduciante sobre la ejecución de un contrato de fiducia mercantil constituido por éste, sobre bienes propios y con el objeto de amparar obligaciones propias o de un tercero, es que el contrato no se puede ejecutar sin autorización del ente administrativo con funciones jurisdiccionales.

Los hechos relevantes de la cuestión fueron los siguientes: Acerías Paz del Río S. A. había celebrado un contrato de fiducia mercantil de garantía y fuente de pago con Fiduciaria Anglo S. A., transfiriendo, entre otros activos, 43.798.857 acciones ordinarias y nominativas que la siderúrgica poseía en Cementos Paz del Río S. A. El fideicomiso tenía como objeto, entre otras cosas, garantizar las obligaciones del fideicomitente o de Cementos Paz del Río S. A., así como servir de fuente de pago de tales obligaciones. Se convino que la fiduciaria haría las diligencias para vender las acciones fideicomitidas y obtener luego una participación internacional o nacional de nuevos capitales equivalentes a por lo menos el 40% del capital de Cementos Paz del Río S. A., diligencia que debería generar el ingreso de aproximadamente US$52 millones. Se estableció, además, que la cantidad mencionada debía destinarse de manera exclusiva al pago de obligaciones a favor de los acreedores beneficiarios, siguiendo la prelación descrita en el acuerdo que celebraron Acerías Paz del Río S. A. y los acreedores financieros, acuerdo que dio origen a la celebración del contrato de fiducia mercantil en garantía. Posteriormente, la fideicomitente fue admitida por la Superintendencia de Sociedades a un concordato preventivo obligatorio con sus acreedores. Mediante oficio 410-38498 del 18 de julio de 1995 dirigido al representante legal de Acerías Paz del Río S. A., la Superintendencia precisó que la venta de las acciones fideicomitidas, por tratarse de una actividad que no correspondía al giro ordinario de los negocios de la concursada, así fuera por cuenta de un tercero, como es el caso de la fiduciaria, debería ser autorizada por este organismo –juez del concordato– toda vez que la finalidad perseguida con esta operación es el pago de obligaciones concordatarias y además porque los bienes fideicomitidos deben someterse no sólo a los términos del contrato, sino a las normas y reglamentaciones vigentes al momento de la enajenación. Así mismo, los trabajadores de Acerías Paz del Río S. A. solicitaron la intervención de la Superintendencia para evitar la venta de las acciones dadas en fideicomiso por cuanto el producto obtenido por esta enajenación se destinaría sólo al pago de obligaciones con entidades financieras. Fiduanglo S. A., por su parte, solicitó de la Superintendencia que declarara que los actos que debía realizar no era de aquellos a que el juez del concordato se había referido, y que por consiguiente se le diera autorización para desarrollar lo previsto en el contrato de fiducia mercantil de garantía y fuente de pago.

Mediante auto 410-6017 del 18 de diciembre de 1995 la Superintendencia resolvió varios recursos, contra autos previos que habían prevenido a la concordada y a sus acreedores que sin la autorización de la entidad no podía efectuarse pago alguno o realizarse acuerdos sobre obligaciones concordatarias so pena de ineficacia de pleno derecho, interpuestos por la fiduciaria y algunos acreedores financieros beneficiarios de la fiducia en garantía ya varias veces referida. En el mencionado auto se dijo, entre otras cosas, que la fiducia en garantía implica la posibilidad de obtener el pago de obligaciones sin necesidad de acudir a la justicia ordinaria, siempre que se ejerza antes de iniciar el proceso concursal, por cuanto este proceso es de carácter universal y su objetivo es la conservación y recuperación de la empresa. Ello hace que los acreedores de la concordada, beneficiarios de la fiducia, se obliguen a hacerse parte en el proceso para de esta manera dársele aplicación al principio de la *par conditio omnium creditorum*.

Para la Superintendencia de Sociedades, la ley no disciplina el tratamiento que debe dársele a la fiducia en garantía con ocasión de un concordato preventivo obligatorio, mas de conformidad con el artículo 1602 C. C. los efectos obligatorios de un contrato pueden ser invalidados por causa legal y precisamente las normas del régimen concordatario inciden en la ejecución de la fiducia en garantía. Además, la sola constitución de la garantía no es pago ni convierte en dueño de los bienes fideicomitidos, o de su producto, al acreedor beneficiario. En consecuencia, si la ejecución de la garantía se lleva a cabo con posterioridad a la admisión del trámite concordatario del empresario fiduciante y deudor, para su eficacia legal se requiere de la sujeción a las normas legales concordatarias, so pena de nulidad de pleno derecho.

Fiduanglo S. A. solicitó que la Superintendencia procediera a aclarar el auto 410-6017 para especificar si la entidad se refería al caso del fideicomiso de garantía y fuente de pago Acerías Paz del Río y Fiduanglo S. A. o a todos los contratos de fiducia en garantía. Así mismo, mediante otro escrito solicitó autorización para ejecutar el contrato de fiducia mercantil y proceder a cumplir con el encargo fiduciario. Esta última petición le fue negada mediante auto 410-6120 del 20 de diciembre de 1995 por cuanto se consideró que la ejecución del contrato implicaría un pago preferente en contra del principio de la *par conditio omnium creditorum*, toda vez que a las entidades financieras beneficiarias del fideicomiso se les pagaría por fuera del concordato, violando de esta manera la prelación de pagos prevista en la ley, es decir, su solución se haría antes que los créditos laborales, fiscales y parafiscales e inclusive de aquellos con garantía prendaria o hipotecaria. Frente a esta última decisión el Banco de Bogotá y el ente fiduciario interpusieron sendos recursos de reposición argumentando, *inter alia*, que las acciones emitidas por Cementos Paz del Río S. A. eran de Fiduanglo S. A. y no de Acerías Paz del Río S. A., por lo que, autorizada la venta, el producto de ella era para cumplir con una finalidad específica que era el objeto del contrato; que los bienes fideicomitidos no podían ingresar al concordato, ni destinarse al pago de acreencias distintas a las garantizadas en el contrato; que se estaba impidiendo el desarrollo del contrato de fiducia mercantil el cual es de tracto sucesivo y, en fin, que la Superintendencia de Sociedades confundió el contrato de fiducia mercantil con el encargo fiduciario de que trata la Ley 45 de 1923. En todo este intríngulis también participó mediante memorial enviado al proceso la Asociación de Fiduciarias que argumentó que la Superintendencia con su prohibición a la realización extraconcordataria de la fiducia negaba y borraba de un plumazo la esencia del contrato de fiducia mercantil.

Mediante el auto 410-3480 del 4 de junio de 1997 se decidió la aclaración solicitada por la fiduciaria así como los recursos interpuestos al auto que negó el permiso para ejecutar el contrato de fiducia por fuera del trámite concursal. El pronunciamiento en líneas generales coincide con lo manifestado en el auto 410-6017 del 18 de diciembre de 1995. Se insiste en que todos los acreedores deben concurrir al proceso concursal o asumir los riesgos de su ausencia; que el contenido del contrato lo dan las partes y la ley; que no se pueden ejecutar las garantías a favor de terceros beneficiarios sin permiso del juez del concordato; que el fideicomiso *per se* no es un medio de extinguir obligaciones; que cuando la fiduciaria paga no extingue obligaciones propias sino obligaciones del fideicomitente deudor y, por lo tanto, no hay cambio de acreedor por vía de subrogación; que los procesos concursales son universales y, en consecuencia, cuando el deudor está tramitando un proceso concordatario y paga cualquiera de sus deudas por fuera del proceso concursal o cuando paga por conducto de la fiduciaria, esos pagos son ineficaces de pleno derecho; que la fiducia en garantía se puede ver frustrada por el concordato del deudor; que es función del juez del concordato velar por la efectividad de la igualdad de acreedores, principio que se desconocería en el evento en que se autorice la venta para pagar unos acreedores por encima de otros con mayor privilegio legal, como serían los créditos laborales, fiscales y parafiscales; que no se discute la titularidad de los bienes fideicomitidos sino el destino de los mismos; que las sociedades fiduciarias y las entidades financieras creyeron encontrar en la fiducia en garantía un instrumento de pago que le permitiera a los acreedores del deudor en concordato recaudar sus créditos sin participar en el proceso concursal, lo que parecía más práctico y deseable sin someterse a la calificación y graduación de créditos y, en fin, afirma la Superintendencia que los bancos por razón del concordato tienen una doble calidad, esto es, la de ser beneficiarios del fideicomiso y la de ser acreedores concordatarios, es decir, no dejan de ser beneficiarios de un fideicomiso frustrado por hechos ajenos a su voluntad.

En síntesis, en razón de la universalidad del trámite concursal, éste se extendió a los bienes poseídos fiduciariamente y que estaban afectos a la finalidad perseguida en el contrato. Por lo tanto, se presentó lo que podríamos llamar una circunstancia legal sobreviniente que frustra la ejecución del contrato tal como prístinamente la habían concebido sus partes. Además es claro que la Superintendencia fijó su posición en aras de preservar el orden público económico y con miras a evitar que la fiducia mercantil se convirtiera en medio para eludir el concordato o en instrumento para burlar la prelación de créditos en la medida en que los acreedores beneficiarios de la fiducia deben someterse al proceso concursal para obtener la satisfacción de sus créditos, con independencia de que éstos se hayan garantizado con fiducia, o con prenda o hipoteca. En efecto, en la parte final de su pronunciamiento dice:

> Suscita especial preocupación para esta Superintendencia –como juez natural de las crisis económicas de los empresarios– la práctica reiterada según la cual éstos entregan los activos más valiosos de su actividad empresarial como plantas, equipos, materia prima, instalaciones, etc., a un fideicomiso, para superar

problemas temporales de liquidez o de acceso al crédito, con el propósito de privilegiar a algunos de sus acreedores, especialmente financieros; circunstancia que desnaturaliza el concordato, pues cuando se ordena la apertura de tal proceso los acreedores del empresario, particularmente los relacionados con su actividad productiva, *v. gr.*, trabajadores y proveedores, no encuentran fácil la solución de la crisis del deudor, como quiera que los bienes de mayor valor fueron comprometidos por éste. Tal práctica necesariamente conduce al deterioro de la actividad empresarial y la desnaturalización del concordato como mecanismo de recuperación, con los efectos nocivos inmediatos y mediatos para una economía susceptible a cualquier factor negativo[19].

1. Ahora bien, ¿qué sucede cuando a pesar de la existencia del concordato y de haberse publicitado dicha situación la fiduciaria procede a ejecutar por fuera del mismo la garantía? La respuesta a este interrogante se dio dentro del concordato de la sociedad Fatecolcar Ltda., mediante auto 410-4202 del 4 de julio de 1997 en virtud del cual se declararon ineficaces las enajenaciones de las ventas y los pagos y abonos efectuados por Fiduciaria Colmena S. A. a los acreedores beneficiarios y se ordenó a las oficinas de registro de instrumentos públicos respectivas cancelar las inscripciones correspondientes. Aquí se sostuvo, *inter alia*, que la fiducia no es un modo de extinguir obligaciones y que cuando por fuera del concordato se realizan pagos sin respetar el orden de prelación legal, la sanción que la ley dispone para tales actos es la ineficacia de pleno derecho consagrada en el inciso 2.º numeral 3 del artículo 98 de la Ley 222 de 1995[20].

---

19 Superintendencia de Sociedades. Auto 410-3480 del 4 de junio de 1997, pp. 91 y 92. Decisión semejante a la analizada fue tomada por la misma Superintendencia mediante auto 410-653 del 5 de febrero de 1997 en virtud de la cual se le ordenó a Fidubancoop abstenerse de enajenar a cualquier título los bienes entregados en fideicomiso por la empresa Cervecería Ancla S. A. mediante el contrato de fiducia mercantil de administración y pagos y se le ordenó reintegrar los dineros del fideicomiso al patrimonio común de los acreedores mediante la constitución de títulos a la orden de la Superintendencia-Concordato Cervecería Ancla S. A.
20 "Cuando el deudor que está tramitando un proceso concordatario paga cualquiera de sus deudas por fuera del proceso concursal o cuando paga por conducto de la fiduciaria, esos pagos son ineficaces de pleno derecho, como es el caso presente, porque Fiduciaria Colmena S. A. no pagó con lo suyo sino con los bienes del patrimonio autónomo, separados y diferentes de los suyos y de los del deudor pero provenientes del conjunto de activos de Fatecolcar Ltda.,

2. Para efectos del concordato preventivo, valdría la pena preguntarnos si la fiducia en garantía participa de la naturaleza jurídica de la garantía personal o real. Como se sabe, la primera le otorga al acreedor el derecho de persecución sobre la totalidad del patrimonio del deudor o de su garante (fiador, codeudor, avalista), sin afectar ningún bien específico con ninguna clase de preferencia. En tanto que la garantía real le otorga a quien la detenta los famosos atributos de persecución y preferencia sobre un objeto determinado. La Superintendencia Bancaria en concepto 040130 del 31 de agosto de 1989, respecto de la naturaleza jurídica del fideicomiso en garantía, conceptuó:

> ... la caución constituida mediante la celebración de un contrato de fiducia mercantil de garantía es, para todos los efectos legales, una garantía personal, ya que, de una parte, la ley no reconoce al beneficiario –y el contrato no podría hacerlo– los derechos de privilegio y persecución de los bienes fideicomitidos, esenciales de toda garantía real y, de otra, el fiduciario al pagar la deuda, cumple simplemente una obligación personal a su cargo y a favor del fideicomisario, cuya fuente es precisamente el negocio fiduciario [...] [E]n la fiducia en garantía en ningún caso surgen para el fideicomisario derechos reales respecto de los bienes fideicomitidos. Así se observa al repasar desprevenidamente el elenco de derechos que al beneficiario otorga la ley, particularmente en los artículos 1231, 1234, numerales 7 y 8, 1235 y 1239 del Código de Comercio.

Sin embargo, la Superintendencia Bancaria en este concepto determinó que para efectos contables la fiducia en garantía se equipara a los créditos con garantía real, "siempre que la situación económica y financiera del respectivo patrimonio autónomo ofrezca expectativas razonables de recuperación de los créditos". Se destaca que dicha homologación es sólo para efectos contables[21].

---

que se los transfirió con el ánimo de privilegiar a unos acreedores que confiaron en esa fuente de pago y que hubieran podido ser satisfechos con ella si no mediara el proceso concursal que ocupa a esta Superintendencia, al deudor y a todos los acreedores [...] La ejecución extraconcordataria de una fiducia mercantil en garantía, a efectos de proceder a pagar a algunos acreedores del fideicomitente, con exclusión de los créditos laborales, fiscales y otros créditos de mejor prelación, no puede ser aceptada por este despacho tratándose de un fideicomitente sobre cuyo concurso tenía noticia y conocimiento Fiduciaria Colmena S. A.": auto 410-4202 del 4 de julio de 1997, pp. 49 y 50.

21 De conformidad con la Resolución 1200 de 1995 de la Superintendencia Bancaria, se equipa-

En la actualidad, en virtud del Decreto 2063 de 1993 la fiducia en garantía se tiene como una garantía admisible para efectos de la contabilización de los créditos con ella garantizados y otorgados por el sector financiero.

En nuestro criterio, el hecho de que no sea una garantía real no significa que se la deba calificar como garantía personal para efectos de la prelación de pagos en un concordato preventivo obligatorio. La figura viene a ser un *tertium genus* en la medida en que sin ser garantía real ni mucho menos personal, ella genera una prelación legal –ausente en la disciplina de los quirigrafarios– de conformidad con el artículo 1238 C. Co. frente a ciertos acreedores del fiduciante, esto es, frente a los acreedores posteriores a la celebración del negocio fiduciario y sólo respecto de los bienes objeto del contrato[22]. En consecuencia, la *par conditio creditoris* tiene también como excepción la prelación especial a favor de los beneficiarios de la fiducia frente a los acreedores del fiduciante titulares de acreencias posteriores a la constitución del fideicomiso, y ellos pueden hacerla valer con sujeción a las reglas concordatarias.

3. De toda la doctrina elaborada por la Superintendencia de Sociedades sobre la fiducia en garantía frente al trámite concordatario parece oportuno detenerse en la afirmación según la cual cuando paga la fiduciaria, paga el fideicomitente y no un tercero y, en consecuencia, no hay ningún tipo de subrogación:

> El pago efectuado por las fiduciarias en desarrollo del contrato de fiducia es un pago distinto en su esencia y efectos al pago por un tercero, cuyo efecto es que el

---

ran a créditos con garantía real para efectos de su contabilización "aquellos que se encuentran garantizados mediante contratos irrevocables de fiducia mercantil de garantía en los cuales la institución vigilada acreedora tenga la calidad de beneficiario del negocio fiduciario, siempre que la situación económica y financiera del respectivo patrimonio autónomo ofrezca expectativas razonables de recuperación de los créditos así amparados, de acuerdo con los estados financieros correspondientes".

22 "No cabe duda que la fiducia en garantía es asimilable para estos efectos a una garantía real, pues se constituye sobre bienes del fiduciante que gozan de una afectación especial sin ser adquiridos por beneficiario alguno y sin ingresar al activo del fiduciario; y dicha afectación especial del patrimonio autónomo, aunque no crea derechos reales a favor de los beneficiarios, sí va más allá de una simple limitación al derecho real de dominio del fiduciante y genera en todo caso una prelación legal frente a los otros acreedores posteriores al negocio, la cual es totalmente extraña al régimen de quirografarios": Superintendencia de Sociedades. Auto 410-6017 del 18 de junio de 1995, p. 16.

tercero se subrogue en los derechos del acreedor. Por lo dicho, cuando la fiduciaria paga no puede decirse que extingue obligaciones propias, sino del fideicomitente, razón por la cual no existe cambio de acreedor por vía de subrogación. En el contrato de fiducia mercantil la transferencia de los bienes fideicomitidos a la fiduciaria no implica novación de las obligaciones del deudor[23].

Esta fue una de las razones fundamentales que llevaron al ente administrativo a impedirle a la fiducia, una vez admitido el deudor al trámite de un concordato, pagar las obligaciones que el fiduciante en concordato había adquirido, así como a enajenar los bienes sin su autorización como juez del concordato[24]. Sin embargo, para otros el fiduciario sí es un tercero y el pago que realiza es el pago de su propia obligación y no de la del fideicomitente. Por lo tanto, dicho pago genera subrogación legal o convencional a favor del fiduciario:

> En nuestra opinión, el cumplimiento de las obligaciones que la fiduciaria adquiere en desarrollo del contrato de fiducia en garantía con los beneficios de la fiducia, es el pago de su propia obligación. Ello no es un pago de obligaciones del concordato, porque con el cumplimiento de la fiduciaria no se extinguen las obligaciones concordatarias. Las obligaciones de la fiduciaria con los beneficiarios de la fiducia no son obligaciones concordatarias [...] Además de que en estas circunstancias, la fiduciaria paga su propia obligación, lo hace en calidad de tercero frente a la relación existente entre la sociedad deudora y la entidad financiera y por lo tanto no extingue la obligación, tan solo la subroga [...] El repaso de los artículos 1626, 1630, 1666 a 1668 del Código Civil, llevará ineludiblemente a la conclusión jurídica de que el pago por un tercero que no tiene representación del deudor, no extingue la obligación y tan solo la subroga en cabeza del tercero que paga [...] dándole oportunidades especiales a ese ter-

---

23 Superintendencia de Sociedades. Auto 410-4253 del 8 de julio de 1997, p. 43. En virtud de este auto, se aclaró el auto 410-4202 del 4 de julio de 1997, proferido dentro del concordato de la sociedad Fatecolcar Ltda.
24 Artículo 98 de la Ley 222 de 1995: "*Contenido de la providencia de apertura*. La Superintendencia de Sociedades en la providencia que ordene la apertura del trámite del concordato deberá: [...] 3. Prevenir al deudor que, sin su autorización, no podrá realizar enajenaciones que no estén comprendidas en el giro ordinario de sus negocios, ni constituir cauciones, ni hacer pagos o arreglos relacionados con sus obligaciones, ni reformas estatutarias cuando se trate de personas jurídicas. Los actos que se ejecuten en contravención a lo previsto en este ordinal, serán ineficaces de pleno derecho, sin necesidad de declaración judicial...".

cero para hacerse parte en el proceso, como lo testimonian los artículos 100 y 123 de la Ley 222[25].

En nuestro criterio, la segunda postura incurre en un error de principio por cuanto el pago realizado por un fiduciario no es el pago de un tercero, sino el de un titular de un patrimonio autónomo. En consecuencia, el pago que ejecuta un ente fiduciario con ocasión de una relación jurídica fiduciaria es el pago de una obligación del patrimonio autónomo y no el pago de una obligación del fideicomitente, ni mucho menos el pago de una obligación propia de la sociedad fiduciaria. Se ha dicho, por algunos, que como consecuencia de la formación del patrimonio autónomo éste se convierte en un centro de imputación jurídica o en un centro receptor de derechos subjetivos pudiendo ser, desde el punto de vista sustancial, titular de derechos y obligaciones, y desde el punto de vista procesal, comparecer a juicio como demandante o demandado a través de su titular, esto es, el fiduciario. La postura gubernamental también es errada dentro de la lógica propia de los patrimonios especiales o de afectación, por cuanto en puridad el deudor no es el fideicomitente, sino el patrimonio autónomo.

La no realización de los efectos finales del negocio fiduciario de garantía por una circunstancia sobreviniente como es la admisión del fideicomitente a un trámite concursal, responde a razones o justificaciones más de tipo económico que jurídico. En efecto, es claro y congruente con la dogmática del patrimonio autónomo que los bienes una vez tranferidos por el constituyente al fiduciario no son de aquél sino de éste como titular restringido de un patrimonio especial. En consecuencia, la fiducia constituida con anterioridad a la admisión del deudor a un trámite concursal no podría, en rigor jurídico, ser agredida por el concurso por no pertenecer los bienes fideicomitidos al patrimonio del concursado. Empero, se sostiene que las relaciones jurídicas del empresario o del comerciante, no solo las obligacionales sino también las de garantía (fiducia), quedan comprendidas dentro de los efectos de los concursos. Es decir, la apertura de un trámite concursal afecta las modalidades contractuales usadas por los empresarios en dificultades económicas, y una de

---

25 C. MANRIQUE. *La fiducia de garantía*, Bogotá, Ediciones Jurídicas Gustavo Ibáñez y Universidad de los Andes, 1998, pp. 90 a 93.

estas modalidades de frecuente uso ante crisis económicas estructurales o coyunturales de un empresario es precisamente la fiducia mercantil[26]. Lo anterior porque

> ... la situación de prevalencia del interés de los acreedores se invirtió en la actualidad convirtiendo el interés colectivo en el más importante, es decir, la tendencia es sanear, no reprimir la insolvencia; todo esto por la socialización que adquirió el riesgo de la empresa [...] [L]os procesos concur-sales más que salvaguardar a los acreedores se dirigirán a proteger los intereses generales referidos al mercado, es decir, el punto es analizar la empresa y determinar si su desaparición perjudicará en mayor medida o no al mercado entero[27].

Ahora bien, la doctrina de la Superintendencia de Sociedades insistió en el carácter público de la institución del concordato, gobernada por normas imperativas o de orden público y, por lo tanto, de aplicación forzosa. Pues bien, la Convención de La Haya relativa a la ley aplicable a la fiducia y a su reconocimiento, del 1.º de julio de 1985, que a pesar de no estar ratificada por Colombia es fuente de nuestro derecho mercantil, al tenor de lo dispuesto en el artículo 7.º C. Co., establece el principio según el cual la institución de la fiducia no puede implicar la violación de normas inderogables por la autonomía privada y el principio según el cual la Convención no se aplica cuando resulta incompatible con el orden público[28]. Tal como afirma PABLO CÓRDOBA

---

26 Artículo 146 de la Ley 222 de 1995: "*Acción revocatoria*. El contralor, cualquier acreedor o la Superintendencia de Sociedades, podrá incoar la acción revocatoria concursal de los actos realizados injustificadamente por el deudor dentro de los 18 meses anteriores a la fecha de la solicitud del trámite concursal, cuando dichos actos hayan perjudicado a cualquiera de los acreedores o afectado el orden de prelación en los pagos [...] 3. La constitución de patrimonios autónomos...".

27 PABLO A. CÓRDOBA. *La fiducia y los procesos concursales*, documento de estudio elaborado para el Departamento de Derecho Comercial de la Universidad Externado de Colombia, Bogotá, marzo de 1998.

28 Artículo 15: "La convención no se opone a la aplicación de las disposiciones de la ley designada por las reglas de conflicto del foro cuando no se puedan derogar estas diposiciones mediante la manifestación de una voluntad, especialmente en los siguientes campos: [...] e) La protección de los acreedores en caso de insolvencia; f) La protección de los terceros de buena fe en otros aspectos...". Artículo 16: "La Convención no entorpece las disposiciones de la ley del fuero cuya aplicación se imponga inclusive a las situaciones internacionales, cualquiera

en el estudio ya referido: "Así las cosas, es indudable que la fiducia en el marco de un proceso concursal debe ser respetada hasta el momento en el cual con su ejecución se viole una norma de orden público, como lo son las de carácter concursal".

En síntesis, en un proceso concursal no encuentra cabida el principio *prior tempore, potior iure* por cuanto el trámite es universal; los acreedores pierden el derecho a la ejecución singular y el acreedor fiduciario por razones de interés general tiene que realizar su crédito en el concordato. En el caso de Acerías Paz del Río S. A., el conflicto surgido entre los créditos de los trabajadores y los créditos de los acreedores fiduciarios fue resuelto a favor de los primeros por considerarse, además de razones de interés general, que mediante el negocio fiduciario no podía privilegiarse a los acreedores financieros. Queda por resolver el punto de si los acreedores con garantía fiduciaria que concurren al concordato deben o no conservar algún privilegio al menos igual al que tienen los acreedores con garantía real. Lo cierto es que esta situación no aparece prevista en los artículos 94, 98.6, 120, 135 y 147 que a la prelación de pagos dedica la Ley 222 de 1995. Por vía de interpretación del artículo 1238 C. Co. se podría pensar que los acreedores fiduciarios tendrían una prelación, que es extraña a los quirografarios, frente a los acreedores posteriores a la constitución del fideicomiso, pero sólo respecto de los bienes objeto del negocio fiduciario.

F. LA FIDUCIA MERCANTIL DE GARANTÍA Y LOS PROCESOS CONCURSALES

Cuando se celebra una fiducia mercantil de garantía, la regla general es que los bienes entregados a la fiduciaria cumplan la finalidad impuesta por el constituyente, esto es, la de servir de garantía y eventualmente la de hacerse efectiva ante la necesidad de atender las obligaciones de aquellos acreedores en cuyo favor aquélla se constituyó. Empero, cuando el deudor ingresa a un trámite concursal la situación varía ostensiblemente, dado que el contrato y,

---

que sea la ley designada por las reglas de conflicto de leyes...". Artículo 18: "Las diposiciones de la Convención pueden ser descartadas si su aplicación resulta claramente incompatible con el orden público".

específicamente, su finalidad deben ceder ante normas de orden público, las cuales establecen que en dichos casos los derechos fiduciarios que detentan los acreedores y que la fiducia garantiza, se suspenden en aplicación de los principios de universalidad e igualdad imperantes en el derecho concursal[29]. De este modo, todos los acreedores, incluyendo, por supuesto, a los tenedores de certificados de garantía fiduciaria, deberán hacerse parte dentro del trámite respectivo, trátese de acuerdo de reestructuración o de liquidación obligatoria. Se recuerda que la filosofía del primero consiste en la recuperación del deudor y la del segundo en la satisfacción de los créditos.

Antes de la expedición de la Ley 550 de 1999, era tema de discusión si se podía ejecutar una fiducia en garantía mientras el deudor se encontraba dentro de un proceso concursal. Al respecto, la Superintendencia de Sociedades, actuando como juez excepcional en materia de procedimientos concursales, hubo de proferir decisiones en las que precisó la imposibilidad de ejecutar este tipo de garantías. En efecto, la Superintendencia fijó su posición sobre el particular con ocasión de una decisión adoptada dentro del trámite concordatario de Acerías Paz del Río S. A., en el cual se pretendía lograr la venta de unas acciones fideicomitidas, cuyo producto sería destinado de manera exclusiva al pago de obligaciones a favor de los acreedores financieros beneficiarios, argumentándose por parte del fiduciario que para la realización de la garantía fiduciaria no se requería contar con la autorización previa de la Superintendencia. Empero, esta entidad determinó, con buen criterio, que la venta de las acciones fideicomitidas, por tratarse de una actividad que no correspondía al giro ordinario de los nego-

---

[29] "El derecho concursal actual, además de los principios de libertad de empresa, libre iniciativa privada y libertad de disponer de lo propio, se sustenta en el respeto de los derechos ajenos y en la sujeción de los intereses individuales al interés colectivo y al beneficio común. Así, esta rama o disciplina del derecho no desconoce que el deudor debe cumplir con las obligaciones adquiridas y que, correlativamente, el acreedor tiene derecho a perseguir sus bienes hasta lograr la satisfacción total de su crédito, sino que, ante la imposibilidad del primero de atender puntual y satisfactoriamente todas sus obligaciones, reemplaza la ejecución singular por una colectiva en la que se satisfacen los derechos de crédito concurrentes de manera ordenada, amén de solucionar todos los pasivos, mediante un tratamiento igualitario que, además, garantice el reparto equitativo de las pérdidas, dentro del rango adquirido por cada acreedor –*par conditio creditorum*": Corte Constitucional. Sentencia C-586 de 2001, M. P.: ÁLVARO TAFUR GALVIS.

cios de la concursada, debe contar con la expresa autorización de la Superintendencia, exponiendo, para tal efecto, dos argumentos: 1. Una de las consecuencias legales de la admisión a concordato del fiduciante sobre la ejecución de un contrato de fiducia mercantil constituido por éste, sobre bienes propios y con el objeto de amparar obligaciones propias o de un tercero, es que la garantía derivada del contrato no se puede ejecutar sin la respectiva aprobación de esta autoridad[30] y, 2. La enajenación de los bienes fideicomitidos debe someterse no sólo a los términos del contrato, sino a las normas y reglamentaciones vigentes al momento de la transacción[31].

En este sentido, la Superintendencia reconoció que si bien es cierto que al constituirse la fiducia en garantía, los bienes fideicomitidos salieron definitivamente del patrimonio del fideicomitente, no podría por ello afirmarse que el aislamiento patrimonial derivado de la celebración de ese negocio fiduciario fuera concluyente y definitivo. En efecto, a juicio de la Superintendencia, el activo fideicomitido se reemplazaba, en términos contables, por los correspondientes derechos fiduciarios. Es decir, se trataba de la sustitución de un bien por otro. Con base en esta sugestiva idea, se sostuvo la tesis según la cual la realización del activo para satisfacer obligaciones a cargo del deudor no era indiferente a su patrimonio y, por tanto, a la masa de acreedores, de tal manera que no podía afirmarse que la ejecución de una fiducia en garantía se tratara de una operación aislada, sin la virtualidad de afectar la prenda general de los acreedores.

Otro de los argumentos expuestos por la autoridad en el oficio objeto de estudio, el cual fue recogido en la ley sobre intervención económica y acuer-

---

30 Cfr. Superintendencia de Sociedades. Oficio 410-38498 del 18 de julio de 1995, dirigido al representante legal de Acerías Paz del Río S. A.
31 Posición confirmada en auto 410-4253 del 8 de julio de 1997 en el que la Superintendencia de Sociedades señaló: "al tenor de lo dispuesto por la Ley 222 de 1995, una vez admitido el deudor al trámite de un concordato, la fiducia se encuentra legalmente impedida no solo para pagar las obligaciones concordatarias que el fiduciante en concordato había adquirido, sino también para enajenar los bienes, ya que contractualmente la facultad de enajenación le había sido otorgada y determinada por el constituyente exclusivamente para una precisa finalidad que ya no se puede cumplir sin autorización del juez del concordato. De donde, si la fiduciaria procede a enajenar los bienes sin autorización de la Superintendencia, impedida como está para pagar con el producto de la venta a los acreedores-beneficiarios de la fiducia, realiza una gestión que se aparta de la razón de ser del fideicomiso que no conduce a satisfacer el encargo que se le hizo".

dos de reestructuración (Ley 550 de 1999)[32], está referido al hecho de que si el deudor estaba impedido para pagar al haberse iniciado el concurso, también lo estaba la sociedad fiduciaria, pues ésta no podía ejecutar actos que estaban vedados al fideicomitente. En otras palabras, lo que no puede hacer el fideicomitente, no lo puede hacer el fiduciario[33].

De igual manera, la Superintendencia de Sociedades ratificó la regla según la cual los acreedores beneficiarios de la fiducia de garantía son acreedores del deudor y, como tales, deben cumplir la carga de comparecer al respectivo proceso concursal, ello en virtud del desarrollo del principio de universalidad subjetiva imperante en los procesos concursales. Con base en ello, reivindicó la regla de la *par condicio omnium creditoris*, afirmando que todo pago por fuera del escenario concursal lesionaba este principio o regla de oro de los procedimientos mercantiles, sin perjuicio, claro está, del cumplimiento de los órdenes de prelación legal establecidos en el artículo 2493 C. C. A propósito, se recuerda que la regla de la igualdad no implica que a todos los acreedores se les debe dar un pago por igual, sino que se debe dar de acuerdo con el orden y con base en la proporción establecida por la ley. Lo anterior, en la medida en que no hay que pasar por alto que las tendencias modernas del derecho concursal pregonan por que las consecuencias de una crisis económica se repartan equitativamente entre los acreedores, por cuanto si se privilegia a una de las partes, otros intereses, igualmente válidos, pueden verse afectados.

En suma, la Superintendencia reafirmó su tesis sobre la imposibilidad de ejecutar la garantía otorgada por el negocio fiduciario por fuera del escenario concursal, y en su aplicabilidad dio muestras interesantes de creatividad jurídica y, sobre todo, de equidad, al graduar las acreencias respaldadas en una fiducia mercantil de garantía en créditos de segunda o tercera clase, de-

---

32 Señala el artículo 17 de la Ley 550 de 1999 en su parte pertinente lo que sigue: "Los administradores de las sociedades fiduciarias o de los empresarios que actúen en contravención del presente artículo podrán ser removidos por la superintendencia que ejerza supervisión sobre la respectiva entidad administrada y, en caso de ausencia de supervisión estatal, por la Superintendencia de Sociedades, de oficio o a petición de cualquier interesado".

33 De conformidad con el parágrafo único del artículo 1.º del Decreto 1049 del 6 de abril de 2006, proferido por el Ministerio de Hacienda y Crédito Público: "El negocio fiduciario no podrá servir de instrumento para realizar actos o contratos que no pueda celebrar directamente el fideicomitente de acuerdo con las disposiciones legales".

pendiendo de la naturaleza de los bienes fideicomitidos. Esta postura tenía, en esencia, pretensiones de equilibrio, pues con ello se procuraba compensar a los acreedores beneficiarios del fideicomiso, que hasta ese momento sólo habían sido reconocidos como simples acreedores quirografarios.

1. A pesar de los avances doctrinarios que en la materia aportó la Superintendencia de Sociedades, no es sino con la expedición de la Ley 550 de 1999 que se supera definitivamente la discusión doctrinaria planteada. El artículo 17 ibídem reguló, *inter alia*, las actividades que un empresario puede realizar luego de iniciada la negociación con los acreedores, y frente al tema de la fiducia en garantía se consagró la exigencia de la correspondiente autorización de la Superintendencia que supervise al respectivo empresario o a su actividad, para la celebración o ejecución de fiducias en garantía, así como para hacer pagos o arreglos con los acreedores que involucren bienes que hacen parte del patrimonio autónomo, estableciendo como sanción, además de una multa, la ineficacia de pleno derecho de los actos ejecutados o llevados a cabo en contradicción o en inobservancia de esta norma. Tal autorización, señala el mismo artículo, será otorgada o denegada tomando en cuenta la recomendación del promotor, así como la urgencia, necesidad y conveniencia de la operación[34]. Es decir que las obligaciones causadas con anterioridad al ingreso del deudor en el trámite de reestructuración requerirán, para ser pagadas o extinguidas, de la autorización del respectivo nominador. *Contrario sensu*, las originadas con posterioridad a la apertura del acuerdo deberán ser canceladas de preferencia como gastos de administración, es decir que se irán

---

[34] La Superintendencia, mediante la Circular 004 del 11 de abril de 2001, estableció lo que debe entenderse por urgencia, conveniencia y necesidad, en los siguientes términos: "La urgencia consiste en la imposibilidad de aplazar la operación, so pena de producirse efectos particularmente nocivos para la situación financiera de la empresa. La conveniencia se traduce en el impacto favorable de la operación en la situación financiera de la empresa, en particular, aunque no exclusivamente, en la generación de caja, que permita continuar con el giro ordinario de los negocios y atender las acreencias correspondientes a los gastos de administración. Dicho sea de paso, la atención de los gastos administrativos es fundamental para determinar la viabilidad de la empresa y para soportar las proyecciones necesarias en la estructuración de una fórmula de pago. La necesidad hace referencia a que la operación sea indispensable para asegurar la continuidad de la empresa y la protección de los recursos con los cuales habrán de honrarse las obligaciones a su cargo".

bien no cuentan con un privilegio para el pago preferente de su acreencia, sí mantendrán una relación con los bienes objeto de su garantía. En efecto, la ley los asimila a los acreedores con garantía real, prendaria o hipotecaria, dependiendo de la naturaleza de sus bienes y, en consecuencia, serán pagados con prelación sobre las acreencias distintas a las de la primera clase, anteriores o posteriores a la constitución de la fiducia; es decir que los beneficiarios quedan en una especial situación de privilegio que no poseen los acreedores quirografarios.

3. No obstante que el artículo 17 de la Ley 550 de 1999 señala la imposibilidad de ejecutar las fiducias mercantiles sin mediar la autorización de la autoridad correspondiente, sí permite la ejecución de fiducias de garantía cuyos patrimonios autónomos estén constituidos por los bienes objeto de titularizaciones colocadas a través del mercado público de valores[39], con lo cual deja en evidencia el interés del legislador por la continuidad y viabilidad de este mecanismo de financiamiento de las empresas y por la protección de la confianza de aquellos que intervienen en el mercado bursátil[40]. Esta excepción aparece confirmada en el artículo 68 de la Ley 964 de 2005 sobre el Mercado Público de Valores[41], lo cual no es más que el desarrollo de los principios contenidos

---

[39] Señala este artículo en su parte pertinente: "Tratándose de la ejecución de fiducias mercantiles cuyos patrimonios autónomos estén constituidos por los bienes objeto de titularizaciones colocadas a través del mercado público de valores, no se requerirá la autorización a que se refiere este artículo".

[40] En este caso la solicitud deberá ser tramitada ante la Superintendencia Financiera y se formulará de conformidad con lo dispuesto por la mayoría absoluta de los respectivos tenedores.

[41] Artículo 68: "*Separación patrimonial.* Los bienes que formen parte de los fondos de valores, fondos de inversión, fondos mutuos de inversión y los activos subyacentes vinculados a procesos de titularización, para todos los efectos legales, no hacen parte de los bienes de las entidades que los originen o administren y constituirán un patrimonio, o universalidad para el caso de procesos de titularización definidos en la Ley 546 de 1999, independiente y separado, destinado exclusivamente al pago de las obligaciones que con respaldo y por cuenta de dicho patrimonio o universalidad contraiga el administrador que tenga la capacidad de representarlo, sin perjuicio de la responsabilidad profesional de este por la gestión y el manejo de los respectivos recursos. Por consiguiente, los bienes que formen parte de los fondos de valores, fondos de inversión, fondos mutuos de inversión y los activos subyacentes vinculados a procesos de titularización, incluyendo los definidos en la Ley 546 de 1999, no constituirán prenda general de los acreedores de quienes los originen o administren y estarán excluidos de la masa

en los artículos 1227 y 1233 C. Co. en el sentido de que cuando los bienes fideicomitidos pasan a ser propiedad del fiduciario, los mismos no se confunden con sus activos propios, sino que conforman un patrimonio autónomo[42], vale decir que esos bienes no harán parte de la prenda general de los acreedores de quienes le den origen o se encarguen de su administración.

Igualmente, en el artículo 63 ibídem[43] establece la exclusión de la acción revocatoria o de simulación, prevista en el artículo 39 de la Ley 550 de 1999, respecto de procesos de titularización de activos. En la exposición de motivos de la Ley 964 de 2005 se explicó que esta medida tiene su razón "en el hecho en que la titularización conlleva la salida definitiva del patrimonio del originador del activo subyacente, [por tanto] la norma busca otorgar absoluta seguridad jurídica a dichos procesos, evitando que por este tipo de acciones, los bienes titularizados puedan volver al patrimonio de la entidad intervenida para responder por sus obligaciones con terceros". Finalmente, en tal disposición se exige como requisito para que pueda proceder la excepción, el registro de la operación en el Registro Nacional de Valores y Emisores, con lo cual se le otorga publicidad y transparencia a la operación.

---

de bienes que pueda conformarse para efectos de cualquier procedimiento mercantil o de cualquier otra acción que pudiera afectarlos...".

42 "En esa clase de fiducia mercantil los bienes conforman un patrimonio autónomo que se constituye con el único propósito de garantizar el cumplimiento de un deber de prestación (art. 1233 C. Co.), por lo que salen del haber del fiduciante –las más de las veces el deudor–, para pasar al dominio –sólo formal o especial– del fiduciario, quien a la manera de un tercero frente a la obligación garantizada y en el evento de incumplimiento de la misma, deberá enajenar los bienes fideicomitidos con estricta sujeción a las instrucciones liminarmente otorgadas por el constituyente, en orden a pagar a los acreedores beneficiarios el monto de sus acreencias, bien sea con el producto de la venta, o mediante la dación en pago, si ella fue prevista en el acto constitutivo y es aceptada por aquellos": Corte Suprema de Justicia, Sala de Casación Civil. Sentencia del 14 de febrero de 2006, M. P.: CARLOS IGNACIO JARAMILLO JARAMILLO.

43 Artículo 63: "*Acciones revocatorias o de simulación en procesos de titularización*. No procederán las acciones revocatorias o de simulación previstas en el artículo 39 de la Ley 550 de 1999 o en las normas que la modifiquen o sustituyan, respecto de procesos de titularización de activos, cuando los valores resultantes de la titularización hayan sido debidamente inscritos en el Registro Nacional de Valores y Emisores y colocados en el mercado de valores".

V. LA FIDUCIA DE TITULARIZACIÓN

A. DEFINICIÓN

En los últimos tiempos se ha venido desarrollando en nuestro país un procedimiento para captar recursos denominado *titularización*[44], con la utilización del contrato de fiducia, el cual, en palabras simples, consiste en dividir el valor de un bien inmueble u otros activos en varios títulos valores como si se tratase de las acciones de una empresa; es decir, mediante la titularización se transforman activos en títulos valores que contienen determinados derechos sobre ellos. Como de dicho proceso se crean valores, éstos deben ser registrados en el Registro Nacional de Valores e Intermediarios. Desde un punto de vista jurídico, la titularización se basa en la creación de un patrimonio autónomo de carácter fiduciario, capaz de adquirir derechos y contraer obligaciones, al cual se le transfiere la propiedad del flujo futuro o los activos que lo generan para que con base en esta propiedad emita y coloque títulos en el mercado de capitales. Como contraprestación a los derechos transferidos, el patrimonio autónomo se obliga con la empresa transferente a entregarle los fondos obtenidos mediante la colocación de los títulos y los flujos y activos excedentes, después de atender las obligaciones de los inversionistas[45]. Con este nuevo instrumento jurídico y financiero una persona propietaria de bienes de cualquier clase los convierte en títulos (movilización) que se pueden negociar con los recursos disponibles en el mercado de valores. El activo al movilizarse, esto es, al convertirse en títulos, puede negociarse con muchas personas y no con una sola como se hace tradicionalmente. En fin, la

---

[44] "El término titularización, es una forma irregular del verbo titularizar, no definido por el Diccionario de la Lengua Española de la Real Academia Española. El *Webster's New World Dictionary* tampoco define el término equivalente en inglés *securitization*, o el verbo *to securitize*. Este término ha sido utilizado en el lenguaje financiero de los últimos años para definir el proceso mediante el cual se transforma algo, generalmente cartera crediticia o activos financieros, en títulos valores. Lo mismo ocurre con su contrapartida inglesa, el convertir esos activos en *securities*, o sea títulos valores del mercado financiero": GUSTAVO ARISTIZÁBAL TOBÓN. *Titularización de activos*, Medellín, Ediciones Bancarias y Financieras, 1992, p. 7.

[45] Cfr. Superintendencia de Valores. *Titularización, normas contables*, Bogotá, 1996, p. 47.

titularización consiste en un proceso de movilización de activos mediante la emisión de nuevos valores que representan partes alícuotas o beneficios de un activo titularizado, el cual es entregado en patrimonio autónomo (no en encargo fiduciario) a una sociedad fiduciaria.

La titularización ofrece ventajas tanto para el empresario como para el inversionista. Para el primero, fundamentalmente porque el proceso le permite obtener recursos económicos sin necesidad de endeudarse al movilizar sus activos y sin necesidad de recurrir a los recursos ofrecidos por el sistema financiero, lo cual redunda en una baja en el costo del dinero o del financiamiento con un evidente beneficio para el ahorro y la inversión. El mecanismo permite que el empresario acuda directamente al ahorrador lo cual, sin duda, implica un menor costo financiero, presentándose con esto un claro fenómeno de desintermediación financiera:

> Lo que la titularización significa es que hay una manera distinta de transformar activos, ya no a través del intermediario financiero sino tomando el activo directamente, entregándolo a otro tipo de establecimiento, que ya no es un intermediario sino una fiduciaria y, transformar las características del activo convirtiéndolo en múltiples activos completamente diferentes que probablemente van a tener, a plazos más largos, o menores riesgos o mayor rentabilidad [...] [B]ásicamente no hay intermediación como tal sino un proceso de transformación directa del activo[46].

Para el segundo, por cuanto se estimula la inversión, se amplía el portafolio de inversiones, se diversifica el riesgo. El sistema promueve el ingreso de pequeños inversionistas al permitírseles adquirir, por ejemplo, no todo sino una parte de un inmueble y aprovechar, por consiguiente, su valorización y rentabilidad. Es, como dice el profesor ARRUBLA, "un sistema democratizador de la inversión"[47], al propiciar que todo tipo de inversionista, pequeño, mediano o grande pueda

---

[46] ALEXANDRA SALAZAR, FERNANDO SOLARTE, GUILLERMO SOSSA y CLEMENCIA VARGAS. *Estructura jurídica de la titularización en Colombia*, tesis de grado, Universidad Externado de Colombia, 1997, p. 41.

[47] Cfr. JAIME ARRUBLA PAUCAR. "La titularización de activos y sus instrumentos contractuales", en *Nuevos enfoques del derecho comercial*, Medellín, Biblioteca Jurídica Diké et al., 1995, pp. 226 a 228.

invertir en todo tipo de proyectos mediante determinada clase de títulos negociables.

B. MARCO JURÍDICO

El marco jurídico de la titularización está contenido en la Resolución 400 del 22 de mayo de 1995 expedida por la Superintendencia de Valores que, entre otras cosas, pretende promover el desarrollo y fortalecimiento del mecanismo de la titularización, aclarar los procedimientos para su desarrollo y reglamentar los esquemas de movilización de activos inmobiliarios que pueden dar lugar a la inscripción de nuevos valores.

La creación de nuevos valores en desarrollo de movilización de activos se hace a través de la conformación de patrimonios autónomos con cargo a los cuales se emiten títulos de participación, de contenido crediticio o títulos mixtos. En los primeros, esto es, en los corporativos o de participación el inversionista adquiere un derecho o alícuota en el patrimonio conformado por los activos objeto de movilización. El inversionista no adquiere un título de rendimiento fijo sino que participa en las utilidades o pérdidas que genere el negocio objeto del contrato. En los segundos, es decir, en los títulos de contenido crediticio, se incorpora el derecho a percibir la cancelación del capital y de los rendimientos financieros en los términos y condiciones señalados en el título. Los activos que integran el patrimonio autónomo respaldan el pasivo adquirido con los inversionistas, correspondiendo al agente de manejo adoptar las medidas necesarias para obtener el recaudo de los flujos requeridos para la atención oportuna de las obligaciones contenidas en los valores emitidos. Y por último, los títulos mixtos que, de manera adicional a los derechos que confiere un título de participación, pueden ser amortizables o tener una rentabilidad mínima o un límite máximo de participación (art. 1.3.1.5 Resol. 400).

Se ha sostenido que la Resolución 400 ha creado una nueva clase de títulos valores en derecho colombiano por cuanto, de conformidad con el Código de Comercio, los títulos valores "pueden ser de contenido crediticio, corporativos o de participación, y de tradición o representativos de mercancías" (art. 619), y no menciona los títulos mixtos que sí aparecen en la Resolución 400. Sin embargo, en puridad el título mixto resulta ser, en esencia, una derivación de los de participación con elementos anejos tomados de los títulos de contenido crediticio. De otra parte, la resolución no menciona los títulos valores representativos de mercancías ya que los títulos movilizados no otorgan derechos sobre bienes muebles o sobre mercancías.

C. PROCEDIMIENTO

La titularización se puede llevar a efecto mediante los contratos de fiducia mercantil irrevocables (no encargo fiduciario); utilizando el mecanismo de fondos comunes, y mediante la constitución de fondos de valores cerrados. Con el primer mecanismo de estructuración los fideicomitentes transfieren los bienes que constituirán las bases del proceso o las sumas de dinero destinadas a la adquisición de bienes que harán parte del patrimonio autónomo. La fiduciaria, actuando en representación del patrimonio autónomo, emitirá los títulos movilizadores, recaudará los fondos provenientes de la emisión y se vinculará jurídicamente en virtud de tal representación con los inversionistas conforme a los derechos incorporados en los títulos.

También se puede instrumentalizar con la constitución de fondos comunes con el objeto de hacer oferta pública de valores o bien de inscribir en el Registro de Valores e Intermediarios las constancias de circulación a un fondo de operación a fin de otorgarles liquidez en el mercado secundario. Por último, la titularización se puede estructurar con fondos de valores cerrados administrados por sociedades comisionistas de bolsa, en las cuales los activos objeto de movilización sólo pueden estar constituidos por títulos inscritos en el Registro Nacional de Valores e Intermediarios.

En un proceso de titularización intervienen las siguientes partes: 1. *La originadora*, que es la persona o personas que transfieren los bienes base del proceso de titularización. Pueden tener esa calidad las entidades financieras del exterior, al igual que entidades públicas y privadas extranjeras; 2. *El agente de manejo*, que es quien, como representante del patrimonio autónomo emisor de los valores, recauda los recursos provenientes de la emisión y se relaciona jurídicamente con los inversionistas conforme a los derechos incorporados en los títulos; 3. *La administradora*, que es la entidad encargada de la conservación, custodia y administración de los bienes o activos objeto de la titularización, así como del recaudo y transferencia al agente de los flujos provenientes de los activos. Puede tener esta calidad la originadora misma, el agente de manejo o una entidad diferente; 4) *La colocadora*, que es la entidad que puede actuar como suscriptor profesional o *underwriter*[48]. La existencia de esta entidad no es esencial, toda vez que la emisión puede ser colocada directamente por el agente de manejo o celebrando al efecto un contrato de comisión (art. 1.3.3.1 Resol. 400). Y por último, 5. *Los inversionistas* que, aunque no los menciona la norma que se refiere a *las partes en el proceso de titularización*, resultan indispensables en la medida en que es a ellos a quienes se dirige el proceso y quienes al adquirir los documentos que contienen los derechos devienen acreedores del patrimonio autónomo.

De lo anterior conviene hacer dos precisiones. La primera: la presencia del agente originador resulta esencial cuando la titularización se estructura con base en un contrato de fiducia mercantil irrevocable porque hay necesidad de un acto de transfencia de unos bienes o activos que serán objeto de la titularización; en cambio, cuando se estructura con base en la constitución de un fondo común, su presencia no resulta esencial. La segunda: es relevante tener en la cuenta, para efectos de determinar la responsabilidad por delegación de funciones, que en el evento en que el administrador de los bienes o

---

[48] El *underwriting* es un instrumento jurídico que permite canalizar la asistencia financiera requerida, mediante la suscripción de títulos valores emitidos por la sociedad emisora beneficiaria, por parte de terceros interesados. El *underwriting* es una operación financiera que facilita a las empresas el acceso al mercado de capitales, que es en donde pueden obtener los recursos necesarios para su crecimiento. "Dicho en otros términos, es el contrato celebrado entre una entidad autorizada para ello y una sociedad comercial, por medio del cual la primera se obliga a prefinanciar, en firme o no, títulos valores emitidos por la segunda para su posterior colocación. En líneas generales se puede decir que las ventajas recíprocas de la operatoria en cuestión son: a) para la compañía emisora, el beneficio consiste en la posibilidad de lograr un aporte de capital inmediato, que le resultaría sumamente difícil de obtener entre sus accionistas; b) para la entidad financiera, la ventaja se halla en la obtención de un lucro legítimo, proveniente de la diferencia entre el valor de suscripción y el precio ulterior de venta de las acciones suscritas [...] [E]l *underwriter* no es una entidad cuyo objeto sea la inversión de su capital en acciones de otras sociedades (como ocurre con las sociedades *holding* y las de inversión), sino que su propósito es desprenderse –en el menor tiempo y en las mejores condiciones posibles– de la cartera de valores adquirida en virtud de la operación de *underwriting* oportunamente celebrada. El rol del *underwriter*, entonces, sería una actuación como prefinanciador, o sea, como sujeto que adelanta al emisor aportes de capital, siendo su intención transmitir la titularidad de las acciones representativas de aquellos adelantados a otros inversionistas": MARTORELL. *Tratado de los contratos de empresa*, cit., pp. 504 a 506.

activos objeto de la titularización no sea el mismo agente de manejo sino un administrador, no se presenta un caso de separabilidad, o mejor, de dilución de responsabilidad en los actos necesarios, por cuanto "la actuación de la administradora no exonera de responsabilidad al agente en la realización diligente de los actos necesarios para la consecución de la finalidad del proceso de titularización" (num. 3 art. 1.3.3.1 Resol. 400). Obsérvese que el mantenimiento de la responsabilidad del agente es sólo frente a los actos necesarios, mas no frente a aquellos que no tengan esa calificación o condición de necesarios en la búsqueda de la finalidad perseguida con la titularización (*inclusio unius, exclusio alterius*).

Los activos o bienes objeto de un proceso de titularización pueden consistir en títulos de deuda pública, títulos inscritos en el Registro Nacional de Valores e Intermediarios, cartera de crédito, documentos de crédito, activos inmobiliarios y rentas o flujos de caja. No obstante lo anterior, la Superintendencia de Valores podrá autorizar la estructuración de procesos con bienes o activos diferentes a los señalados o abstenerse de autorizar procesos de titularización. También se pueden estructurar procesos de titularización a partir de la conformación de fondos o patrimonios autónomos constituidos con sumas de dinero destinadas a la adquisición de cualquiera de los activos enunciados (cfr. art. 1.3.1.4 Resol. 400).

En este orden de ideas, lo que importa destacar para efectos del tema de la fiducia es que como la titularización se puede llevar a cabo mediante el contrato de fiducia mercantil irrevocable, la sociedad fiduciaria es el agente de manejo del proceso y puede también ser la administradora. Por consiguiente, en desarrollo del negocio fiduciario y actuando como representante del patrimonio autónomo, la sociedad emite los títulos movilizadores, recauda los fondos provenientes de la emisión y se vincula jurídicamente con los inversionistas conforme a los derechos incorporados en los títulos. Si el patrimonio autónomo emite un título de contenido crediticio, sus bienes respaldan las obligaciones asumidas con los inversionistas. En los títulos de participación, el inversionista tiene un derecho o alícuota en el activo objeto del proceso de titularización y si es un título mixto el inversionista tendrá un derecho o alícuota y además recibirá una rentabilidad mínima.

Los documentos emitidos con ocasión del proceso de titularización tienen el carácter y las prerrogativas propias de los títulos valores, deben pues hacer mención del derecho que incorporan y contener la firma de quien los crea[49]. Además, se deben inscribir en el Registro Nacional de Valores e Intermediarios, ser susceptibles de ser colocados mediante oferta pública e incorporar derechos de participación, de contenido crediticio, o ser de naturaleza mixta. Para ellos no existe la acción cambiaria de regreso y desde el punto de vista de su ley de circulación los títulos podrán ser nominativos o a la orden. En cuanto al plazo de redención se establece que no podrá ser inferior a un año, salvo autorización excepcional otorgada por la Superintendencia de Valores. No obstante, podrán efectuarse amortizaciones parciales a término inferior a un año, siempre que la sumatoria de las mismas no supere el 30% del valor del capital del título. De cualquier forma, el plazo máximo de redención no podrá superar el plazo del contrato que dio origen a la conformación del patrimonio o fondo de valores (arts. 1.3.1.6 a 1.3.1.8 Resol. 400). Los valores emitidos deberán estar calificados para su inscripción en el Registro Nacional de Valores e Intermediarios, salvo aquellos títulos avalados por establecimientos de crédito, títulos de participación en fondos comunes especiales, fondos de valores y de títulos emitidos respecto de patrimonios constituidos con acciones o títulos de deuda pública emitidos o garantizados por la Nación o por el Banco de la República (art. 1.3.1.10 ibíd.).

---

[49] Colombia, por medio de la Ley 35 de 1993, consagró el principio de la libertad de creación de títulos valores, que ya había tenido recepción doctrinal en el país. De conformidad con el artículo 41 de la ley citada, en desarrollo del literal d) artículo 150.19 de la Constitución Política, el Gobierno intervendrá la actividad del mercado público de valores estableciendo normas de carácter general para los siguientes efectos: "g) Determinar, respecto de los documentos susceptibles de ser colocados mediante oferta pública, aquellos que tendrán el carácter y las prerrogativas propias de los títulos valores, sean estos de contenido crediticio, de participación o representativos de mercaderías, además de aquellos expresamente consagrados como tales en las normas legales; a tal propósito podrá establecer los casos en que los tenedores de los títulos estarán agrupados en una organización colectiva que actuará a través de un representante [...] Parágrafo 21. Atribuido a un documento el carácter de título valor conforme al literal g) de este artículo, este no podrá ser modificado por el Gobierno Nacional. Sin embargo, en los títulos así definidos no habrá lugar a la acción cambiaria de regreso". Así las cosas, mediante la Resolución 400 se dotó de la calidad de títulos valores a los documentos que surgen del mecanismo o proceso de titularización.

D. TITULARIZACIÓN INMOBILIARIA

En precedencia se anotaron los activos o bienes que pueden ser objeto de titularización. Para efectos de comprensión del mecanismo nos detendremos en la titularización inmobiliaria en sus tres modalidades, esto es, la titularización de un inmueble, la titularización de un proyecto de construcción y los fondos inmobiliarios[50].

En cuanto a la primera se afirma que "consiste en la transferencia de un activo inmobiliario con el propósito de efectuar su transformación en valores mobiliarios. El patrimonio autónomo así constituido puede emitir títulos de participación, de contendido crediticio o mixtos. En ningún caso el valor de la emisión excederá el 110% del avalúo del inmueble" (art. 1.3.5.1 Resol. 400). Es decir que el activo se convierte en derechos fiduciarios incorporados en títulos valores que permiten una transacción expedita y fraccionada del bien inmueble.

Para la titularización de un inmueble además de los requisitos generales se requiere: 1. Existencia de un avalúo de reconocido valor técnico efectuado por avaluadores independientes del originador y del agente de manejo; 2. El activo inmobiliario objeto de titularización debe estar libre de gravámenes; 3. Cuando el flujo de caja constituya un factor preponderante de rentabilidad ofrecida al inversionista, se deben incorporar mecanismos de cobertura internos o externos que permitan cubrir en una vez y medio el coeficiente de desviación del flujo ofrecido; 4. Los inmuebles del proceso deben estar garantizados contra riesgos de incendio y terremoto, durante la vigencia del contrato de fiducia mercantil y, 5. El monto de emisión de los títulos debe estar sujeto al límite ya señalado (art. 1.3.6.1 Resol. 400).

Los recursos para atender al pago de los intereses y el capital de los títulos de contenido crediticio pueden tener dos orígenes: flujo externo, cuando la fuente de pago proviene del originador, e interno, cuando el flujo de caja se

---

50 "En Colombia se han hecho grandes esfuerzos de titularización en el campo inmobiliario, como fueron las cédulas del Banco Hipotecario, mas nunca se había realizado un esfuerzo conjunto encaminado a poder convertir los inmuebles en títulos valores transables en bolsas de valores, lo cual corresponde al concepto pleno de titularización": SALAZAR et al. Ob. cit., p. 145.

origina en un contrato mediante el cual se explota comercialmente el inmueble que conforma el patrimonio autónomo. Se puede incluso prever la liquidación del patrimonio para atender con su producto a la redención de los títulos (art. 1.3.6.2 Resol. 400).

En la titularización de un proyecto de construcción, el patrimonio autónomo se encuentra constituido con un lote y los diseños, estudios técnicos y de prefactibilidad económica, programación de obra y presupuestos necesarios para adelantar la construcción del inmueble o inmuebles que contemple el proyecto inmobiliario objeto de la titularización. En esta modalidad, el inversionista es partícipe del proyecto en su conjunto, obteniendo una rentabilidad derivada de la valorización del inmueble, de la enajenación de unidades de construcción o, en general, del beneficio obtenido en el desarrollo del proyecto.

La titularización de un proyecto está sujeta a los siguientes requisitos: 1. Inversión mínima equivalente a 60 salarios mínimos; 2. En ningún caso el monto de la emisión podrá exceder el 100% del presupuesto total de costos del proyecto inmobiliario, incluidos los costos inherentes al proceso de titularización; 3. Existencia de un avalúo sobre el lote de terreno en el cual se realizará la construcción; 4. Inexistencia de gravámenes; 5. Estudio técnico económico sobre la viabilidad financiera del proyecto; 6. Presupuesto total; 7. La sociedad constructora deberá acreditar trayectoria superior a cinco años; 8. Vinculación de una sociedad interventora cuya trayectoria deberá verificarse por el agente de manejo; 9. El constructor deberá constituir pólizas de cumplimiento y de manejo del anticipo; 10. Determinación del punto de equilibrio para acometer la ejecución del proyecto; 11. En el contrato de fiducia mercantil que da origen al proceso de titularización se deben incluir cláusulas de condición resolutoria que permitan el reembolso del dinero a los inversionistas en el evento de no alcanzarse el punto de equilibrio establecido para iniciar la ejecución del proyecto, y 12. Presentación del procedimiento de valuación del patrimonio autónomo con cargo al cual se emiten los valores respectivos. El endeudamiento como vía de financiación complementaria a la titularización podrá ser autorizado por la Superintendencia de Valores y en la medida en que en el reglamento de emisión y colocación de los títulos se contemplen las condiciones del mismo (art. 1.3.7.3 Resol. 400).

Así mismo, la titularización inmobiliaria se puede desarrollar mediante la creación de un fondo común especial en una fiduciaria con el fin de ofrecer en el mercado de valores las constancias o certificados de participación en el fondo. En este caso es necesario que la vinculación de los diferentes clientes al respectivo fondo se efectúe con la celebración de contratos de fiducia mercantil y no de encargo fiduciario[51].

Vistas, a manera de ejemplo, las anteriores formas se puede resumir que por lo que respecta al contrato de fiducia mercantil en el proceso de titularización, cuando a él se recurre, es clara la existencia de un acto de transferencia y la constitución de un patrimonio afecto a la finalidad contemplada en el acto constitutivo. El fiduciario o agente de manejo actúa como aislante de activos y emisor de títulos valores provenientes de la titularización. Este proceso consiste en la movilización de activos a través de la emisión de nuevos valores que representan partes alícuotas o beneficios de un activo titularizado que es entregado en patrimonio autónomo a una sociedad fiduciaria. A más de la titularización inmobiliaria (inmueble, proyecto de construcción y fondos inmobiliarios), la Resolución 400 reglamenta la titularización de los siguientes activos: cartera de créditos y otros activos generadores de un flujo de caja; obras de infraestructura y servicios públicos; flujos provenientes de contratos de *leasing*; acciones inscritas en el Registro Nacional de Valores e Intermediarios mediante títulos de participación únicamente, y títulos de deuda pública.

---

51 La Resolución 51 de 1991 del Conpes (Estatuto de Inversiones Extranjeras) en su artículo 8.º establece las prohibiciones a la inversión proveniente del exterior. Esta norma fue modificada por el artículo 3.º del Decreto 2012 de 1994 y por el artículo 1.º del Decreto 2764 del mismo año. Este último artículo prohibe toda inversión de capital exterior en documentos emitidos como resultado de procesos de titularización de inmuebles o de proyectos de construcción o a través de los fondos inmobiliarios que describe la Resolución 400 de 1995.

CAPÍTULO CUARTO
Responsabilidad civil del fiduciario

I. EXORDIO

El tema de la responsabilidad civil del fiduciario ha devenido en derecho colombiano de primer orden por el auge que el contrato de fiducia ha tomado dentro de los usuarios del sector financiero y en general por la buena acogida que ha tenido la fiducia dentro de la sociedad colombiana. Sin embargo, ya comienzan a presentarse serios problemas legales en torno de la responsabilidad que asume el fiduciario como ente profesional y especializado ante el encargo basado en la confianza que los usuarios del sistema le trasladan mediante la celebración de un negocio fiduciario en cualquiera de las modalidades estudiadas, esto es, de inversión, de administración o de garantía, o del producto resultante de la combinación de las mismas[1].

II. CULPA LEVE Y DELEGACIÓN

El Código de Comercio, consciente de la particular relación jurídica que se crea con la celebración de un contrato fiduciario, estableció en el artículo 1243 el principio según el cual "el fiduciario responderá hasta de la culpa leve en el cumplimiento de su gestión", es decir, deberá emplear en su encargo la confianza y el cuidado que los hombres emplean ordinariamente en sus negocios propios. Deberá administrar los bienes fideicomitidos *como un buen padre de familia*. La legislación mercantil acogió, pues, en materia de responsabilidad contractual el criterio civilista de graduación de culpa de conformidad con la utilidad del negocio expuesto en el artículo 1604 C. C., de tal manera que el deudor es responsable sólo de la culpa leve en los contratos que se hacen para beneficio recíproco de las partes. En efecto, el sistema de responsabilidad establecido se acomoda al contrato de fliducia, en donde existe un beneficio

---

[1] "Es innegable que la primera y más importante de las obligaciones de carácter general a cargo de las sociedades fiduciarias es poner de su parte toda la habilidad, prudencia, esfuerzo y honorabilidad exigibles a un buen hombre de negocios, teniendo presente que el ejercicio y extensión de los derechos derivados de la propiedad fiduciaria están limitados tanto por las leyes que les prohiben hacerse dueñas de las cosas fideicomitidas, como por los derechos de los beneficiarios sobre los bienes que integran el fideicomiso y por la destinación o finalidad que el constituyente le impuso sobre el patrimonio fiduciario": Superintendencia de Sociedades. Auto 410-4202 del 4 de julio de 1997, p. 35.

tanto para el fiduciario (el contrato es esencialmente remunerado) como para el fideicomitente que quiere que se realice un encargo en favor suyo o de un tercero. Así mismo, establece el ordenamiento civil que "la prueba de la diligencia o cuidado incumbe al que ha debido emplearlo; la prueba del caso fortuito al que lo alega". Empero, estos dos criterios, el de la responsabilidad y el de la carga de la prueba, operan en ausencia de una norma especial o en ausencia de una estipulación de las partes intervinientes en el negocio, porque el artículo citado termina afirmando: "todo lo cual, sin embargo, se entiende sin perjuicio de las disposiciones especiales de las leyes, y de las estipulaciones expresas de las partes".

De conformidad con lo afirmado, las partes en el acto constitutivo podrían aumentar o disminuir la responsabilidad del fiduciario, es decir, establecer que el fiduciario responde por la culpa levísima (aumento) o establecer que sólo responde por culpa grave (disminución), e incluso, de acuerdo con el tenor de la ley, establecer cláusulas exonerativas de responsabilidad. Sin embargo, las cláusulas limitativas o exonerativas de responsabilidad para un ente profesional y especializado pueden no ser admitidas en sede judicial. Un reciente laudo arbitral colombiano sostuvo que la regla contenida en el artículo 1243 C. Co. es imperativa y que, por lo tanto, una cláusula contractual que disminuya la responsabilidad del fiduciario debe entenderse como nula en su grado de absoluta de acuerdo con el artículo 899 C. Co., sin afectar dicha nulidad la totalidad del negocio. Es decir que la nulidad absoluta que afecta a la cláusula limitativa de responsabilidad (en el debate el ente fiduciario sólo respondía de culpa grave) no produce una metástasis invalidante en el resto del negocio, sino sólo una nulidad parcial[2]. Queda la duda de si en realidad de verdad y a la luz de la legislación la norma del Código de Comercio sobre la responsabilidad del fiduciario por culpa leve es de naturaleza imperativa, máxime si se tiene en cuenta que con su desconocimiento no se afectaría ni el orden público ni las buenas costumbres; sin embargo, se insiste, no hay que olvidar que hoy en día las actuaciones de un profesional se valoran con mayor severidad y no serían vistas con muy buenos ojos cláusulas exonerativas o

---

2   Cfr. Tribunal de Arbitramento de Ingeniería Ltda. *vs.* Banco Ganadero. Laudo del 3 de junio de 1992, árbitros: ERNESTO GAMBOA MORALES, ANTONIO DE IRISARRI RESTREPO y LUIS FERNANDO VARELA SÁNCHEZ.

limitativas de responsabilidad dirigidas a favorecer a un experto de su técnica y oficio.

Ahora bien, ese principio según el cual el fiduciario responderá hasta de la culpa leve en el cumplimiento de su gestión debe interpretarse o concordarse con el artículo 1234 C. Co. que establece *ex lege* los deberes indelegables que contrae el fiduciario, a más de los que las partes expresamente establezcan en el acto constitutivo. Si para la consecución de la finalidad perseguida por el constituyente se busca un sujeto cualificado, profesional y especializado y vigilado por el Estado, la pregunta que surge es la de si esos deberes que asume el fiduciario al aceptar el encargo pueden ser delegados. El artículo 1234 C. Co. dispone que "son deberes indelegables del fiduciario, además de los previstos en el acto constitutivo, los siguientes: 1. Realizar diligentemente todos los actos necesarios para la consecución de la finalidad de la fiducia...". Nuestra posición es que los deberes indelegables y los actos necesarios para la consecución de la finalidad práctico-jurídica buscada por el fideicomitente son indelegables y que el artículo 1234 *in integrum* es una norma imperativa que no puede ser desconocida por la autonomía de los particulares al disciplinar sus intereses mediante los negocios jurídicos fiduciarios. Si se leen atentamente los ocho numerales que conforman el elenco de obligaciones que el legislador calificó de indelegables, se observa que son tan propias de la fiducia que lo que se quiere es que sean ejecutadas por el profesional que ha sido escogido y remunerado. De modo, pues, que no sería lícito delegar en terceros la ejecución de actos necesarios. Sólo, y con base en la regla según la cual *inclusio unus, exclusio alterius*, se podrían delegar las obligaciones accesorias. Si ha habido delegación, el delegante no traslada su responsabilidad al delegado. En efecto, reza el artículo 2161 C. C. que "el mandatario podrá delegar el encargo si no se le ha prohibido; pero no estando expresamente autorizado para hacerlo, responderá de los hechos del delegado como de los suyos propios". Es decir que si ha hecho delegación de sus deberes indelegables y necesarios e incluso de los accesorios no autorizados, sigue respondiendo frente al constituyente o beneficiario según el caso. "La delegación no autorizada o no ratificada expresa o tácitamente por el mandante, no da derecho a terceros contra el mandante por los actos del delegado" (art. 2162 C. C.), precisamente porque el vínculo es entre el fideicomitente y el fiduciario (*res inter alios acta*) y no entre aquél y terceros por ejecuciones de otro tercero no autorizado (delegado).

Cuando la ley habla de actos necesarios e indelegables lo hace precisamente porque el contratante al cual se recurre o se busca como sustituto negocial es un profesional especializado que no puede eludir la ejecución de los actos esenciales, necesarios o principales del encargo. Además, es importante tener en la cuenta que el contenido del contrato de fiducia está intervenido por el legislador, entre otras razones, por la posibilidad de abuso que el mismo contrato propicia en contra del fideicomitente. En consecuencia, si a pesar de la prohibición hay delegación, el delegante (fiduciario) continúa respondiendo frente al fideicomitente o beneficiario según el caso, es decir, su responsabilidad no se traslada al delegado. Se insiste: "el mandatario podrá delegar el encargo si no se le ha prohibido; pero no estando expresamente autorizado para hacerlo, responderá de los hechos del delegado como de los suyos propios".

Si las obligaciones accesorias son delegables, el *punctum saliens* es saber que la delegación no siempre implica novación por cuanto el surgimiento de una nueva obligación entre delegatario y delegado se da cuando aquél la ha autorizado con la consecuente liberación del delegante o deudor original (fiduciario). Es decir que podrá haber, frente a la ejecución de obligaciones accesorias por terceros, una delegación novatoria en donde se libera al deudor original o una delegación concurrente o cumulativa en donde el tercero acompaña al deudor principal (fiduciario) en su relación jurídica, como deudor solidario o subsidiario. "Cuando la delegación a determinada persona ha sido autorizada expresamente por el mandante, se constituye entre el mandante y el delegado un nuevo mandato" (art. 2163 C. C.); *contrario sensu*, si no hay autorización, no hay novación, es decir, continúa vigente la relación jurídica entre fiduciante y fiduciario en cuanto a la ejecución de las obligaciones accesorias.

Lo anterior es importante destacarlo porque con el desarrollo que ha tenido el negocio fiduciario en Colombia, las sociedades fiduciarias están delegando la ejecución de muchas de sus obligaciones en el mismo fideicomitente, comités o terceros tales como ingenieros, arquitectos o interventores. Pues bien, las delegaciones no evitan la responsabilidad del fiduciario: ella se preserva y se mantiene en el ente profesional, que, mediando una remuneración, debe ejecutar el encargo para el cual fue contratado. En un laudo arbitral se condenó a una entidad fiduciaria por no haber ejecutado directamente funciones o actos propios del encargo. En el caso el fideicomitente, en orden a garantizar obligaciones propias, constituyó una fiducia en garantía en beneficio de un acreedor financiero. La escritura pública por medio de la cual le transfirió al fiduciario el objeto del patrimonio autónomo no se inscribió en la respectiva oficina de registro de instrumentos públicos. Sin embargo, el fiduciario le expidió al acreedor financiero el correspondiente certificado de garantía tomando como base, sin comprobación, el avalúo que para tal efecto había hecho el mismo fideicomitente. Posteriormente el acreedor beneficiario, ante el incumplimiento por el deudor de sus obligaciones, exigió la ejecución de la garantía fiduciaria constituida en su favor, exigencia que no pudo cumplirse por cuanto el patrimonio autónomo no estaba radicado en cabeza del fiduciario pues, como se anotó, el acto de transferencia no se registró. La situación se agravó, ya que días después el fideicomitente entró en concordato y sus bienes, dentro de los cuales estaba el supuestamente transferido, resultaron embargados. En esencia, el daño se debió a no haberse constituido el patrimonio autónomo, por cuanto si hubiese estado constituido por la transferencia del inmueble al fiduciario éste habría podido venderlo para el pago u ofrecerlo en dación en pago al acreedor beneficiario. Para el laudo que resolvió el conflicto, la verificación diligente de la inscripción del registro de la escritura pública de constitución del patrimonio autónomo y la comprobación acuciosa de la razonabilidad del avalúo del bien objeto del fideicomiso son obligaciones indelegables que corresponden legal y convencionalmente al fiduciario con el propósito de asegurar la efectividad de la fiducia en garantía. En otros términos, el no registro de la escritura pública constitutiva del patrimonio autónomo y el tomar como base un avalúo que no se ajustaba a la realidad comercial del predio objeto de la garantía fueron razones que motivaron un fallo adverso al intermediario[3].

---

[3] Tribunal de Arbitramento de Leasing Mundial S. A. *vs.* Fiduciaria FES S. A. Laudo del 26 de agosto de 1997, árbitros: JORGE SUESCÚN MELO, JORGE CUBIDES CAMACHO y ANTONIO ALJURE SALAME. En el laudo se dijo: "La finalidad expresa del negocio fiduciario era la de que los beneficiarios contaran con una 'garantía efectiva y eficaz', no cabe duda de que la fiduciaria tenía la obligación indelegable de realizar diligentemente todos los actos necesarios para la consecución de tal finalidad. A juicio del Tribunal tales actos necesarios han de estar encaminados a lograr la constitución válida y efectiva del patrimonio autónomo, pues sin esta condición previa e indispensable no habría garantía, de suerte que el fiduciario ha de verificar con celo que el fideicomitente tenga el derecho de transferir el dominio sobre el bien fideicomitido y que pueda hacerlo libre de gravámenes y limitaciones. Igualmente ha de constatar con acuciosidad que en la Escritura Pública que perfeccione el negocio fiduciario estén presentes

En este importante precedente se insiste en que las fiduciarias no pueden adoptar un actitud pasiva, es decir, como si fuesen convidadas de piedra en lo referente a los avalúos de los bienes que hayan de conformar los patrimonios autónomos de garantía, "limitándose a aceptar incondicional y calladamente los dictámenes que quieran entregarles los fideicomitentes, quienes tienen un evidente interés en aumentar el valor asignado a sus bienes para ampliar su capacidad de endeudamiento". El deber de verificación de la razonabilidad de los avalúos es, pues, también indelegable por cuanto de la correcta valoración de los bienes fideicomitidos depende la efectividad de la garantía ofrecida al mercado mediante la expedición de los correspondientes certificados de garantía. No es, por lo tanto, conveniente ni prudente estarse a los avalúos presentados por el constituyente; es la misma fiduciaria la que debe ordenarlos y ejercer diligente designación y adecuada vigilancia.

En suma, no es lícito trasladar, delegar o abandonar en el fiduciante, en un comité o en cualquier otro tercero (ingeniero, arquitecto, interventor en la fiducia

---

todos los elementos de la esencia –tanto los generales de todo contrato, como los particulares de la propiedad fiduciaria– para que dicho acto jurídico logre la existencia y debe persuadirse de que los mencionados elementos no estén afectados de vicio alguno que pueda colocar en entredicho la validez del negocio. Así mismo, es tarea del fiduciario obtener la inscripción de la escritura en el registro correspondiente, lo que puede llevar a cabo sin el concurso del fideicomitente, o, en caso de que en el contrato se le asigne a éste dicha tarea, aquel debe estar particularmente atento a fin de que se le compruebe que tal inscripción se haga en forma correcta y oportuna. Solo con estas precauciones y medidas providentes puede entenderse que el fiduciario cumple cabalmente sus deberes legales y contractuales, pues a través de ellas muestra su diligencia para tratar de que los fines perseguidos por la fiducia en realidad se concreten. Y lo propio puede decirse del avalúo del bien fideicomitido, que en la fiducia de garantía es otro aspecto de particularísima importancia, pues de él depende, en gran medida, la efectividad de los créditos garantizados, toda vez que el otorgamiento de los mismos estará en buena parte basado en la suficiencia del respaldo que ofrezca el patrimonio autónomo creado para responder en caso de que el obligado principal no lo haga. De ahí que la verificación de la razonabilidad del avalúo sea otra tarea indelegable del fiduciario, tal como lo ha señalado la doctrina especializada, al señalar que corresponde a éste no solo designar a un avaluador profesional, escogiéndolo con la prudencia y diligencia que su cargo le imponen y, además, vigilando razonablemente la calidad y el contenido del trabajo. Incluso se explica que, de llegarse a considerar válido el pacto mediante el cual el fiduciario delega la elaboración del avalúo en un tercero experto, quien asume la completa responsabilidad de su trabajo, no podría ni siquiera en este caso, descargarse el fiduciario de su obligación de diligente designación y adecuada vigilancia" (pp. 21 y 22).

inmobiliaria, por ej.) los actos necesarios para la consecución de la finalidad práctica o económica buscada a través de la celebración del negocio. La delegación de la ejecución de los actos necesarios del fiduciario ocasiona un comportamiento censurable por el ordenamiento que puede comprometer la responsabilidad patrimonial del fiduciario ya sea por la inejecución del deber básico contractual o por la delegación de lo indelegable. Por el contrario y dado que muchas de las labores dentro de una gestión fiduciaria pueden ser variadas y múltiples, podrá el fiduciario delegarlas, pero siempre y cuando no sean las necesarias al encargo para el cual fue contratado y por el cual se le remuera.

Un ejemplo normativo en donde a pesar de la delegación de funciones no hay exoneración de responsabilidad del delegante se puede apreciar, en cierta medida, en la fiducia de titularización. En efecto, de conformidad con la Resolución 400 de 1995, de la Superintendencia de Valores, en los procesos de titularización estructurados con base en un contrato de fiducia mercantil irrevocable el fiduciario es el agente de manejo, es decir, es quien como representante del patrimonio autónomo emite los títulos valores, recauda los fondos provenientes de la emisión y se relaciona jurídicamente con los inversionistas conforme a los derechos incorporados en los títulos. Cuando no es el administrador de los bienes, sino que dicha tarea es desempeñada por una administradora independiente, dice la resolución que en dicha hipótesis "la actuación de la administradora no exonera de responsabilidad al agente en la realización de los actos necesarios para la consecución de la finalidad del proceso de titularización" (art. 1.3.3.1). Obsérvese que el mantenimiento de la responsabilidad del agente de manejo (fiduciario) es sólo frente a los actos necesarios, mas no frente a aquellos que no tengan esa calificación o condición de necesarios en la búsqueda de la finalidad perseguida con la titularización.

Si sobre las obligaciones accesorias puede haber delegación en un tercero, importa tener presente los efectos que ella produce y específicamente si el deudor original (fiduciario) se libera o no de responsabilidad por las obligaciones asumidas por aquél, es decir, si la asunción respecto de esas obligaciones accesorias es a título liberatorio o cumulativo de responsabilidad[4]. En

---

4   Si hay delegación se tiene entonces que el fideicomitente es el delegatario, el fiduciario el delegante y el tercero que asume la ejecución de una o varias obligaciones accesorias es el delegado.

otras palabras, si la asunción de deuda produce novación o si el tercero acompaña al fiduciario como codeudor solidario o subsidiario (delegación novatoria o delegación cumulativa o concurrente). Esto resulta de especial interés para efectos de fijación en el momento de la redacción del acto constitutivo del negocio fiduciario por cuanto, entre otras razones, la delegación no siempre implica novación.

Para regresar a la culpa leve, la Corte Suprema de Justica en el año de 1995 decidió en casación un caso relacionado con la presunta responsabilidad civil de una sociedad fiduciaria[5]. Si bien el fallo no determinó tal responsabilidad del fiduciario, el salvamento de voto de un magistrado de la época, JAVIER TAMAYO, abordó el tema con juicio. Para el magistrado disidente, el fiduciario adquiere dos obligaciones fundamentales: 1. La de realizar diligentemente la gestión que le fue encomendada, y 2. La de transferir los bienes objeto del contrato a su terminación. Frente a la primera se adquiere una obligación de medios, tal como acontece con el mandatario:

> ... si la gestión consiste en adquirir acciones de una sociedad y ésta posteriormente sufre pérdidas que disminuyen el valor de las acciones, entonces, esas pérdidas solo las asume el fiduciario en tanto y en cuanto se demuestre una culpa de su parte, según se desprende de lo dispuesto en los artículos 2144 y 2184 del Código Civil y 1243 del Código de Comercio. De igual manera, tratándose de cuerpos ciertos que perecen en poder de un tercero con quien el fiduciario contrató en virtud de la gestión a él encomendada, dicho fiduciario, como propietario que es, debe correr con los riesgos por la pérdida de la cosa. Piénsese en el caso del inmueble arrendado a un tercero por el fiduciario, y que se incendia mientras dura el arrendamiento. Con todo, en circunstancia semejante, aunque el fiduciario es propietario del bien arrendado e incendiado, y, por lo tanto, asume el riesgo de la pérdida, lo cierto es que jurídicamente, la pérdida repercute en el patrimonio autónomo constituido por los bienes objeto de la fiducia, y no en patrimonio general del fiduciario. Es decir que el patrimonio general del fiduciario no se afecta por dicha pérdida, a menos que ésta se hubiere producido porque el fiduciario no empleó la diligencia a que estaba obligado por ley. En la práctica, pues, la pérdida la asume el beneficiario a quien se le debía transferir la cosa perecida, al término del contrato de fiducia.

---

5 Corte Suprema de Justicia, Sala de Casación Civil. 9 de agosto de 1995, M. P.: NICOLÁS BECHARA SIMANCAS, exp. 4059, José Antonio Mora *vs.* Banco Ganadero.

En otras palabras, si el fiduciario en desarrollo de su gestión entrega bienes a un tercero y estos perecen, y aquél ha obrado con culpa o imprudencia, el detrimento patrimonial recaerá en el fiduciario como titular del patrimonio autónomo y responderá con su propio patrimonio por las pérdidas; si, por el contrario, obró de manera diligente, la pérdida del bien deberá sufrirla el fiduciario en calidad de titular del patrimonio autónomo, sin afectar su propio patrimonio y, por lo tanto, el beneficiario asumirá la pérdida en la medida en que el intermediario actuó de conformidad con el patrón de conducta exigido por la ley.

Así mismo, se plantea en el salvamento de voto la posible responsabilidad no ya por la pérdida del bien o bienes fideicomitidos en cabeza de un tercero sino en cabeza del fiduciario, que sería la situación corriente. En esta hipótesis se debe hacer la distinción de si la obligación que asumió el fiduciario es la de transferir un género (sumas de dinero) o un cuerpo cierto. Si el fiduciante transfiere al fiduciario dineros, éste se hace dueño de ellos y surge para el fiduciario la obligación de restituir sumas iguales al terminar la fiducia. Como los géneros no perecen,

> ... las sumas de dinero que pierda el fiduciario mientras están en su poder no tienen por qué ser asumidas por el acreedor de éste. Si el fiduciario paga equivocadamente a un tercero, su obligación derivada de la fiducia subsistirá y ni siquiera la fuerza mayor o el hecho de un tercero lo exoneran de responsabilidad. Solo lo exoneraría total o parcialmente la culpa del acreedor, según que sea causa exclusiva o parcial del daño. En consecuencia, la culpa leve a que se refiere el artículo 1243 del Código de Comercio carece de importancia en este tipo de daños. Tratándose de una obligación dineraria, estaremos frente a una obligación de resultado reforzada[6].

---

6 "Estudiar la ejecución de una obligación de suma de dinero es la oportunidad para el jurista de observar en alguna medida, en el estado más perfecto, algunas nociones o mecanismos que encuentran en ella su expresión más amplia: especialmente, fungibilidad, compensación, *genera non perunt*, obligación de resultado. Respecto de las técnicas jurídicas, el acreedor está seguro de obtener plena satisfacción, aun cuando frente a los fenómenos económicos no ocurra siempre lo mismo, sobre todo en un período de inflación; pero esto es ya otra cosa": GERARD SOUCI. "La especificidad jurídica de la obligación de pagar una suma de dinero", FERNANDO HINESTROSA (trad.), *Revista de la Universidad Externado de Colombia*, n.° 2, 1984, p. 107.

Al parecer tal afirmación iría en contravía con lo que vino a establecer el Estatuto Orgánico del Sistema Financiero en el sentido de que, tratándose de la fiducia de inversión (puede consistir en una transferencia de dineros), la obligación que asume el fiduciario es de medios y no de resultados. Respecto de un cuerpo cierto, cuando perece en poder del fiduciario se sigue la regla ya mencionada, esto es, la pérdida la asume éste, "pero ella solo repercute en el patrimonio autónomo constituido por los bienes objeto de la fiducia. O sea que el fiduciario, a menos que no haya empleado la diligencia exigida por la ley, no tiene por qué poner su patrimonio general a responder por dicha pérdida".

En síntesis, en el salvamento de voto referido se siguen los tradicionales principios de la responsabilidad civil contractual aplicados a un contrato de beneficio o de utilidad recíproca de las partes intervinientes, de conformidad con los artículos 1604 C. C. y 1243 C. Co. El fiduciario, pues, responde hasta de la culpa leve y en caso de inejecución total, parcial o defectuosa del contrato, se exonera de responsabilidad demostrando su diligencia y cuidado en la gestión encomendada, si la obligación es de medios. El *onus probandi* es suyo ("la prueba de la diligencia o cuidado incumbe al que ha debido emplearlo; la prueba del caso fortuito al que lo alega") por cuanto en razón de su experiencia y de recibir una remuneración por su actividad, se espera que cumpla diligentemente la labor encomendada a favor del fideicomitente o del tercero beneficiario de acuerdo con las obligaciones establecidas en el acto constitutivo y las obligaciones indelegables fijadas por el legislador.

III. ¿OBLIGACIÓN DE MEDIO O DE RESULTADO?

El Estatuto Orgánico del Sistema Financiero, Decreto 663 del 2 de abril de 1993, modificó la normativa de la responsabilidad civil del fiduciario –por ser norma especial–, al incluir en dos de sus normas lo que sigue: "*Prohibición general*. Los encargos y contratos fiduciarios que celebren las sociedades fiduciarias no podrán tener por objeto la asunción por éstas de obligaciones de resultado, salvo en aquellos casos en que así lo prevea la ley" (art. 29.3). Y más adelante dispuso, pero sólo para la fiducia de inversión y a propósito del alcance de las obligaciones del fiduciario en este tipo de fideicomiso, "que dentro de los contratos mediante los cuales se vincule a los constituyentes o adherentes con los fondos o proyectos específicos de inversión deberá destacarse la circunstancia de que las obligaciones que asume el fiduciario tienen el carácter de obligaciones de medio y no de resultado. En consecuencia, las sociedades fiduciarias se abstendrán de garantizar, por cualquier medio, una tasa fija para los recursos recibidos, así como de asegurar rendimientos por valorización de los activos que integran los fondos" (art. 151.5). De modo pues que se palpa de entrada la erosión del sistema. De una parte, establece como principio general aplicable a todas las modalidades de fiducia que las obligaciones que asume el fiduciario tienen el carácter de obligaciones de medio y no de resultado, y de otra parte, ese principio lo refiere ya de manera específica a la fiducia de inversión y en particular al hecho de que las sociedades fiduciarias no podrán garantizar réditos fijos para los recursos que invierten los constituyentes ni asegurar valorizaciones de los activos que integran los fondos comunes ordinarios o especiales.

Decir que el fiduciario asume únicamente obligaciones de medio y no de resultado implica desconocer la realidad y el carácter instrumental y polifacético que está llamado a cumplir el negocio fiduciario en donde en muchas oportunidades la gestión principal del fiduciario es precisamente la de consecución de resultados (en la fiducia de administración, por ejemplo, las obligaciones que asume por lo general el fiduciario son de resultado). Además, a pesar de la aserción legal, existen dentro del elenco de obligaciones indelegables que enumera el legislador algunas de resultado tales como la rendición de cuentas periódicas de su gestión a los constituyentes; la obligación de llevar cuentas separadas de cada negocio o encargo fiduciario; la obligación de transferir los bienes fideicomitidos a quien corresponda conforme al contrato.

Desde el punto de vista histórico la prohibición se pensó y se consagró para ser aplicada sólo a la fiducia de inversión con el fin de evitar que mediante este negocio las sociedades fiduciarias se convirtieran en intermediarios financieros garantizando una tasa de rendimiento para el inversionista o constituyente. Esta práctica, con la proliferación de intermediarios financieros, fue una de aquellas que ocasionaron la famosa crisis financiera del año 1982[7].

---

7 El profesor RODRÍGUEZ AZUERO en su trabajo sobre *La responsabilidad del fiduciario*, cit., p. 38, dice a propósito: "Por la experiencia vivida con los intermediarios financieros las autoridades tenían especial temor de que cada nuevo tipo de entidad utilizase un mecanismo, a través del cual, terminara intermediando en el mercado, esto es, captando recursos de la comunidad para ser colocados en forma de préstamos. Y ello sucedió, en efecto, con las primeras manifes-

Pero el *punctum dolens* o punto de fricción es el haber extendido esta prohibición particular y específica a todas las demás modalidades de fideicomiso porque, como se ha afirmado, en muchas oportunidades, de acuerdo con la finalidad del negocio, el fiduciario puede asumir de manera principal obligaciones de resultado y no simplemente de medios. Además, también resulta discutible el haberse recogido la distinción entre obligaciones de medio y de resultado; distinción ésta que al parecer no es de recibo a la luz de nuestro ordenamiento jurídico, de clara influencia romanista y que en materia de responsabilidad contractual estableció el sistema posclásico y justinianeo de la graduación cualitativa de culpas.

Como se sabe, fue el tratadista francés RENÉ DEMOGUE quien por primera vez hizo la distinción entre obligaciones de medio y de resultado[8]. Para HINESTROSA,

> ... se distingue la relación entre el interés del acreedor y la necesidad del deudor, según que la obligación de este le imponga lograr un resultado cierto o apenas propiciarlo, proveyendo los medios apropiados para ello, para, de acuerdo con eso, dictaminar acerca de la satisfacción del sujeto activo y el cumplimiento del obligado. En otras palabras, se procura analizar la función práctico social del vínculo en términos de la aspiración cierta del acreedor, exigible por él a su deudor, con miras a puntualizar si ella consiste en una obra, en un determinado cambio de su situación, en fin, en un resultado concreto, mensurable dentro de un juicio descriptivo o de realidad, o si, por el contrario, lo debido es una disposición, una orientación, una conducta idónea, sin garantía de su desenvolvimiento o resultado, sobre la base, obviamente, de que al suceso útil y específico no se llega sino con el empleo de medios apropiados, pero con la precisión de que si la obligación requiere únicamente una conducta propicia, lo debido es menos imperioso que si ella contempla el resultado[9].

---

taciones de la actividad fiduciaria a través de sociedades independientes. Fue claro que muchos fideicomisos denominados de inversión se constituyeron para captar recursos de la comunidad y destinarlos al otorgamiento de créditos. Tal situación creaba un evidente conflicto para las autoridades y amenazaba con desnaturalizar la figura pues era obvio que si el negocio fiduciario podía destinarse a realizar, en la práctica, una intermediación, no sólo entraría a operar en el campo de los establecimientos de crédito sino no se desarrollaría en el futuro ninguna forma novedosa y propia de fiducia".

8 DEMOGUE. *Traité des obligations*, t. V, Paris, 1923, num. 1237.
9 HINESTROSA. *Obligaciones*, cit., p. 12.

Además se suelen mencionar como ejemplos de obligaciones de medio las llamadas responsabilidades profesionales de consejo, la del médico y del abogado; y como obligaciones de resultado la entrega de un cuerpo cierto o el transporte de personas. Esta clasificación ha sido útil para la apreciación de las cargas probatorias. En efecto, se enseña que ante el incumplimiento en las obligaciones de resultado la carga de la prueba (del cumplimiento o del motivo exonerador) es del deudor, en tanto que en las obligaciones de medio es del acreedor. En las obligaciones de resultado o determinadas, el deudor sólo se libera mediante la prueba del elemento extraño (fuerza mayor, caso fortuito, intervención de un tercero y culpa exclusiva de la víctima), por cuanto el simple hecho del incumplimiento hace que se presuma su culpabilidad. De nada le sirve, en este tipo de obligaciones, argumentar que actuó con curia, prudencia, diligencia. En las obligaciones de medio, por el contrario, como el deudor sólo se obliga a realizar un determinado comportamiento, con independencia del resultado, se presume inocente mientras que no se le demuestre que ha existido una falta o falla de conducta al cumplir la obligación; por esto el *onus probandi* es del acreedor-demandante quien deberá establecer la culpabilidad del deudor demandado.

Para trasladar lo dicho al negocio fiduciario y en razón de la prohibición que se viene comentando, ante el incumplimiento del contrato por parte de la sociedad fiduciaria la carga de la prueba será siempre del acreedor, esto es, del constituyente o beneficiario según el caso, por cuanto la regla general es que aquélla no puede asumir obligaciones de resultado. Excesivo privilegio para entes profesionales y especializados.

Así mismo, la distinción entre obligaciones de medio y de resultado ha sido duramente criticada. A guisa de ejemplo, CLARO SOLAR, el más encomiable comentarista del Código de BELLO, ha dicho a propósito:

> El acreedor que demanda daños y perjuicios por la inejecución del contrato no tiene que probar que la inejecución ha sido culpable de parte del deudor: es a éste al que corresponde establecer que no ha tenido culpa en ello, o sea que ha empleado de su parte el cuidado y diligencia a que según el contrato estaba obligado [...] Al acreedor que, en virtud del contrato, reclama los perjuicios de la inejecución de la obligación del deudor, le basta probar la existencia del contrato y el hecho de la no ejecución de éste por parte del deudor[10].

---

10 CLARO SOLAR. *Explicaciones de derecho civil chileno y comparado, De las obligaciones*, cit., t. V, n.º 1069, p. 525.

Desde otra perspectiva, para TAMAYO,

> Esta distinción de obligaciones de medio y de resultado se ve un poco turbia en derecho colombiano, puesto que el artículo 1604 del Código Civil, produce un desencaje total de las instituciones de nuestro derecho civil. En efecto, cuando dicha norma clasifica la gravedad de la culpa, da a entender que todas las obligaciones son de medio, pues el acreedor tendría la obligación de establecer el grado de culpabilidad del deudor; en cambio, el inciso 2.º de la misma norma parece determinar que todas las obligaciones son de resultado, ya que, según el citado inciso, al deudor le corresponde demostrar la diligencia y cuidado, es decir, se presume su culpa[11].

El autor habla de "desencaje total de las instituciones de nuestro derecho civil" (!) porque su perspectiva es explicar el artículo 1604 a la luz de la distinción y de la experiencia jurídica francesa, cuando lo que sí es claro es que la mencionada clasificación no encuentra acomodo en nuestro derecho civil porque ella se desconoce y por cuanto BELLO acogió la división tripartita de la culpa, la cual es extraña al *Code civil francais*[12].

Así las cosas, se podría afirmar que independientemente de que las obligaciones del fiduciario sean calificadas como obligaciones de medios, él deberá probar su diligencia en la realización del encargo encomendado: "La prueba de la diligencia o cuidado incumbe al que ha debido emplearlo". Si la obliga-

---

11 JAVIER TAMAYO JARAMILLO. *De la responsabilidad civil*, t. I, vol. 2, Bogotá, Temis, 1996, pp. 10 y 11.
12 "En todas las obligaciones positivas (dar, hacer), tanto el llamado resultado como los denominados medios no son nada distinto a hechos que se deben por el deudor. Que esos hechos sean simples o complejos, singulares o plurales, con predominio material o intelectual, es un mero accidente que puede incidir tan solo en la mayor o menor dificultad de la prueba, pero que en todo caso no justifica en nuestro Derecho la construcción que combato. Aún admitiendo que tan célebre distinción sirve para determinar el contenido de la obligación, para explicar el alcance de la prestación, no por ello varían sus efectos jurídicos tocantes con la carga de la prueba, que es lo fundamental. Al deudor incumbe siempre probar el pago (Código Civil, arts. 1625, 1626 y 1757); esto es, la realización del acto único o de la serie de actos en que consiste la prestación a su cargo": F. VALLEJO. "Responsabilidad civil médica. Ensayo crítico de la jurisprudencia", *Revista de la Academia Colombiana de Jurisprudencia*, n.º 300-301, mayo-noviembre de 1993, p. 74.

ción, por el contrario, es de resultado, porque ha quedado claro que en ciertas especies de fiducias surgen para el fiduciario obligaciones de resultado, el intermediario se exime demostrando el elemento extraño puesto que en este tipo de obligaciones el elemento subjetivo no cuenta para nada.

Es obvio que la posición a la cual se llega no consulta la lógica porque, primero, decimos que la clasificación de obligaciones de medio y de resultado no es conforme al artículo 1604 C. C. que establece el régimen de graduación cualitativa de culpas de acuerdo con la *utilitas* del contrato; segundo, porque hemos cuestionado que el legislador haya establecido una absurda prohibición, como principio general, para todas las fiducias en la medida en que existen muchas fiducias de resultado, y, tercero, porque, trátandose de obligaciones de resultado, si siguiéramos el principio establecido en el artículo 1604 el fiduciario podría eximirse de su responsabilidad probando diligencia o cuidado, lo que contraría la concepción misma de este tipo de obligaciones cuya característica es que al deudor para eludir su responsabilidad no le basta con alegar su prudencia y cuidado, sino probar el elemento extraño[13]. En la práctica, independiente de si la obligación es de medio o de resultado, al acreedor que demanda judicialmente le incumbe probar el contrato (art. 1757 C. C.). Demostrada o afirmada la inejecución, el acreedor coloca en un dilema al deudor: éste debe demostrar que pagó y extinguió su obligación o que la inejecución no le resulta imputable por causa mayor, sin importar si la obligación era de medio o de resultado.

IV. VALORACIÓN

De todos modos, desde un punto de vista político la prohibición podría mirarse como un favorecimiento gremial en favor de las sociedades fiduciarias

---

13 RODRÍGUEZ AZUERO sostiene (ob. cit., p. 42, nota 24): "Por consiguiente los gestores o administradores de intereses ajenos que, por definición, deben actuar prudente y diligentemente, tendrían que ser siempre llamados a establecer y probar dicha diligencia a pesar de que sus obligaciones sean calificadas como de medio [...] Pero de acogerse la interpretación francesa sobre las obligaciones de resultado tendríamos que sólo podría exonerarse probando una causa extraña, de donde su propia diligencia, que sería aceptable dentro de la teoría de la culpa leve, no lo sería frente a su obligación considerada como de resultado".

para en cierta medida privilegiarlas frente a posibles malos manejos o actos imprudentes o negligentes en el desarrollo de la actividad a ellas encomendada (efectos jurídicos relacionados con la carga de la prueba que es fundamental). Cuando se recurre a un sustituto negocial como lo es el fiduciario, ello se hace, entre otras razones, por su prestigio, honorabilidad, experiencia, conocimiento del mercado, y mal le quedaría a un ente fiduciario, vigilado por el Estado, en orden a soslayar posibles responsabilidades en encargos de resultado o de ejecución de una obra, argumentar que la ejecución del contrato no se pudo llevar a cabo y que no asume ninguna responsabilidad por cuanto por ley especial sus obligaciones son de medio y no de resultado. Esto nos lleva a pensar que la regla sobre la prohibición de asunción de obligaciones de resultado por parte del fiduciario escaso favor le presta al desarrollo del negocio y, antes por el contrario, genera recelo, prevención por parte de potenciales usuarios del sistema, y está produciendo un cierto grado de desgreño en la ejecución de encargos, como se observa en particular en fiducias de construcción y en fiducias en garantía.

Ahora bien, tal como aparece formulada la preceptiva legal, la responsabilidad civil del fiduciario está establecida de acuerdo con el criterio de la utilidad o beneficio recíproco de las partes: el deudor es responsable de la culpa leve en los contratos que se hacen para beneficio recíproco de los sujetos. Sin embargo, se ha sugerido que la responsabilidad del fiduciario debería ser mayor por cuanto además de ser un ente profesional y especializado recibe una remuneración por la gestión encomendada. El fundamento normativo de este aumento de responsabilidad del fiduciario como gestor de negocios ajenos se encuentra en el mismo Código Civil: "El mandatario responde hasta de la culpa leve en el cumplimiento del encargo. Esta responsabilidad recae más estrictamente sobre el mandatario remunerado. Por el contrario, si el mandatario ha manifestado repugnancia al encargo, y se ha visto en cierto modo forzado a aceptarlo, cediendo a las instancias del mandante, será menos estricta la responsabilidad que sobre él recaiga" (art. 2155)[14].

---

14 En la doctrina italiana se compara el artículo 1710 con el 2030 apartado segundo del *codice civile* del 42. El primero establece que el mandatario está llamado a ejecutar el mandato con la misma diligencia de un buen padre de familia, pero si el mandato es gratuito, la responsabili-

Si interpretamos la norma podremos decir que el intermediario o gestor de negocios ajenos responde por culpa grave en el cumplimiento de su gestión. Si recibe remuneración, la responsabilidad sería mayor, esto es, respondería incluso por la culpa levísima y, finalmente, si el gestor se vio obligado a asumir el encargo, su responsabilidad se disminuiría, respondería sólo por culpa grave. En este orden de ideas, como el gestor de negocios ajenos en el contrato que se analiza es el fiduciario y por ser su actividad remunerada, su responsabilidad debería ir hasta la culpa levísima. Sin embargo, dicha solución estaría también en contravía del artículo 1604 que establece la responsabilidad por culpa levísima en aquellos contratos en que el deudor es el único que reporta beneficio; situación que no se da en el negocio fiduciario en donde la *utilitas* es para ambas partes.

La tesis ha sido sugerida por RODRÍGUEZ AZUERO de manera especial cuando el fiduciario elabora directamente su producto comercial o financiero:

> Es más, si se admite, en gracia de discusión, que la responsabilidad natural de un fiduciario es hasta por la culpa leve, ella tiene que ser mayor cuando ofrece al mercado productos diseñados y elaborados por él y no se limita a aceptar encargos de su clientela porque, en este caso, se supone que ha empleado una esmerada diligencia en el diseño y presentación del producto y que, dadas sus condiciones

---

dad por culpa es apreciada con menor rigor (*è valutata con minore rigore*). El segundo dispone que el gestor está sujeto a las mismas obligaciones que se derivarían de un mandato y que el juez, en consideración de las circunstancias que han inducido al gestor a intervenir, puede moderar el resarcimiento de los daños a los cuales éste estaría obligado por efecto de su *culpa* (*Tuttavia il giudice, in considerazione delle circostanze che hanno indotto il gestore ad assumere la gestione, può moderare il risarcimento dei danni ai quali sarebbe tenuto per effetto della sua colpa*). Para GIORGIO DE SEMO el artículo 1710 adopta un criterio de graduación cualitativa de la culpa, en el sentido de que quedaría exento de responsabilidad el mandatario que no obstante incurriese en culpa leve, a tenor de los principios generales; el artículo 2030, por el contrario, se atiene a un criterio cuantitativo respecto a la entidad del resarcimiento del daño, que, según el prudente criterio del juez, puede ser atenuado en consideración a las circunstancias (subjetivas y objetivas) del caso específico. "En otros términos, en el mandato gratuito puede no entrar en juego la culpa leve, a cargo del mandatario; en la gestión, por el contrario, funciona también tal grado de culpa, aunque con la eventual moderación equitativa del resarcimiento". Lo último porque la gestión se concreta en un acto unilateral espontáneo y siempre gratuito. Cfr. GIORGIO DE SEMO. *La gestión de negocios ajenos*, Madrid, Revista de Derecho Privado, 1961, p. 137.

de profesional, ha debido anticipar las debilidades y vicisitudes que el mismo pudiese afrontar en un mercado. En general, cuando el estudio circunstancial de un caso lo amerita y, en particular, para productos elaborados por él, creemos que el fiduciario tendría que responder hasta por la culpa levísima[15].

En nuestro criterio, las partes pueden modificar mediante el contrato la responsabilidad del fiduciario para hacerla más exigente en aquellos encargos de resultado o en aquellas situaciones en donde se recurre al gestor precisamente por su particular destreza y pericia. Ello está legalmente permitido por la parte final del artículo 1604 C. C.; lo que sí resulta discutible es utilizar la permisibilidad a la autonomía privada para modificar las reglas de la graduación de la responsabilidad en orden a excluírsela o disminuírsela a un ente profesional y especializado controlado y vigilado por el Estado. En este último caso creemos que la cláusula puede resultar ineficaz en posible apreciación del juez ya que la tendencia en la actualidad frente a la responsabilidad del profesional es la de valorarla con mayor severidad. En la legislación argentina, por ejemplo, se prohibe que el contrato limite la responsabilidad del fiduciario por los daños producidos en los bienes fideicomitidos como consecuencia del actuar doloso o culposo del propio fiduciario tanto como de sus dependientes (art. 7.º Ley 24.441).

De vieja data se ha dicho que la responsabilidad contractual requiere del incumplimiento de una obligación asumida por el deudor, que dicho incumplimiento sea imputable a éste, es decir que sea originado por su dolo o error de conducta, y que el incumplimiento le haya producido un daño al acreedor. Si la obligación incumplida es positiva se le debe agregar a esos elementos el de la mora del deudor[16]. En consecuencia, en orden a obtener una indemnización de perjuicios el acreedor insatisfecho deberá probar el contrato de donde surge la obligación del deudor, la mora del demandado, el incumplimiento de la obligación y, finalmente, el daño sufrido como consecuencia del incumpli-

---

15 RODRÍGUEZ AZUERO. *La responsabilidad del fiduciario*, cit., p. 82.
16 Sobre el punto cfr. en especial C. LARROUMET. *Teoría general del contrato*, vol. II, JORGE GUERRERO (trad.), Bogotá, Temis, 1993, pp. 10 a 189; R. SACCO y G. DE NOVA. *Trattato di diritto civile, Il contratto*, t. II, Torino, Utet, 1993, pp. 583 a 685; R. ABELIUK MANASEVICH. *Las obligaciones*, t. II, Santiago de Chile, Jurídica de Chile, 1993, pp. 667 a 710.

miento. Sin embargo, cuando el deudor de un dar o de un hacer es un ente profesional o especializado se sugiere que exista una carga probatoria menos onerosa y exigente para el afectado.

En el laudo arbitral referido se dijo que el demandante deberá probar el incumplimiento del demandado, pero con la particularidad de que al tratarse de entes profesionales (como es el caso de los fiduciarios), la prueba del incumplimiento es al mismo tiempo la prueba de la culpa.

> Lo usual es que el incumplimiento de la obligación y culpa del deudor sean fenómenos distintos y bien diferenciables. Pero en la hipótesis de cumplimiento defectuoso en la prestación de servicios profesionales, se identifican necesariamente esos dos elementos, de manera que demostrando el uno queda establecido el otro; incumplimiento y culpa es un mismo elemento o, en otras palabras, aquél y ésta se confunden en el comportamiento del deudor, pues la ejecución defectuosa lleva en sí misma la culpa[17].

Es decir que dicha postura vendría a solucionar el problema de la carga de la prueba para el fideicomitente en caso de incumplimiento o inejecución del contrato por parte de la fiduciaria, por cuanto tratándose de obligaciones de medio, en donde según la doctrina el *onus probandi* es del acreedor de la prestación, bastará probar sólo el incumplimiento ya que éste lleva implícita la culpa, de manera que la prueba de aquél es al mismo tiempo prueba de éste. En suma, cuando la obligación es de prudencia y diligencia de un ente profesional basta probar el incumplimiento; demostrado éste, queda establecida la culpa. Lo anterior está en consonancia con la tendencia de analizar el débito de un profesional especializado con más severidad.

De otra parte, la clasificación de obligaciones de medio y de resultado es bastante cuestionada por lo confusa, a tal punto que un mismo supuesto de hecho ha sido calificado en algunos casos de obligación de medio y en otros de resultado. Por ejemplo, el daño resultante del telesquí fue considerado por la jurisprudencia francesa obligación de medio desde 1949, de resultado a partir de 1968, y nuevamente de medio desde 1986. En materia de transporte se hacen discriminaciones de las cuales resulta una obligación de resultado a

---

[17] Tribunal de Arbiramento de Leasing Mundial S. A. *vs.* Fiduciaria FES S. A., cit., p. 24.

favor del pasajero, que se torna una obligación de medio si el vehículo está detenido, y antes del ascenso o después del descenso por parte del pasajero[18].

Frente a lo expuesto, la pregunta que surge es por qué no seguir la regla civilista según la cual "la prueba de la diligencia o cuidado incumbe al que ha debido emplearlo; la prueba del caso fortuito al que lo alega". Lo anterior, sin perjuicio que mediante el acto de disposición de intereses (acto constitutivo de la relación fiduciaria) se aumente la responsabilidad del intermediario debido, principalmente, a sus condiciones de profesional especializado y a que su actividad se encuentra vigilada por el Estado. En fin, por el hecho de que el débito profesional incita a la severidad no va a ser raro observar en nuestro país un desarrollo de cláusulas más exigentes de responsabilidad para los entes fiduciarios.

V. ¿BUEN PADRE DE FAMILIA O BUEN HOMBRE DE NEGOCIOS?

Nótese que la culpa leve, *iure condito*, se valora de acuerdo con un comportamiento que en abstracto ha fijado el legislador y que en nuestro ordenamiento civil responde al de "un buen padre de familia": "Culpa leve, descuido leve, descuido ligero, es la falta de aquella diligencia y cuidado que los hombres emplean ordinariamente en sus negocios propios [...] Esta especie de culpa se opone a la diligencia o cuidado ordinario o mediano. El que debe administrar un negocio como un buen padre de familia, es responsable de esta especie de culpa" (art. 63 C. C.). El fiduciario, pues, responderá cuando en el ejercicio de su encargo no obra con la cordura y prudencia de un buen padre de familia. El legislador hace uso de la figura prototípica del *paterfamiliae* de la experiencia jurídica romana y la traslada al derecho moderno como signo, expresión o significado de un obrar prudente acorde con una diligencia ordinaria o mediana[19].

---

18 Cfr. A. ALTERINI y R. LÓPEZ CABANA. *Temas de responsabilidad civil*, Buenos Aires, Universidad de Buenos Aires, 1995, p. 180. Aquí aparecen todas las referencias de la jurisprudencia francesa.

19 "En verdad, la afirmación de la esencialidad de una cualidad particular de un sujeto o de un objeto no ha sido jamás afirmada sobre la base de una demostración lógica [...] En la sociedad

Hoy día nadie desconoce los aumentos de responsabilidad incluso en las actividades normales de la vida producto del desarrollo cultural, industrial y tecnológico del hombre. Igual lógica se predica de la responsabilidad del profesional en donde se reclama su agravamiento. En materia de responsabilidad de los administradores de las sociedades mercantiles, la Ley 222 de 1995 dispuso que éstos "deben obrar de buena fe, con lealtad y con la diligencia de un buen hombre de negocios". De entrada se observa que el legislador cambió de categoría, es decir, el administrador ya no responde como "un buen padre de familia", sino como "un buen hombre de negocios". Por su parte, la legislación argentina dispuso en cuanto a la valoración de la conducta del fiduciario que "deberá cumplir las obligaciones impuestas por la ley o la convención con la prudencia y diligencia de un buen hombre de negocios que actúa sobre la base de la confianza depositada en él" (art. 6.º Ley 24.441). Sin duda, el cambio de parámetro legal implica un agravamiento de responsabilidad tanto para el administrador de un ente societario (en derecho colombiano) como para el fiduciario (en derecho argentino). En efecto, la categoría de "buen hombre de negocios" sujetaría al juez a una presunción de especial aptitud profesional en el administrador o en el fiduciario independientemente que se tenga o no tal aptitud. En otras palabras, la incorporación del tipo abstracto "hombre de

---

del siglo pasado el modelo de hombre medio era el del ahorrador, o sea, del que sabía administrar el propio patrimonio de una forma sabia, incrementándolo, acumulando dinero, etc. Es más, existía una sanción social de desestimación contra quien desperdiciaba los propios bienes en consumos superfluos. Ahora bien, este modelo social reflejaba una base económica determinada, en la que el ahorro y la acumulación de capital asumían un carácter de notoria prevalencia social. Por el contrario, en la actualidad, el modelo social de hombre medio, típico de nuestra cultura, es el del consumista. ¿Qué criterios han de utilizarse para calificar el *status* social de una persona? Fundamentalmente, el tipo de consumo: coche, frigorífico, electrodomésticos, vacaciones veraniegas, crucero, etc.; quien no puede permitirse este nivel de vida es considerado como un pobre hombre. Esta concepción deriva de la base económica, de una estructura económica que impone un determinado tipo de consumo, el incremento de ciertos consumos. El hombre que en épocas pasadas se hubiera comportado así habría sido considerado, sin lugar a dudas, como un anormal o como un derrochador. He aquí, pues, de dónde derivan estos modelos del hombre ahorrador y del hombre consumidor: son resultado de la generalización de ciertas cualidades particulares en un contexto dado y, simultáneamente, consecuencia de un condicionamiento bien preciso: el condicionamiento de la base económica de una determinada formación social, en la que los hombres se encuentran inmersos": Pietro Barcellona. *La formación del jurista*, Madrid, Civitas, 1993, pp. 40 y 41.

negocios" tiene como objetivo elevar los requerimientos legales de diligencia en el obrar exigibles al administrador o al fiduciario, pero incluso se afirma que, tratándose de este último, el criterio es más estricto al estar también de por medio la confianza depositada en él.

Para limitarnos al tema del fiduciario se sostiene que el criterio adoptado en Argentina presenta un grado mayor de rigurosidad que el que ha sido aplicado, entre otras, por la legislación mexicana, la cual, en el artículo 356 de la Ley General de Títulos y Operaciones, dispone que la "institución fiduciaria [...] estará obligada a cumplir dicho fideicomiso conforme al acto constitutivo [...] y deberá obrar siempre como buen padre de familia, siendo responsable de las pérdidas o menoscabos que los bienes sufran por su culpa". BATIZA dice, con relación a este precepto, que aun cuando se inspiró en los artículos 25, 29 y 30 del Proyecto Alfaro, no se puede descartar la influencia de LÉPAULLE cuando afirmaba: "Sin embargo, es menester pensar que no está obligado (el *trustee*), en todo caso, a alcanzar el fin que se le ha señalado; debe tan solo obrar como lo haría un buen padre de familia en igualdad de circunstancias; si a pesar de ello fracasa, no es responsable"[20].

A la luz de la legislación argentina y luego de destacar que los dos criterios de valoración del accionar del fiduciario bajo el estándar jurídico del "buen hombre de negocios" son la especial aptitud profesional y la confianza en él depositada, concluye JORGE FUNES:

> Tal agravamiento de la responsabilidad del fiduciario va de la mano con la concepción que entiende que cuanto mayores sean las facultades para obrar concedidas a una persona, mayor deberá ser la prudencia y diligencia que se le exija, de forma tal de lograr una suerte de equilibrio entre el alto grado de confianza que implica, por parte del fiduciante, la transferencia de la propiedad fiduciaria de los bienes objeto del fideicomiso, y la mayor diligencia que se requiere en el obrar del fiduciario[21].

La anterior presentación, esto es, el cambio de valoración en el obrar de los administradores de sociedades mercantiles y en el obrar de los fiduciarios en

---

20 Cfr. FUNES. *El fiduciario en la Ley 24.441*, cit., pp. 43 y 44.
21 Ibíd., p. 45.

un país con afinidades jurídicas con Colombia, nos insta a pensar que el tema de la responsabilidad del fiduciario tal como está regulado positivamente clama y reclama un replanteamiento que no necesariamente tiene que expresarse en la ley, sino de manera previa en sedes doctrinal y judicial. Una interpretación histórica, sobre todo si se parte de la base de la particular relación de confianza que se gesta con el negocio fiduciario, nos lleva a pensar que el aumento de responsabilidad al fiduciario es una necesidad acorde con la finalidad práctica, jurídica y social que se busca con este tipo de negocios. Ello está comenzando a desarrollarse en nuestro medio. Por ejemplo, en un pronunciamiento la Superintendencia de Sociedades se aparta de recurrir al modelo de conducta del buen padre de familia para exigirle al fiduciario un comportamiento acorde a un buen hombre de negocios:

> Es innegable que la primera y más importante de las obligaciones de carácter general a cargo de las sociedades fiduciarias es poner de su parte toda la habilidad, prudencia, esfuerzo y honorabilidad exigibles a un buen hombre de negocios, teniendo presente que el ejercicio y extensión de los derechos derivados de la propiedad fiduciaria están limitados tanto por las leyes que les prohíben hacerse dueñas de las cosas fideicomitidas, como por los derechos de los beneficiarios sobre los bienes que integran el fideicomiso y por la destinación o finalidad que el constituyente le impuso sobre el patrimonio fiduciario[22].

Ahora bien, el artículo 1234 C. Co. establece, como se ha señalado, las obligaciones, o mejor, los deberes indelegables del fiduciario, los cuales se suelen reproducir para ser parte del contenido en la mayoría de los contratos fiduciarios; empero, además de ellos, y en razón del fenómeno de la integración del contrato, también hacen parte de su contenido el deber de información, el deber de asesoría y el deber de lealtad. Como se sabe, las fuentes de integración del contrato en nuestro ordenamiento jurídico se desprenden de los artículos 1603 C. C. y 871 C. Co., las cuales comprenden las leyes imperativas (*ius cogens*) y dispositivas, la buena fe, la costumbre y la equidad natural. Respecto de la buena fe, y en su condición de principio jurídico, se debe decir que ella cumple una función integradora del contrato en la medida en que es la causa

---

22 Superintendencia de Sociedades. Auto 410-4202 del 4 de julio de 1997, p. 35.

de especiales deberes de conducta (información, asesoría, lealtad), exigibles en cada caso, de acuerdo con la naturaleza de la relación jurídica y con la finalidad perseguida por las partes. La buena fe, por consiguiente, sirve en su función integradora para definir el contenido de la obligación y la determinación de la prestación debida. La buena fe le impone al deudor la obligación de suministrar al acreedor la colaboración necesaria para la satisfacción de su interés, al tiempo que la lealtad y corrección imponen el deber de respetar y salvaguardar el interés o utilidad de la contraparte y, en consecuencia, la obligación de abstenerse de incurrir en comportamientos que ocasionen a la otra parte un daño[23].

VI. ¿RESPONSABILIDAD CON BIENES PROPIOS O CON BIENES FIDEICOMITIDOS?

Se recuerda que los bienes fideicomitidos constituyen un patrimonio autónomo o separado del patrimonio del fiduciario y del fiduciante. En consecuencia, la regla general es que las obligaciones contraídas por el fiduciario en el desempeño de su cargo sólo pueden hacerse efectivas en el patrimonio del fideicomiso, sin que de ellas sea responsable el fiduciario con su propio patrimonio ni mucho menos el fideicomitente ni el beneficiario. Sin embargo, si hay, por ejemplo, una inejecución injustificada del contrato o de contratos celebrados con terceros, o el fiduciario se ha excedido en sus facultades o ha actuado en contravía a los fines del patrimonio autónomo o, en fin, ha obrado de manera ilícita, el fiduciario responderá con los bienes propios en unos casos frente al fideicomitente y el beneficiario y en otros frente a terceros. Es decir que la regla general responde al principio según el cual "los bienes ob-

---

23 Cfr. JORGE PINZÓN SÁNCHEZ. "La fiducia y el papel del supervisor bancario: el caso colombiano", ponencia en el XIII Congreso Latinoamericano de Fideicomiso, Cartagena de Indias, 18 de septiembre de 2003. Aquí en p. 27 se lee: "Por otra parte, son numerosos los pronunciamientos arbitrales en los cuales de manera uniforme se ha establecido que a partir de los deberes propios de los contratos que se celebran con profesionales, especialmente del de lealtad, las obligaciones que se derivan para el fiduciario no se limitan a lo que expresamente se señala en los contratos fiduciarios, sino a todas aquellas obligaciones que emanan de la misma naturaleza del contrato, tal y como lo dispone la ley vigente al atribuirle a la buena fe un contenido obligatorio".

jeto de la fiducia solo garantizan las obligaciones contraídas en el cumplimiento de la finalidad perseguida", pero si el fiduciario obra ilícitamente puede comprometer sus propios bienes frente al fideicomitente, al beneficiario o terceros, según el caso.

Si la responsabilidad es frente a terceros, supongamos por inejecución injustificada de un contrato, quedan comprometidos los bienes que constituyen el patrimonio autónomo, y si éstos no son suficientes, incluso los propios del fiduciario en razón de su obrar ilícito. Respecto de los primeros, de todas maneras los beneficiarios del patrimonio autónomo conservan sus respectivas acciones de responsabilidad contra el fiduciario por la disminución del patrimonio como consecuencia de un obrar contrario al patrón de conducta establecido legal y contractualmente. Aquí se debe aclarar que ni por las deudas del fideicomitente ni por las del patrimonio autónomo se forma una solidaridad entre el primero y el fiduciario. Por lo tanto, la deuda del fideicomitente para con un tercero no da derecho a éste a demandar al fiduciario como titular de un patrimonio autónomo bajo el argumento de obligación solidaria por cuanto ello no se da[24]. Cada obligación conserva su carácter de independiente.

VII. ¿ACCIÓN REAL O PERSONAL?

El fiduciante podrá "ejercer la acción de responsabilidad contra el fiduciario" (art. 1236.5 C. Co.) y el beneficiario "exigir al fiduciario el fiel cumplimiento de sus obligaciones y hacer efectiva la responsabilidad por el incumplimiento de ellas" (art. 1255.1 ibíd.). La acción que tienen es personal y no real. En consecuencia si, *exemplum gratia*, el fiduciario enajena el bien que conforma el patrimonio autónomo y de esta manera se contrarían las instrucciones establecidas en el acto constitutivo del negocio, el fideicomitente y el beneficiario tienen una acción personal para reclamarle al fiduciario los perjuicios ocasionados por el incumplimiento, mas no una acción real contra el comprador para reclamar la restitución del bien[25]. Pese a la transferencia con una finalidad específica que

---

24 Cfr. Corte Suprema de Justicia, Sala de Casación Civil. Sentencia del 31 de mayo de 2006, M. P.: Pedro Octavio Munar Cadena.

25 "Es pacífico en la doctrina colombiana y latinoamericana, y surge claramente de las normas que consagran derechos derivados de la fiducia mercantil, que los fideicomitentes o los bene-

realiza el fideicomitente al fiduciario mediante el contrato de fiducia, éste no otorga ningún derecho real o acción real sobre los bienes que conforman el patrimonio autónomo ni al fideicomitente ni al beneficiario; por lo tanto, no gozan del atributo de persecución propio de los derechos reales. Conservan eso sí una acción personal frente a la conducta desplegada por el fiduciario. No se debe olvidar que el pacto fiduciario tiene una eficacia meramente obligatoria, y no una eficacia real: vincula a las partes entre sí, pero no es oponible a terceros. En otros términos, como el fideicomitente (o el beneficiario, según el caso) no tiene ningún derecho real sobre los bienes, en el evento en que el fiduciario les dé una destinación diferente a las señaladas en el contrato, sólo conserva una acción de carácter personal contra la fiduciaria[26]. Esta posición también ha sido sostenida por la *Cassazione* italiana: "la inobservancia del *pactum fiduciae* no afecta a la validez del contrato mediante el cual el fiduciario haya transferido el bien a un tercero; con independencia de la buena o mala fe de este último, queda a salvo el derecho del fiduciante de ser resarcido por el daño que se le

---

ficiarios no tienen acciones reales sobre los bienes que se transfieren a título de fiducia, y ello explica que no puedan perseguirlos o reivindicarlos de la fiduciaria ni aun de terceros que los hayan adquirido de ella, ni siquiera cuando la disposición que ella haya hecho de los bienes no concuerde con la finalidad del contrato. Dichos actores del contrato de fiducia tendrán única y exclusivamente acciones personales para demandar de la fiduciaria el pago de los perjuicios derivados del incumplimiento del contrato": C. MANRIQUE. *La fiducia en garantía*, cit., p. 85.

[26] Diferente es la solución a la luz de la experiencia jurídica norteamericana. Aquí el código fiduciario, llamado *restatement of the law of the trust*, consagra tres tipos de acciones reales que puede ejercer el beneficiario en orden a perseguir los bienes que han sido sustraídos ilegalmente del *trust* por la acción ilícita del *trustee*: "La primera acción real puede ser dirigida por el beneficiario contra el tercero que de mala fe adquirió el bien o bienes que conforman el *trust*, de los cuales dispuso ilegalmente el *trustee*, encaminada a obtener su restitución al fondo o *trust* [...] Esta acción está limitada por el carácter de mala fe que debe ostentar el tercero adquirente. La segunda acción real está prevista en el *restatement* para el caso en el cual el *trustee* ha dispuesto ilegalmente de un bien perteneciente al *trust*, obteniendo con el producto de su enajenación un bien para sí mismo [...] La tercera acción, prevista allí mismo, se denomina *tracing* y equivale a la consagración de un derecho de persecución sobre el bien o dinero que reemplazaron al bien o dinero del cual dispuso ilegalmente el *trustee*. Corresponde entonces al beneficiario, una labor de rastreo de los bienes del *trustee* y si en tal empeño logra identificar los bienes sustitutos podrá reclamarlos para el fondo o *trust*" (CARLOS ALBERTO VELÁSQUEZ RESTREPO. "El negocio fiduciario comercial en Colombia", en *Evolución del derecho comercial*, Medellín, Biblioteca Jurídica Diké, 1997, pp. 185 a 187).

haya producido por el incumplimiento de tal pacto"[27]. Se recuerda aquí que el fiduciario es un propietario pero con una legitimación interna restringida (*causa fiduciae*) por la razón elemental de que no puede disponer en su propio provecho el patrimonio del fideicomiso o darle una destinación diferente a la ordenada en el acto constitutivo, sino que, por el contrario, está obligado a usar y disponer de él para el fin a que está determinado, lo cual lo diferencia del propietario común o pleno quien puede usar y disponer para sí los bienes que le pertenecen.

Una aparente excepción a lo afirmado se podría esgrimir con base en la siguiente hipótesis normativa: "El beneficiario tendrá además de los derechos que le conceden el acto constitutivo y la ley, los siguientes: [...] Impugnar los actos anulables por el fiduciario, dentro de los cinco años contados desde el día en que el beneficiario hubiera tenido noticia del acto que da origen a la acción, y exigir la devolución de los bienes dados en fideicomiso a quien corresponda" (art. 1235.2 C. Co.). La norma transcrita no ha tenido desarrollo jurisprudencial, pero se ha interpretado por algunos en el sentido de que el beneficiario (o el fideicomitente cuando es beneficiario) podría impugnar los actos de disposición del fiduciario celebrados en contravía con lo señalado en las instrucciones contenidas en el acto constitutivo, por una supuesta ausencia de capacidad del mismo, en orden a reconstruir el patrimonio autónomo. Es decir que en virtud de la incapacidad relativa del fiduciario, se generaría la anulabilidad de los actos de disposición y la posibilidad de reconstruir el patrimonio por cuanto la nulidad judicialmente pronunciada da acción reivindicatoria contra terceros poseedores. La norma y la susodicha interpretación merecen dos comentarios: el primero, que en la regulación de la fiducia no se hace mención a la incapacidad relativa del fiduciario, y el segundo, que si hay un acto de disposición que viola las instrucciones fiduciarias no se genera una incapacidad relativa sino un incumplimiento del contrato de fiducia, lo cual faculta al beneficiario para reclamar la indemnización correspondiente mediante el ejercicio de una acción personal, y no una acción que le permita recuperar los bienes enajenados por el fiduciario para reintegrar el patrimonio autónomo. Adherimos a la interpretación del profesor VELÁSQUEZ RESTREPO

---

[27] Casación del 29 de noviembre de 1985, n.º 5.058, en *Mass. Foro italiano*, 1985.

al afirmar que el artículo "se refiere a otra clase de nulidades, provenientes de norma expresa y en ningún caso, en nuestra opinión, a la proveniente de la enajenación de los bienes dados en fiducia, por el fiduciario, porque tal actuación, insisto, no genera nulidad relativa, sólo las sanciones provenientes del incumplimiento de un contrato"[28].

En síntesis, el fiduciario puede transmitir a terceros la titularidad de derechos reales sobre los bienes fideicomitidos, aun con violación del *pactum fiduciae*, siendo tales actos válidos y eficaces. La responsabilidad por abuso, exceso de facultades o desconocimiento de las mismas sólo se traduce en el resarcimiento de los perjuicios sobrevinientes al fiduciante o al beneficiario, sin que éstos puedan reivindicar los bienes ilegítimamente enajenados.

VIII. REMOCIÓN POR INCUMPLIMIENTO

Así mismo y ante el incumplimiento de las obligaciones del fiduciario, tanto el fideicomitente como el beneficiario pueden solicitar su remoción: al fiduciante le corresponde el derecho de "pedir la remoción del fiduciario y nombrar el sustituto, cuando a ello haya lugar" (art. 1236.2 C. Co.), y el beneficiario tiene entre sus derechos el de "Pedir al Superintendente Bancario por causa justificada, la remoción del fiduciario y, como medida preventiva, el nombramiento de un administrador interino" (art. 1235.4 C. Co.). Más adelante se dispone que "a solicitud de parte interesada, el fiduciario podrá ser removido de su cargo por el juez competente cuando [...] 3.ª se le comprueba dolo o grave negligencia o descuido en sus funciones como fiduciario, o en cualquiera otros negocios propios o ajenos, de tal modo que se dude fundadamente del buen resultado de la gestión encomedada" (art. 1239.2 C. Co.). Obsérvese que la solicitud de remoción opera tanto ante la autoridad administrativa como ante la autoridad judicial, pese a que la Superintendencia sostiene que la remoción del gestor fiduciario no es función legal que corresponda a ese organismo, "toda vez que de conformidad con lo previsto por el artículo 1239 del Código de Comercio, esa competencia está radicada en cabeza del juez civil del circuito del domicilio del fiduciario"[29].

---

28 Ibíd., p. 186.
29 Superintendencia Bancaria. Concepto 97011542-3, cit.

CAPÍTULO QUINTO
*Temas especiales de la
responsabilidad civil del fiduciario*

I. EL DEBER PRECONTRACTUAL DE INFORMACIÓN

El deber precontractual de información ha despuntado trascendental en el día de hoy no sólo por la forma como la información general e impersonalizada es transmitida, con la ayuda de las nuevas tecnologías de la información (*software*, bases de datos, comunicación satelital, televisión abierta o cerrada, la red de redes), sino también por la incidencia que ella tiene en la expresión del consentimiento para el perfeccionamiento de múltiples negocios jurídicos de contenido discutido o unilateralmente predispuesto. Esta nueva realidad nos pone ante la exigencia de valorar si los remedios tradicionales que se tienen frente al deber de información, esto es, la teoría de los vicios redhibitorios y la institución de los vicios del consentimiento son instrumentos suficientes de control o solución cuando se viola el mencionado deber, o si, por el contrario, surge la necesidad de crear, adaptar o expandir nuevas figuras con el fin de proteger a la parte que ha visto afectado su consentimiento por las falencias o carencias de la información que se le ha suministrado previamente a la formación del contrato.

Los vicios del consentimiento encuentran dentro de la teoría general del contrato su razón de ser para reprimir conductas antijurídicas relacionadas con la expresión del consentimiento en la instancia de la celebración o perfeccionamiento del contrato. "[L]os hechos generadores del dolo van desde el embuste, las afirmaciones mendaces, la reticencia y aun el simple silencio, hasta las maquinaciones fraudulentas, según los casos, de acuerdo con las circunstancias y con la vida corriente y normal"[1], dijo nuestra Corte Suprema del año 1935. El dolo vicia el consentimiento cuando es obra de una de las partes, y "cuando aparece claramente que sin él no hubiera contratado. En los demás casos el dolo da lugar solamente a la acción de perjuicios contra la persona o personas que lo han fraguado, o que se han aprovechado de él; contra las primeras por el total valor de los perjuicios, y contra las segundas hasta concurrencia del provecho que han reportado del dolo" (art. 1515 C. C.).

Además, el monto del perjuicio cuando ha habido incumplimiento del contrato acompañado de dolo, deberá ser superior al *quantum* que se debería pagar

---

[1] Casación del 23 de noviembre de 1936, XLIV, 483.

cuando hay un incumplimiento sin dolo: "Si no se puede imputar dolo al deudor, solo es responsable de los perjuicios que se previeron o pudieron preverse al tiempo del contrato; pero si hay dolo, es responsable de todos los perjuicios que fueron consecuencia inmediata o directa de no haberse cumplido la obligación o de haberse demorado su cumplimiento" (art. 1616 C. C.).

Informar es enterar, dar noticia de una cosa o de circunstancias, instruir, prevenir. Consiste en exponer situaciones de hecho de carácter objetivo e incluso de derecho que se conocen o se deben conocer. El contenido del deber se acota a lo que sea relevante y suficiente con miras a la toma de una decisión. La importancia de la cuestión radica para cuando la falta de información determinó el consentimiento, entendiéndose ello en el sentido que lo que no ha sido revelado ejerció una influencia tal sobre el cocontratante que, de haber conocido la información que no le fue comunicada (reticencia) o que le fue falseada, no hubiera concluido el contrato, o lo habría hecho bajo otras condiciones, más favorables.

> El consentimiento raras veces se forma en el acto. Más bien suele ser la culminación de una serie de situaciones previas: conversaciones, tanteos, exploraciones, negociaciones preliminares; en definitiva, el término o resultado de un *iter* lento y a menudo costoso. Como es sabido, los más importantes contratos en materia civil y mercantil, los negocios más complejos que implican gravosos vínculos contractuales, tienen a menudo prolongados y laboriosos períodos preparatorios en los que se discute, proyecta y busca un entendimiento común […] El *iter* preparatorio se intensifica o marca una dirección más profunda a medida que nos aproximamos a la existencia del conocimiento[2].

O como enseña Emilio Betti:

> Las partes que todavía no son deudor y acreedor, pero que están en el camino de serlo, se deben recíproco respeto a sus respectivos intereses. La actividad que se exige aquí podría calificarse de lealtad de las cosas, desengañándola de eventuales errores, hábito de hablar claro, que exige poner de manifiesto y con claridad a la otra parte la situación real reconocible y, sobre todo, abstenerse de

---

[2] Pedro Antonio Pérez García. *La información en la contratación privada*, Madrid, Instituto Nacional de Consumo, 1990, p. 190.

toda forma de reticencia fraudulenta y de toda forma de dolo pasivo que pueda inducir a una falsa determinación de la voluntad de la otra parte[3].

Ahora bien, el deber de informar e informarse previo a la celebración del contrato puede ser entendido como expresión del principio de la buena fe precontractual que deben observar las partes en sus tratos preliminares o, mejor, antes de que la relación contractual contemplada haya llegado a desplegar eficacia:

> [L]a buena fe que debe actuar durante los tratos preliminares, es decir, en la fase de formación del contrato, en cuanto que con la iniciación de éste se establece entre una y otra parte –aunque no hayan llegado todavía a ser deudor y acreedor– un particular contacto social, una relación de hecho basada en la recíproca confianza. En tal relación de hecho entran en juego las reglas de corrección y entra en vigor, no sólo el deber de lealtad en el negociar, sino, también, obligaciones específicas que pueden ser de información, o de aclaración, en razón a la posibilidad de que la esfera de intereses de la otra parte resulte perjudicada como consecuencia de la omisión de las informaciones y aclaraciones debidas[4].

El deber de informar, en la edad de la información, ha adquirido mayor entidad y envergadura. De un deber social, ha pasado a estructurarse como un deber jurídico. En el contrato de compraventa, por ejemplo, tradicionalmente la información exigida al vendedor se refería a aquella vinculada a los vicios ocultos de la cosa[5]. En la actualidad, el deber de información es más extenso e intenso y abarcaría, en principio, toda la información privada en poder del vendedor que pudiese afectar la decisión del comprador. En general, podríamos afirmar que se debe informar todo aquello que contribuya a fortalecer el consentimiento. De ahí que se sostenga que la información debe ser exacta, suficiente y completa. Todo aquello que, se repite, contribuya a fortalecer el consentimiento del cocontratante, debe ser informado.

---

3 EMILIO BETTI. *Teoría general de las obligaciones*, t. I, JOSÉ LUIS DE LOS MOZOS (trad.), pp. 88 y 89, citado por PÉREZ GARCÍA. Ob. cit., p. 191.
4 ID. *Teoría general de las obligaciones*, t. I, JOSÉ LUIS DE LOS MOZOS (trad.), Madrid, Revista de Derecho Privado, 1969, p. 110.
5 Cfr. los artículos 1918 C. C. y 934 C. Co.

La intensidad y calibre de la información como deber precontractual dependerá de la clase de negocio o contrato. Mejor, la satisfacción de dicho deber dependerá de si el acto de disposición de intereses ha sido negociado o si se trata de contratos con cláusulas predispuestas o de negocios que disciplinan relaciones de consumo. Lo cierto es que habrá contratos en donde informar de manera clara, exacta y suficiente es un deber esencial del deudor de la obligación, y habrá contratos en donde si bien no es un deber primario, la obligación resulta ser específica o derivada del deber general de comportarse de buena fe en la etapa de formación del contrato, es decir que las partes contratantes se deben comportar según la buena fe y procurar que no queden fallidas las recíprocas expectativas. La buena fe es, esencialmente, una actitud de cooperación que vincula al deudor a poner lo mejor de sí, las mejores energías al servicio de los intereses ajenos. Se le debe a Emilio Betti la particular insistencia en conceptualizar la buena fe como "empeño de cooperación", "espíritu de lealtad", "actividad de cooperación", "respeto recíproco entre los contrayentes".

La distinción anterior es relevante en la medida en que el acreedor de la información ha de asumir una actitud no meramente pasiva. Aquí conviene recordar las cargas de diligencia y cuidado que las partes deben observar en la etapa del perfeccionamiento del contrato, y que el profano no se halla sustraído de su deber de informarse, lo que implica que su debilidad no le atribuye un derecho a la pasividad. Sin embargo, vale mencionar, para efectos del deber de información, el distingo que Le Tourneau hace entre el profesional y el profano: "Maestro de su técnica, él [profesional] conoce los riesgos y peligros, mientras que el adquirente, pobre y profano, no ve sino la apariencia de las cosas"[6].

De todas formas no está de más insistir en que el deber precontractual de información se deriva del principio de la buena fe y de la lealtad comercial y que en los tratos preliminares existe un particular contacto social, o mejor, una relación de hecho basada en la recíproca confianza.

En los negocios jurídicos que disciplinan relaciones de consumo, el derecho de recibir información oportuna, clara, precisa e idónea es un derecho que

---

[6] Ph. Le Tourneau. "De l'allégement de l'obligation de renseignements ou de conseil", *Chronique* XIX, Dalloz Sirey, 1987, p. 101.

tienen los consumidores. Este derecho a recibir información había sido pretermitido por el legislador patrio. El constituyente de la Constitución Política de 1991, consciente de la omisión, señaló: "La ley regulará el control de calidad de bienes y servicios ofrecidos y prestados a la comunidad, así como la información que debe suministrarse al público en su comercialización" (art. 78).

En punto del contrato del consumidor y por el cacareo recurrente a esa figura negocial, es menester señalar que hoy se hace la distinción entre contratos entre iguales y contratos con asimetría de poder contractual debido a la existencia de tipos contractuales que no están necesariamente vinculados o ligados a una precisa cualidad socio-económica de las partes; es decir que no siempre se está en presencia de contratos entre consumidores y profesionales, y por ello resulta más pertinente recurrir al nuevo paradigma contractual conocido con el nombre de "contrato con asimetría de poder contractual entre las partes".

Este nuevo paradigma negocial parte de la base de que existe asimetría de poder contractual no solo en aquellas relaciones jurídicas entre consumidores y profesionales, sino también en las relaciones entre agentes y proponentes, bancos y clientes, intermediarios financieros e inversionistas, arrendadores y arrendatarios, es decir, en relaciones en donde una parte goza de un poder contractual superior frente a otra, y precisamente en razón de esa asimetría el legislador introduce criterios de interpretación favorables a la parte que tiene un menor poder contractual. De esta manera, de contratos entre consumidores se pasa a la nueva modalidad en donde no se toman en la cuenta consideraciones económicas o sociales de los celebrantes[7].

Ese tránsito del contrato del consumidor al contrato con asimetría de poder contractual se observa también en los Principios de Unidroit en donde

---

7 VINCENZO ROPPO. *Il contratto del duemila*, Torino, Giappichelli, 2002, p. 56: "[L]os principios de la Comisión Lando no se aplican a los solos contratos entre consumidores y profesionales, por el contrario tienen una razón de incidencia más general que los lleva a cubrir todos los contratos, a prescindir del estatus socio-económico de las partes. Por lo tanto no es ese estatus lo relevante para la aplicación de las normas sobre 'desequilibrio significativo', sino la circunstancia que entre las partes exista una asimetría de poder contractual, puesta en evidencia por la ausencia de tratativas sobre la cláusula que una parte tiene la fuerza de imponer unilateralmente a la otra. Bajo este perfil, los Principios Europeos confirman la transición del contrato del consumidor a la figura más general del contrato con asimetría del poder contractual".

las previsiones legales respectivas se refieren a contratos entre operadores económicos profesionales. El punto pues que se quiere destacar es que la categoría contrato del consumidor ha perdido importancia y centralidad.

Pero precisamente en razón de esa asimetría de poder y de esa asimetría en la información es que el deber de información ha despuntado trascendental en aquellos contratos en donde el desequilibrio de poder contractual es evidente. Se insiste, se debe informar todo aquello que contribuya a fortalecer el consentimiento, y más acendrado será el deber cuando exista una parte débil en la relación jurídica. Una información adecuada y suficiente de parte del oferente de un producto o servicio viene, en cierta medida, a equilibrar la asimetría de información que existe, por ejemplo, entre un productor de un artículo tecnológicamente complejo y sus potenciales compradores o usuarios.

El deber precontractual de información, en medio de un tráfico jurídico de relaciones masivas, anónimas, estandarizadas y de un alto grado de especialidad de los productos y los servicios que se ofrecen, se impone como una obligación primaria y especial en todos aquellos contratos en donde existe asimetría de poder contractual: ventas a distancia, *time share*, fiducia, seguros, suscripción de acciones, contratos financieros, contratos de prestación de servicios médicos, enajenación o licencia de bienes inmateriales y, en fin, contratos con condiciones generales. También, para nadie es un secreto que existen grandes asimetrías en la información de intangibles. Conviene señalar, de todas maneras, que la extensión del contenido del deber de información no es definible en términos abstractos, en cuanto debe ser en concreto graduada con base en las condiciones personales y profesionales de las partes y según la naturaleza y el objeto del contrato.

La información incide en la formación del contrato, en su contenido y en su interpretación. Empero, lo que se quiere destacar es que ese deber de información ha terminado afectando criterios tradicionales de la teoría general del contrato. Veamos algunos ejemplos:

1. La formación del contrato depende del concurso entre una oferta y su aceptación. Para que una oferta tenga eficacia vinculante debe estar dirigida a una persona determinada y contener los elementos esenciales del negocio. Es decir que a la luz de la teoría tradicional, una propuesta dirigida al público de modo indeterminado, no es considerada oferta[8]. La tendencia moderna es la de establecer que dichas propuestas estén dotadas de eficacia contractual. Cosa

similar acontece con la publicidad, en el sentido de que a la luz de la teoría tradicional de la oferta es considerada una mera invitación a ofrecer (*invitatio ad offerendum*), pero no es considerada oferta en sentido estricto. Pues bien, a raíz de la importancia que ha tomado el deber de información en la actualidad, la tendencia es que ese dilema entre oferta de contrato y la invitación a ofrecer se desvanezca, todo con el fin de dotar de eficacia contractual tanto a la oferta de contrato al público como a la publicidad informativa. Aquí también debe señalarse que con base en posturas modernas la exposición de mercancías en escaparates vale como oferta, esto es, como propuesta de contrato, si va con indicación de precios. Finalmente, si la publicidad se traduce como oferta contractual, puede ser encuadrada como tal en la teoría del negocio jurídico.

2. Las soluciones que da la ley y las más de las veces la doctrina cuando se viola el deber precontractual de información se pueden sistematizar así: a. Nulidad del acto de disposición de intereses; b. Facultad de resolver el contrato, y c. Se afecta la duración del plazo de ejercicio del derecho de desistimiento que se concede al consumidor. Empero, se ha estimado que argüir la anulabilidad de un contrato con base en la teoría de los vicios del consentimiento puede no resultar el medio más expedito en razón de que la prueba de un vicio del consentimiento resulta la mayoría de las veces ardua y exigente. Por tal razón, se ha sugerido que se le permita al consumidor instar la ineficacia del contrato simplemente por falta de la información suficiente. Es decir que esta falta de información suficiente podría consagrarse como una causal autónoma e independiente respecto de los tradicionales vicios del consentimiento: error, fuerza y dolo.

3. Además de establecerse una nueva causal para la anulabilidad del negocio basada en la insuficiencia de la información, también se ha esgrimido la tesis según la cual el consumidor, o mejor, la parte débil de la relación jurídica, puede exigir el cumplimiento de acuerdo con las expectativas que hayan

---

8   El artículo 847 C. Co. dispone: "Las ofertas de mercancías, con indicación del precio, dirigidas a personas no determinadas, en circulares, prospectos o cualquiera otra especie similar de propaganda escrita, no serán obligatorias para el que las haga. Dirigidas a personas determinadas y acompañadas de una nota que no tenga las características de una circular, serán obligatorias si en ella no se hace salvedad alguna".

podido generarse, sin perjuicio de su derecho a ser indemnizado por los perjuicios sufridos. No se puede pasar por alto que el resarcimiento del daño constituye la tutela fundamental y normalmente sugerida, aunque no constituya el remedio exclusivo que puede ejercitarse.

4. El régimen de tratamiento del dolo parece también haber mutado. Otrora el *dolus bonus* no merecía juicio de reproche y se toleraban con simpatía y como expresión de viveza las evasivas, las reticencias y los silencios de quien mostraba un bien que quería vender; hoy, sobre todo en los contratos con asimetría de poder contractual, se impone el deber de información de manera clara y precisa. Se puede decir, con HINESTROSA, que la figura del *dolus bonus*

> ... pasó a la historia, para dar paso a un deber estricto de buena fe, lealtad y probidad, que comienza por manifestarse en la exigencia de sometimiento del producto en sí y de su promoción a los términos de la licencia y el registro, publicidad en oportunidades sujeta a revisión de autoridad administrativa [...] Del profesional, productor o expendedor se espera que en las inmediaciones del contrato aconseje y advierta al consumidor, de suerte que un comportamiento contrario podría ser muestra de dolo, ora para la anulación del contrato, ora, más apropiadamente, para una indemnización de perjuicios[9].

5. En la actualidad, la publicidad es considerada un vehículo de información precontractual. En efecto, un fabricante, proveedor o expendedor ejecuta el deber de información a través de instrumentos escritos que se proponen al consumidor, con publicidad gráfica, por medios masivos y por las vías de la información oral. Esas precisiones del oferente realizadas con la ayuda de las nuevas tecnologías de la información, son vinculantes para el empresario, en esencia, por el grado de confianza que generan. Pues bien, y en razón de la fuerza vinculante de la publicidad, en caso de discrepancia entre la publicidad y el contrato puede surgir el fenómeno de la responsabilidad civil por incumplimiento contractual. Así mismo, en el evento en que la publicidad sea engañosa, se puede generar un vicio del consentimiento con la consiguiente

---

9 FERNANDO HINESTROSA. "Responsabilidad por productos defectuosos", en AA. VV. *Derecho económico. Colección Enrique Low Murtra*, t. IV, Bogotá, Universidad Externado de Colombia, 2003, p. 338.

invalidez del negocio basada en el error e, incluso, un reclamo de reparación del perjuicio en razón de la invalidez referida, de conformidad con la hipótesis de responsabilidad *in contrahendo* prevista por IHERING ya hace más de un siglo[10]. En efecto, frente a esta última posibilidad se tiene establecido[11] que la parte que conociendo o debiendo conocer la existencia de una causa de invalidez del contrato, no le informa de ello a la otra parte, debe resarcirla del daño sufrido precisamente por haber confiado esta última, sin su culpa, en la validez del contrato. O también, la parte que suministró información mendaz

---

10 Como supuestos de responsabilidad pre-contractual la doctrina menciona: 1. La reticencia sobre causas de ineficacia del negocio; 2. La ruptura intempestiva de las negociaciones, y 3. La responsabilidad por falsa información o publicidad al consumidor.

11 Se discute apasionadamente en la doctrina de si la *culpa in contrahendo* es de naturaleza contractual o extracontractual. Sin ánimo exhaustivo, vale la pena poner de presente frente a la discusión dos posiciones. El profesor MERUZZI, al conjugar los artículos 1218 y 1338 del *codice civile* italiano de 1942, concluye que la *culpa in contrahendo* es de naturaleza contractual: "A favor de la naturaleza contractual militan en primer lugar una serie de argumentos tradicionales adoptados por los sostenedores de tal tesis, es decir: que la buena fe en las tratativas o en la formación del contrato implica una restricción de los tratantes que va más allá de las genéricas obligaciones de abstención que caracterizan el instituto del hecho ilícito; que tales deberes de cooperación positiva obligan solo a las partes tratantes, diferenciándose del deber general de abstenerse de realizar comportamientos dañosos; que colocar el deber de buena fe en regímenes de responsabilidad diferenciada según el diverso momento en que su violación se despliega, sería del todo irracional; además y sobre todo, que la *culpa in contrahendo* está dirigida a sancionar el incumplimiento no del contrato, sino de la obligación (art. 1218 c. c.) y que por el mismo hecho de haberse iniciado las tratativas nace en cabeza de los tratantes la obligación de comportarse de acuerdo con la buena fe": GIOVANNI MERUZZI. *La trattativa maliziosa*, Padova, Cedam, 2002, pp. 322 y 323. Otros sostienen que las falsas informaciones que inducen al destinatario de ellas a cumplir un acto de disposición de su propio patrimonio, es un ilícito aquiliano: "La falsa información y la reticencia despliegan un rol importante en la fase de las tratativas contractuales; de allí que los artículos 1337 y 1338 del Código Civil (en particular este último) prevén a cargo de los futuros contratantes la responsabilidad precontractual por violaciones al deber de información a la luz de la observancia de los principios de buena fe y de lealtad [...] en otros ordenamientos, el concepto de falsa declaración y el similar de reticencia (o sea, el silencio sobre circunstancias cuyo conocimiento interesa al otro sujeto con el cual se vincula), configuran, cuando están acompañados de la inducción al error, casos concretos de hechos ilícitos. Sobre la base de tales datos, también en Italia comienza a delinearse, merced a la obra de la jurisprudencia, esta nueva figura de ilícito, que puede definirse como expresión de una línea de expansión de la figura tradicional del dolo-estafa civil": GIOVANNA VISINTINI. *Tratado de la responsabilidad civil*, AIDA KEMELMAJER DE CARLUCCI (trad.), t. I, Buenos Aires, Astrea, 1999, pp. 367 y 368.

deberá resarcir el daño al interés negativo de la parte que incurrió en gastos, o se privó de otros negocios, por esperar confiadamente la formación del contrato al que la falsa información la había alentado[12].

La información, pues, tiene por fin contribuir a formar un consentimiento contractual más claro y reflexivo, o lo que es lo mismo, a evitar que el consentimiento pueda resultar afectado o viciado. Ahora bien, se podría pensar que la violación del deber precontractual de información supone una ampliación de la teoría general de los vicios del consentimiento, un nuevo juicio de reproche cuando éste es prestado como consecuencia de información defectuosa. Surgiría una nueva obligación de información completa y veraz que incide en la sinergia que debe existir entre la oferta y la aceptación. Ese deber de información debería, por lo tanto, "positivizarse". Su expresión normativa podría hacerse en la parte dedicada a los vicios del consentimiento o en la referida al perfeccionamiento del contrato, o en la norma que recoge el principio de la buena fe, y decir, por ejemplo, que "todos los contratantes tienen derecho a recibir información exacta, completa y comprensible sobre cuantos hechos pueda comprender su consentimiento"[13].

Algunos anotan que la obligación de informar vendría a complementar, no a sustituir, otros conceptos como el del dolo y el de la buena fe[14]; empero, por la trascendencia que esa obligación ha asumido, podría pensarse en elevarla a causal autónoma e independiente dentro de la teoría general de los vicios del consentimiento o verla, desde el punto de vista dogmático, como expresión concreta del deber genérico de comportarse de buena fe, es decir que la ejecución de la prestación de informar resultaría ser una de las formas de concreción específica del deber abstracto de actuar de buena fe.

Un tratamiento normativo perspicaz y agudo del deber precontractual de información se impone, *inter alia*, porque nos encontramos en la edad de la información, por la omnipresencia de contenidos publicitarios, por la estandarización de las formas contractuales, por la vulgarización cada vez

---

[12] La doctrina italiana, con base en los artículos 1337 y 1338 del *codice civile*, estructura la responsabilidad precontractual por violaciones al deber de información a la luz de la observancia de los principios de buena fe y lealtad.
[13] Cfr. PÉREZ. *La información en la contratación privada*, cit., p. 359.
[14] Ibíd., p 357.

mayor de la contratación con la ayuda de ordenadores, por el auge de formas de expresión del consentimiento automatizadas (el doble *click* ha sido considerado una forma de expresión del consentimiento) y, en fin, por cuanto en razón de la presencia permanente de "contratos con asimetría de poder contractual entre las partes" se requiere, en postura progresista, reconocer que esa asimetría se resuelve, en cierta medida, con información exacta, suficiente y completa. Empero, se debe insistir en que el alcance del deber de información es difícil fijarlo en abstracto en la medida en que él depende, en concreto, de las condiciones personales de las partes y de la naturaleza y objeto del contrato.

Además, la necesidad de regular el deber precontractual de información surge precisamente porque las leyes del mercado han eliminado la libertad contractual en una de sus formas de expresión, esto es, en cuanto a la facultad de configurar el contenido de los negocios jurídicos, y no queda otro camino de protección para los ciudadanos comunes y corrientes que el de recibir, previo a la emisión del consentimiento, o al acto de adhesión, información clara, idónea y suficiente o, como dice el *Código de defensa do consumidor* de Brasil[15], "información veraz, clara y completa". Su omisión o deficiencia puede ser causa de invalidez del negocio o causa de incumplimiento contractual.

Es emblemática la expresión "consentimiento informado" que se utiliza en el tema de las ciencias médicas para significar que los pacientes deben ser suficientemente informados sobre los efectos de las operaciones, trasplantes o tratamientos que se realicen o se apliquen en ellos, en la medida en que esa sería la fórmula sugerida para aquellas relaciones jurídicas en donde exista asimetría de poder contractual. Un consentimiento debidamente informado, sin duda, le da seguridad jurídica a los contratos con contenido predispuesto. No hay que olvidar, como afirma la doctrina francesa, que el "consentimiento sigue siendo el elemento primordial creador de la obligación"[16].

Siempre en esta misma línea de destacar la importancia que ha asumido el deber precontractual de información, se observa que la libertad de formas pregonada por doquier y expresada en cualquier codificación moderna tiene como contrapartida cierto renacimiento del formalismo tendiente a la debida

---

15 Ley 8078 de 1990.
16 H. L. y J. MAZEAUD y F. CHABAS. *Leçons de droit civil*, II, 1, Paris, 1985, 265.

información de los particulares; "la celeridad del comercio es limitada por la existencia de contratos en los que la ley pone el consentimiento en ralenti como una reglamentación contra las tentaciones"[17]. La finalidad de la información no es otra, se insiste, que la de conseguir un consentimiento más libre, claro y reflexivo.

El deber de información es recogido expresamente por el Proyecto Gandolfi o proyecto de Código Europeo de Contratos con el siguiente tenor:

> 1. En el curso de los tratos preliminares, cada parte tiene el deber de informar a la otra sobre todas y cada una de las circunstancias de hecho y de derecho, que conoce o debe conocer, y que permitirían a la otra parte adquirir conciencia de la validez del contrato y del interés en su celebración. 2. En caso de omitir la información, o declaración falsa o reticente, si el contrato no se ha celebrado, o está viciado de nulidad, la parte que ha faltado a la buena fe responderá frente a la otra en la medida prevista en el artículo 6.º, apartado 4.º [es decir, "la parte que ha actuado contra la buena fe está obligada a reparar el daño sufrido por la otra hasta el máximo de los gastos comprometidos por esta última en el curso de los tratos preliminares con vistas a la celebración del contrato, así como la pérdida de ocasiones similares causada por los tratos pendientes"]. Pero si el contrato ha llegado a perfeccionarse, restituirá la suma recibida o abonará la indemnización que el Juez estime conforme a la equidad, salvo el derecho de la otra parte a impugnar el contrato por error.

Es decir que para el proyecto de Código Europeo de Contratos la falsa información es un supuesto de responsabilidad precontractual y si el contrato ya ha sido perfeccionado puede impugnarse su validez, pero no por causal autónoma, sino por el tradicional vicio del error.

Dejando de lado el contrato de seguros, en donde se reconoce el deber recíproco de información entre las partes[18] y en donde ya ha habido varios

---

17 ATILIO ANÍBAL ALTERINI. "La tutela de la parte débil del contrato en el nuevo Código Civil brasileño", en *Roma e America. Diritto romano comune. Revista de derecho de la integración y unificación del derecho en Europa y América Latina*, n.º 16/2003, Bogotá, Universidad Externado de Colombia, 2004, p. 178.

18 A propósito del deber de información precontractual en el contrato de seguros, dispone el artículo 1058 C. Co. lo que sigue: "El tomador está obligado a declarar sinceramente los hechos o circunstancias que determinan el estado del riesgo, según el cuestionario que le sea

pronunciamientos judiciales, la Corte Suprema de Justicia definió recientemente un litigio en el cual se discutió el abuso de la información en la etapa previa a la formación del contrato de parte de los accionistas mayoritarios en relación con los precios de las acciones que después fueron cedidas por los minoritarios. La Corte consideró tal proceder como un abuso en la posición contractual[19]. El tribunal de instancia consideró que había habido de parte del grupo mayoritario de la sociedad "una especie de desviación de poder, manipulando información tal como la atinente al proyectado aumento de capital y la exageración de circunstancias de pánico financiero, amén de los pronósticos de restricción de dividendos". Es decir que el grupo mayoritario, con el fin de hacerse a las acciones por un precio muy inferior a su valor comercial, ocultó a los accionistas minoritarios información pertinente a la realidad financiera y funcional de la sociedad e, incluso, llegó a manipular a los administradores de la sociedad.

Para la Corte Suprema, con la presencia de conductas abusivas (manipulación de información) por parte de los demandados durante el proceso de negociación y formación del contrato de venta de acciones, se configuró una lesión al interés de confianza[20], que se materializó en la sustancial diferencia

---

propuesto por el asegurador. La reticencia o la inexactitud sobre hechos o circunstancias que, conocidos por el asegurador, lo hubieren retraído de celebrar el contrato, o inducido a estipular condiciones más onerosas, producen la nulidad relativa del seguro. Si la declaración no se hace con sujeción a un cuestionario determinado, la reticencia o la inexactitud producen igual efecto si el tomador ha encubierto por culpa, hechos o circunstancias que impliquen agravación objetivo del estado del riesgo".

19 Corte Suprema de Justicia, Sala de Casación Civil. Sentencia del 1.º de abril de 2003, M. P.: JORGE SANTOS BALLESTEROS, sin publicar.

20 En una nota a pie de página que se hace en la sentencia, la Corte señala: "El interés negativo se situó en la legislación (parág. 122 del BGB) y doctrina alemanas para aquellos casos en que un contratante sufre un daño porque confió en la validez del contrato y desde luego en la buena fe del otro contratante ('¡Oh si no me hubiese dejado engañar por las declaraciones de la otra parte!'), al paso que el interés positivo se enmarcó en aquél que la otra parte tiene en la validez y cumplimiento del contrato ('¡Ah, si no obstante el negocio hubiese sido válido!'): J. W. HEDEMAN. *Tratado de Derecho Civil*, vol. I, Madrid, Revista de Derecho Privado, 1958, p. 125. En el abuso del derecho que aquí se trata, debe aplicarse el mismo tratamiento jurídico que la doctrina más acreditada (*v. gr.* CUPIS, *El daño*, cit., p. 356) destina a la determinación de los daños que se irrogan en caso de *culpa in contrahendo*, esto es, tratamiento que parte de la base de la violación de un interés de confianza, pero obviamente teniendo en cuenta que los su-

entre el valor que se pagó por cada acción y su real valor comercial. La Corte esbozó la lesión al interés de confianza, pero no refutó al tribunal en la idea según la cual la fuente de la indemnización decretada había sido el abuso del derecho. Sin embargo, da la impresión de que el fundamento de la Corte para decretar el ajuste de la indemnización no fue el abuso del derecho en la manipulación de la información, sino la protección del interés de confianza que resultó vulnerado por el comportamiento de la sociedad compradora al adquirir las acciones a un precio notoriamente inferior al valor que tenían en el momento del acuerdo de venta, "configurándose por tanto, una lesión al interés de confianza que los contratantes se debían entre sí". Y esto es bueno resaltarlo, porque si bien se llega al resultado que se espera, lo cierto es que conceptualmente una cosa es la responsabilidad que se deriva por el ejercicio abusivo de un derecho subjetivo (en este caso del poder de negociación) y otra cosa es la responsabilidad proveniente del quebranto del interés de confianza. Si bien para llegar al resarcimiento del perjuicio en ambas hipótesis se ha de recurrir a los criterios tradicionales de la responsabilidad civil (daño emergente, lucro cesante), lo cierto es que la violación al interés de confianza no puede identificarse con el abuso del derecho. Y es que en efecto una cosa es la responsabilidad *in contrahendo* cuando el contrato no se ha perfeccionado y otra cosa es la responsabilidad contractual cuando el contrato sí lo ha sido. En otras palabras, es discutible configurar una *responsabilidad in contrahendo* cuando el contrato ha sido válidamente celebrado.

II. EL DEBER DE INFORMACIÓN CONTRACTUAL DEL PROFESIONAL

En derecho colombiano y específicamente en asuntos decididos por la justicia arbitral, el *leading case* en esta materia lo constituye el laudo que resolvió el litigio entre el Instituto Nacional de Vivienda de Interés Social y Reforma

---

puestos de hecho de la *culpa in contrahendo* (ruptura abrupta de negociaciones, nulidad provocada conocida o conocible) tienen sus particulares aristas frente al del abuso del derecho en la formación de un contrato válido, la principal referida a la lesión de una situación patrimonial consolidada para el caso de esta última figura al paso que sólo por excepción, se reconocerá la pérdida de una oportunidad, en la *culpa in contrahendo* del artículo 863 del Código de Comercio (cfr. Casación Civil. Sentencia del 27 de junio de 1990, G. J. 2439, p. 305)".

Urbana (Inurbe) y Fiduagraria[21] en donde se discutió si la fiduciaria (el profesional) era o no responsable por haber colocado o invertido cuantiosos recursos del fideicomitente en el sector cooperativo nacional y que después no pudo recuperar por la quiebra que ese sector padeció, al parecer, por malos e ineficientes manejos de esos recursos financieros. El Inurbe buscó en esencia que se declarara la responsabilidad contractual de la fiduciaria por no haber obrado diligentemente en la colocación de unos recursos económicos de carácter público y que por ley tenía destinados para el desarrollo de vivienda de interés social. El fideicomitente, pues, le endilgaba a la fiduciaria el haber realizado inversiones temporales sin haber observado criterios de seguridad, rentabilidad y liquidez que le imponían los contratos, hasta el punto de encontrarse los recursos destinados al pago de subsidios de vivienda de interés social colocados en entidades intervenidas y en estado de liquidación. En los tres contratos que rigieron la relación jurídica de las partes se dispuso que la fiduciaria haría inversiones temporales de los recursos disponibles, hasta que los beneficiarios de los subsidios cumplieran los requisitos para obtener el pago de los mismos. Es decir que el fiduciario recibía unos recursos que debía destinar al pago de los subsidios de vivienda, pero en una fase intermedia debía invertirlos temporalmente, para que no permanecieran ociosos, y es en esta fase intermedia en donde los recursos se esfumaron porque, de acuerdo con el demandante, no fueron colocados en el lugar adecuado, sino en un sector no seguro y con grandes falencias administrativas.

Punto central del litigio lo fue el hecho de determinar quién decidía dónde colocar las inversiones temporales. El tribunal estimó que los negocios fiduciarios fueron *"negocios de sustitución de baja intensidad"* por cuanto quedó demostrado en el proceso que quien decidía dónde colocar los recursos era el fideicomitente y no la fiduciaria:

> En este caso, además, la intensidad o el grado de sustitución generada por los encargos otorgados al fiduciario –en lo que respecta a las inversiones temporales– es tenue, pues se trata de un grado bajo o muy reducido, ya que en los tres

---

21 Cámara de Comercio de Bogotá. Instituto Nacional de Vivienda de Interés Social y Reforma Urbana-INURBE *vs.* Fiduciaria de Desarrollo Agropecuario S. A. Fiduagraria. Laudo del 8 de junio de 1999, árbitros: JOSÉ IGNACIO NARVÁEZ GARCÍA, JULIO CÉSAR URIBE ACOSTA y JORGE SUESCÚN MELO.

contratos se le privó de la posibilidad de actuar autónomamente, o de decidir las colocaciones de acuerdo con su criterio discrecional, o con un sentido de la conveniencia y oportunidad, de manera que se le colocó dentro de un marco restringido de acción y determinación [...] Por lo tanto, dado el reducido campo de acción que se le reconoce a la Fiduciaria en relación con las inversiones temporales, se trata de una sustitución de baja intensidad, ya que "el sustituto no es entonces más que un instrumento intermediario, que presta al interesado una colaboración subordinada al declarar, u obrar materialmente, conforme a las instrucciones recibidas...", de lo que la doctrina deduce que, al no gozar el sustituto de iniciativa, ni de libertad de decisión, el verdadero autor del negocio es el sustituido, pues es él quien delibera y determina, de manera que los efectos jurídicos correspondientes recaen exclusivamente sobre él.

En punto de la responsabilidad del fiduciario como profesional señaló el laudo el patrón de conducta con que se debe mediar o valorar al profesional:

Desde luego que hoy en día no puede acudirse a un único e invariable patrón de conducta, como lo era el del buen padre de familia del Código Civil, pues hoy proliferan actividades económicas de toda índole y especialidades técnicas y científicas, que hacen necesario establecer modelos de conducta que se adapten mejor a las circunstancias y se acerquen más a la realidad de los distintos campos de la vida empresarial. Es por esto, por ejemplo, que en las reformas introducidas en el Código de Comercio, mediante la Ley 222 de 1995, se acoge el patrón del "buen hombre de negocios". En cuanto al nivel de prudencia exigido a los profesionales nuestra ley no se ha referido a ningún modelo ideal. Tampoco lo ha hecho hasta ahora nuestra jurisprudencia, si bien con frecuencia se habla de un patrón específico para cada actividad, como sería "el buen transportador", "el buen banquero" o el "buen asegurador", dejando en manos del juez la tarea de reconocer o verificar en cada caso la existencia del comportamiento correspondiente a tales conceptos, tarea que lleva a cabo a partir de su propia experiencia y de sus percepciones personales, o con apoyo en decisiones judiciales o comentarios doctrinales que fijan criterios para decidir si una determinada gestión o los esfuerzos desplegados por el deudor profesional son suficientes y adecuados para considerar cumplida la obligación a su cargo. Así las cosas, las expresiones legales arriba señaladas constituyen conceptos jurídicos indeterminados, cuyo contenido lo aprecia y evalúa el juez según las circunstancias [...] En consecuencia, el grado de previsibilidad y prudencia del modelo de comportamiento del profesional estará por encima del correspondiente al buen padre de familia. Pero el "buen profesional" no será tampoco el más acucioso, dedicado y diligente de los técnicos y de los científicos, sino el hombre de empresa o el experto medio u ordinario, a quien se le aplicará una especial regla de diligencia, definida por lo que se conoce con el nombre de "*Lex Artis*", que es el conjunto de los saberes o técnicas especiales de la profesión.

El laudo precisa que la responsabilidad del profesional sigue siendo subjetiva, pero añade que en el derecho comparado se observa la tendencia a calificar la acción de los profesionales dentro de un régimen más riguroso y a imponerles determinadas obligaciones, así no aparezcan en el respectivo contrato, lo que ha llevado a configurar un régimen independiente o autónomo de responsabilidad del profesional. Dentro de esas obligaciones que se le han añadido al profesional figura la obligación de información:

> Esta obligación es más acentuada cuando el cliente es un profano y se entiende incorporada a los contratos aun si la ley no lo ha establecido [...] Dicha obligación es de medios, accesoria y de naturaleza contractual, la cual prolonga la obligación precontractual de información [...] Dentro de esta tarea la jurisprudencia ha precisado que el profesional tiene el deber de indicar a su cliente los aspectos negativos o contraproducentes de los bienes o servicios, o de las prestaciones que se le encomiendan, así como de las limitaciones técnicas de tales bienes o servicios o de los riesgos que conllevan, de manera que el cliente debe ser advertido de los peligros que corre y de la forma de evitarlos.

Este precedente, igualmente, distingue la obligación de información de la obligación de consejo, en el sentido de que ésta última tiene un mayor contenido obligacional y puede ser o una obligación accesoria o principal, como ocurre en ciertos contratos de asesoría. De todos modos, es bueno señalar que incluso la obligación de información en ciertos tipos contractuales asume la condición de principal.

La obligación de información del profesional se satisface dando o suministrando la información relevante, pero también "se ha considerado que la obligación de información se entiende cumplida por el profesional, cuando el cliente –de una manera u otra– ha sido informado, o dispone de la información, o incluso cuando se comporta como si supiera o conociera el contenido de la información". También, así como sobre el profesional pesa el deber de informar, correlativamente, el cliente tiene la obligación de informarse:

> Las jurisprudencias que sirven de antecedente a este deber de diligencia del cliente, resaltan que éste no puede invocar en su favor cualquier clase de ignorancia, pues sólo es de recibo la "ignorancia legítima", para cuya existencia es necesario analizar las condiciones de educación y la situación social de quien la alega, para lo cual deberá tenerse en cuenta, también, la popularización de ciertas técnicas, de manera que hoy los jueces se muestran más rigurosos para admitir la ignorancia del cliente [...] [L]a doctrina es coincidente en admitir que si el cliente es una persona competente en la actividad de que se trate, la obligación de información, e incluso la de consejo, se aligeran [...] Es innegable, por lo demás, que el contenido de la obligación de información varía si el cliente es también un profesional conocedor de la materia, pues esto le permite estar al tanto de los aspectos técnicos y comerciales de la operación o actividad respectiva. Así las cosas, en un caso ilustrativo de este tema, las Cortes subrayan que una institución bancaria no podía seriamente alegar que se había equivocado en cuanto a la naturaleza e interpretación de un contrato de opción de venta de acciones. Igualmente se ha precisado que un mandante –dado el alto nivel de los estudios y su nivel de experiencia, pues era gerente de una empresa– no podía desconocer el alcance de los términos del mandato que confirió [...] Otra situación es la que se presenta cuando el cliente negocia con la asesoría de un experto. Esta circunstancia atenúa, como es obvio, la intensidad de la obligación de información y de consejo a cargo del profesional, si bien tales obligaciones no desaparecen por completo.

Así mismo, se satisface la obligación de información cuando el cliente se comporta como si la tuviera y siempre y cuando el cliente sea una persona competente. Finalmente,

> ... a lo anterior debe agregarse la hipótesis de la aceptación deliberada de un riesgo por parte del cliente [...] La jurisprudencia señala que si el cliente deja por completo en cabeza del profesional la adopción de las decisiones de inversión, aquel pierde la posibilidad de impartir instrucciones, o de dar órdenes o consejos al especialista, de manera que si el cliente interfiere en la administración, el profesional será exonerado de responsabilidad por los malos resultados que se deriven de haber cumplido las órdenes impartidas por el cliente [...] Con todo, esta labor de información y consejo depende de la competencia, idoneidad y experiencia del cliente, o del hecho de que negocie con el profesional con la asesoría de otro experto.

En el caso, el tribunal absolvió a la fiduciaria por cuanto las órdenes de inversión temporales de los recursos particularmente en cooperativas fueron dadas directamente por el fideicomitente, y en ellas no tuvo injerencia la fiduciaria, o mejor, la fiduciaria no gozó de discrecionalidad alguna, ni tenía poder decisorio: "No pudiendo entonces decidir la Fiduciaria las inversiones y colocaciones de los recursos recibidos, sus obligaciones profesionales consistían en dar información y consejo al Inurbe para que éste tomara las determinaciones correspondientes en concordancia con los criterios de seguridad, rentabilidad y liquidez expresamente plasmados en los contratos".

Ahora bien, respecto de la obligación de información en cabeza de los profesionales, el laudo la calificó como un elemento natural en los contratos que celebran los profesionales, es decir que si la obligación no está pactada expresamente, se entiende incorporada en el contenido del contrato en razón precisamente de ser considerada una prestación fundamental en ese tipo de relaciones jurídicas en donde participa o interviene un profesional[22]. En cambio, respecto de la obligación de consejo o de asesoría, el laudo estimó que no se presume, de tal manera que al no estar establecida en la ley las partes deben acordarla expresamente, y señaló que esta obligación de consejo tiene un mayor contenido obligacional que la de información:

> En cuanto a la obligación de consejo, también llamada de asesoría, la doctrina señala que tiene un mayor contenido obligacional que la mera información y demanda del profesional suministrar opiniones fundamentadas sobre las materias objeto de su valor, con el fin de ilustrar al cliente respecto de las distintas

---

[22] Respecto del profesional se lee en el laudo lo que sigue: "[L]a jurisprudencia y la doctrina consideran que los criterios decisivos para determinar si se está ante un profesional son tres, a saber: En primer lugar, ha de desarrollar una actividad especializada, en forma habitual y normalmente a título oneroso; de otra parte, debe contar con una organización, gracias a la cual puede actuar de manera eficaz y anticipar o prever los riesgos de daños que su actividad pueda causar a terceros; y finalmente, tiene una posición de preeminencia, esto es, un 'dominio profesional' basado en una competencia especial o habilidad técnica lograda por su experiencia y conocimientos en un campo técnico y científico que lo colocan por encima de los demás. Se trata de una persona con una idoneidad particular; de un técnico iniciado frente a la masa de consumidores profanos en su materia. El profesional, por tanto, ha de tener la capacidad de dominar los riesgos de las cosas que maneja y de evitar o precaver los daños que su actividad usualmente conlleva".

> alternativas con que cuenta y de orientarlo en sus decisiones y escogencias, todo lo cual ha de estar enderezado a incitarlo o a tratar de persuadirlo para que adopte la solución que parezca más conveniente para él.

También se indicó que las obligaciones de información y consejo tienen un contenido inversamente proporcional al conocimiento, experiencia e idoneidad del cliente, de manera que serán más intensas si éste es un profano o neófito completo en las actividades de que se trate.

> Pero esa intensidad irá disminuyendo en la medida que el cliente vaya teniendo determinada formación y ciertas vivencias en el mismo campo, hasta llegar al cliente que es también una persona versada plenamente en el mismo ramo, que tiene los conocimientos necesarios para tomar determinaciones con todos los elementos de juicio, a quien el profesional se limitará a formularle sucintamente ciertos comentarios o a darle algunas informaciones especiales que estime procedentes [...] [E]l profesional cumple sus deberes de información y consejo cuando el cliente tiene los datos, opiniones y evaluaciones pertinentes, bien porque el profesional mismo se los haya suministrado, o porque el cliente disponga de ellos por otros medios, como puede ser su propia formación o experiencia.

Así mismo, si a pesar de recibir la información, y de conocer los hipotéticos riesgos de una determinada operación comercial o financiera, el cliente decide hacerla, la responsabilidad por los efectos negativos de su decisión son suyos y no se traslada al profesional.

En el caso, resultó demostrado que para las colocaciones de dinero en las cooperativas que luego incumplieron sus compromisos de reembolso, el Inurbe instruyó puntualmente a la fiduciaria para que hiciera tales operaciones, y que frente a esas determinaciones la fiduciaria había advertido acerca de los riesgos de esas transacciones, señalando que no se disponía de informaciones confiables de las entidades del sector cooperativo, subrayando las debilidades del sector, todo lo cual generaba incertidumbre acerca de su solvencia y capacidad de cumplimiento. Pero a pesar de ello, las transacciones llevadas a cabo con las cooperativas fueron previamente decididas por el Inurbe, mediante precisas instrucciones impartidas.

Se lee en el laudo:

Así pues, el Tribunal se encuentra ante un fideicomitente avisado y prevenido, que contó con todas las informaciones y demás elementos de juicio necesarios para tomar las decisiones que a la postre resultaron desafortunadas [...] También es evidente que las fiduciarias en general y Fiduagraria en particular, previnieron al Inurbe respecto de los problemas que podían surgir y le advirtieron acerca de las vicisitudes que habrían de afrontar las inversiones en las cooperativas. No obstante lo anterior, el Inurbe prosiguió con su inquebrantable voluntad de ayuda al sector solidario, luego asumió calculada y deliberadamente los riesgos que conllevaba su determinación.

No obstante que de acuerdo con el elenco de los deberes legales del fiduciario éste debe llevar la personería para la protección y defensa de los bienes fideicomitidos contra actos del mismo constituyente (nums. 4 y 5 art. 1234 C. Co.), "[h]a de recordarse que el cliente que ha tenido a su disposición los medios para llegar a una conclusión calculada, deliberada y sopesada, es el verdadero y último juez de su propia conveniencia, principio que debe respetar el profesional, lo que le impide inmiscuirse abusivamente, es decir, más allá de lo que le corresponde en los negocios ajenos".

Obsérvese, pues, que el riesgo del negocio lo asumió el fideicomitente, a pesar de las advertencias del profesional, y que éste ejecutó el contrato, esto es, las inversiones temporales, mediando un consentimiento suficientemente informado del encargante. Este, como se ha visto, constituye un precedente de primer orden acerca de los efectos que produce en relaciones jurídicas con profesionales el cumplimiento o no de las obligaciones de información y consejo. Lo que se quiere destacar, entonces, es que entre los deberes profesionales del fiduciario ocupan un lugar especial el deber de información y el de consejo o asesoría. Respecto del primero, se debe recordar que dentro de los deberes indelegables del fiduciario se encuentra el de "rendir cuentas comprobadas de su gestión al beneficiario cada seis meses", y que dentro de los derechos del beneficiario se encuentra el de "exigir al fiduciario el fiel cumplimiento de sus obligaciones", dentro de las cuales se ubica, por supuesto, el deber de información[23]; así mismo, dentro de los derechos del fiduciante se

---

23 "[L]a información es una obligación inherente a la actividad del fiduciario, en tal sentido, siempre la tienen sin que haya necesidad de que se encuentre expresamente estipulada en el

halla el de "exigir rendición de cuentas". Respecto del segundo, se debe insistir que el fiduciario debe advertir al fideicomitente o al beneficiario sobre los riesgos del negocio inicial o de los negocios coligados o relacionados con la ejecución del contrato base, advertencia que será relevante para analizar la conducta (*due diligence*) asumida por el gestor en el evento en que pese a ella el fiduciante o beneficiario decidió de todas maneras realizar el negocio[24].

Lo anterior, porque debe quedar en claro que en la mayoría de los fideicomisos lo que se espera del fiduciario es una actitud activa de información y consejo y no un mero ejecutor de instrucciones, o mejor, que el intermediario en realidad de verdad despliegue una conducta que vaya más allá de la simple gestión formal de su encargo. Por ejemplo, en punto de la fiducia de inversión en otro destacado laudo se lee: "No sobra reiterar, como ya lo dijo el Tribunal, que las obligaciones de medio derivadas de la fiducia de inversión implicaban para la fiduciaria el deber de informarse y asesorar a su cliente, y no meramente de servirle de correo o mensajera"[25].

---

contrato. Está a cargo de la Fiduciaria, especialmente, por su condición de profesional": CARLOS JULIO GIRALDO BUSTAMANTE. "La fiducia en Colombia según la justicia arbitral", *Revista de Derecho Privado*, n.º 35, Bogotá, Universidad de los Andes, diciembre de 2005, p. 86.

24 "[S]e tiene que el fiduciario en el fideicomiso de garantía está obligado a informar cabalmente al fideicomitente sobre los riesgos del negocio y, por tanto, de todo evento que afecte favorable o desfavorablemente la garantía. Igualmente, el fiduciario está obligado profesionalmente a no expedir o mantener aquellas que resulten perniciosas para el beneficiario. Abstenerse de dar la información o el consejo referidos compromete la responsabilidad contractual del fiduciario garante. Desde luego, este no puede sustituir la voluntad de aquel, de modo que si cumplidas perfectamente las obligaciones de información y consejo, el beneficiario insiste bajo su responsabilidad personal, el fiduciario se libera de la misma por el daño que se le pueda ocasionar": JOSÉ MIGUEL CALDERÓN LÓPEZ. "Fideicomiso de garantía: responsabilidad del fiduciario ante el acreedor garantizado", en *Foro de Derecho Mercantil*, n.º 10, Bogotá, Legis, enero-marzo de 2006, p. 134.

25 Cámara de Comercio de Bogotá, Centro de Arbitraje y Conciliación. Laudo del 9 de agosto de 2001: Construcciones Ampomar Ltda. y otras *vs.* Fiduciaria Extebandes S. A., árbitros: CARLOS BARRERA TAPIAS, ANTONIO DE IRISARRI RESTREPO y JOSÉ BONIVENTO FERNÁNDEZ.

III. RESPONSABILIDAD DEL FIDUCIARIO
POR LA SUFICIENCIA JURÍDICA Y ECONÓMICA DE LA GARANTÍA

A. CASO FIDUCIARIA FES

En el famoso caso FES[26], ya referido, se condenó a una entidad fiduciaria por no haber ejecutado directamente funciones o actos propios del encargo. En el caso, el fideicomitente, en orden a garantizar obligaciones propias, constituyó una fiducia en garantía en beneficio de un acreedor financiero. La escritura pública por medio de la cual le transfirió al fiduciario el objeto del patrimonio autónomo no se inscribió en la respectiva oficina de registro de instrumentos públicos. Sin embargo, el fiduciario le expidió al acreedor financiero el correspondiente certificado de garantía tomando como base, sin comprobación, el avalúo que para tal efecto había hecho el mismo fideicomitente. En esencia, el daño se debió a no haberse constituido el patrimonio autónomo, por cuanto si hubiese estado constituido por la transferencia del inmueble al fiduciario, éste habría podido venderlo para el pago u ofrecerlo en dación en pago al acreedor beneficiario. En el laudo se lee:

> De acuerdo con las consideraciones precedentes del Tribunal, ha quedado establecido que Leasing Mundial, beneficiario del certificado de garantía n.º 000294, no pudo hacer efectiva tal garantía, porque el patrimonio autónomo no llegó a quedar constituido –por falta de tradición del inmueble fideicomitido– con lo que la fiduciaria compromete su responsabilidad personal, por incumplimiento culposo de sus deberes indelegables, en particular por su falta de diligencia en obtener o en verificar que se obtuviera la inscripción de la Escritura Pública contentiva del negocio fiduciario en el Registro de Instrumentos Públicos correspondiente.

En fin, se encontró responsable a la entidad fiduciaria por haber expedido certificado de garantía sin haberse constituido el patrimonio autónomo que lo sustentara. Se afirmó que la fiduciaria tiene dentro de sus deberes indelegables

---

26 Tribunal de Arbitramento de Leasing Mundial S. A. *vs.* Fiduciaria FES. Laudo del 26 de agosto de 1997, árbitros: JORGE SUESCÚN MELO, JORGE CUBIDES CAMACHO y ANTONIO ALJURE SALAME.

el de actuar con diligencia y acuciosidad para lograr o para verificar que se logre la conformación válida del patrimonio autónomo, así como para constatar la razonabilidad de los avalúos. Además, no es lícito trasladar, delegar o abandonar en el fiduciante, en un comité o en cualquier otro tercero (ingeniero, arquitecto, interventor en la fiducia inmobiliaria, por ej.) los actos necesarios para la consecución de la finalidad práctica o económica buscada a través de la celebración del negocio. La delegación de la ejecución de los actos necesarios del fiduciario ocasiona un comportamiento censurable por el ordenamiento que puede comprometer la responsabilidad patrimonial del fiduciario ya sea por la inejecución del deber básico contractual o por la delegación de lo indelegable.

B. CASO FIDUCAFÉ S. A.

En este caso[27], la fiduciaria no cumple con el procedimiento establecido en la cláusula sobre ejecución de la garantía dispuesta en el respectivo contrato de fiducia. Aquí se dijo, entre otras, lo que sigue:

> [E]l Fiduciario está obligado –en primer y preferente lugar– a honrar su compromiso de hacer todo lo que le corresponde para cumplir su encargo fiduciario a favor de dichos acreedores, por lo tanto en este caso encuentra el Tribunal que –como se declarará en la parte resolutiva de esta providencia– la convocada no puede eximirse del cumplimiento del encargo fiduciario constituido a favor de los terceros acreedores del convocante, con base en los incumplimientos que le señala al mismo en su condición de deudor fideicomitente.

En punto de la cláusula de exigibilidad de la garantía en el laudo se afirmó:

> Como la constitución de la fiducia mercantil está sujeta a la solemnidad de celebrarse por medio de escritura pública, cuando de inmuebles se trate, de la misma manera debe constar toda modificación que al respectivo contrato las partes hubieren acordado y que, en este caso, no aparece incorporado al expe-

---

27 Tribunal de Arbitramento de César Augusto Restrepo Alzate *vs.* Fiduciaria Cafetera S. A. Laudo del 26 de marzo de 1999, árbitros: Roberto Valdés Sánchez, Enrique Cala Botero y César Uribe Urdinola.

diente ninguna prueba de que entre ellas se hubiere modificado el contenido de la cláusula décima segunda que acabamos de transcribir [...] El Tribunal concluye que la sociedad Fiduciaria Cafetera S. A.-Fiducafé S. A. sí incumplió dicho contrato en cuanto no ha dado gestión oportuna y completa como fiduciaria al procedimiento de exigibilidad de la garantía en los términos claramente pactados en la cláusula décima segunda del contrato contenido en la mencionada escritura.

C. CASO SOCIEDAD FIDUCIARIA COOPERATIVA DE COLOMBIA

Frente al tema del objeto de la garantía la justicia arbitral hubo de referirse a ello en importante precedente[28]. En efecto, en el litigio se discutió: 1. El estudio del bien fideicomitido, su naturaleza, valor y su vocación para servir de garantía; 2. El certificado de garantía; 3. La actuación de la fiduciaria en relación con sus deberes de conservación del bien que sirvía de garantía, y 4. La evaluación de las obligaciones de la fiduciaria relativas a la venta del bien fideicomitido y su entrega en dación en pago, en caso de frustrarse la venta.

Respecto del bien fideicomitido, el tribunal consideró que estaba representado por el aporte, esto es, por el contrato de exploración y explotación, por el terreno en cuyo subsuelo debía estar la mina y por el certificado de registro minero. El referido contrato de exploración y explotación de piedras preciosas celebrado entre Mineralco y Fundemín (deudor-fideicomitente) fue cedido a la fiduciaria cuando se encontraba en la etapa de exploración y no de explotación. Sobre esto se lee en el laudo:

> Entiende el Tribunal, para responder la pregunta, que es imperdonable y por lo mismo una culpa en su deber de prudencia el hecho de que la fiduciaria haya recibido en fiducia un contrato que se encontraba en su periodo de exploración. Es fácil probar este aserto, pues la fiduciaria, al aceptar la cesión del contrato con Fundemin hallándose en su etapa exploratoria, trasladó ni más ni menos el riesgo del hallazgo rentable de piedras preciosas a los futuros beneficiarios del contrato de fiducia entre los cuales se encuentra la Fundación To-

---

28 Tribunal de Arbitramento de Fundación Tomás Rueda Vargas *vs.* Sociedad Fiduciaria Cooperativa de Colombia. Laudo del 27 de abril de 2000, árbitro: ANTONIO ALJURE SALAME.

más Rueda Vargas [...] Se confirma entonces que la fiduciaria recibió un contrato en su periodo de exploración y expidió un certificado de garantía cuando no se había pasado al periodo de explotación del contrato generando una imposibilidad económica para satisfacer los requerimientos de una garantía que nunca fue desvirtuada por hechos posteriores, como por ejemplo, el inicio del periodo de explotación después de expedido el certificado fiduciario de garantía. En resumen, no tenía el bien valor económico alguno al momento de constituirse la fiducia (si se entiende además que el estudio sobre la mina es una mera probabilidad carente de valor mientras no se traduzca en una explotación concreta) y no lo adquirió con posterioridad para purgar la culpa inicialmente incurrida. Es claro para el Tribunal que la fiducia no responde por las variaciones imprevistas que pueda tener un bien fideicomitido siempre que, al momento de constituirse la propiedad fiduciaria, tenga un valor económico tasado sobre bases razonables. El caso aquí es totalmente diferente pues la fiduciaria aceptó un bien que en el mejor de los casos solo podría afirmarse que tenía una buena prospección económica que por su naturaleza es contraria al principio de seguridad que debe proveer una institución fiduciaria cuando expide certificados de garantía a terceros beneficiarios [...] Es deber de toda fiduciaria cuando va a recibir un bien en garantía, el de cerciorarse, en su más amplio sentido, de analizar, evaluar, controvertir u objetar el valor del bien, pues el hecho de introducirlo en el tráfico jurídico de las garantías hará presumir a sus usuarios, beneficiarios de certificados fiduciarios, que el mismo tiene un valor actual razonable sometido a los vaivenes normales del mercado o a variaciones imprevisibles e irresistibles, eventos estos en que no es dable exigir responsabilidad de la Fiduciaria. En el presente caso, el bien fideicomitido, el contrato sobre la mina, no tenía un valor actual al momento de la constitución de la fiducia, sino futuro o de prospección que nunca alcanzó porque, sin necesidad de adentrarse en sus aspectos técnicos, existe la prueba de que no hubo inversión alguna ni actividades para hallarse esmeraldas.

Respecto del segundo punto, es decir, del certificado de garantía, afirma el tribunal que hubo desbordamiento en cuanto al monto de los certificados de garantía, toda vez que el bien no tenía el valor que dijo la Fiduciaria.

Sobre los puntos 4 y 3 referidos el tribunal hubo de decir: "La responsabilidad de la fiduciaria no radica en el comportamiento contractual dirigido a la venta del bien fideicomitido o a su dación en pago sino, en los hechos fundamentales de recibir como garantía un contrato en su fase exploratoria sin cumplir con las obligaciones de dicho contrato y en el exceso en la cuantía de los certificados de garantía". Nótese, pues, que el error de conducta de la fiduciaria se debió a haber expedido un certificado de garantía sin haberse constituido el patrimonio autónomo y sin estarse explotando el objeto del patrimonio autónomo.

Finalmente, en el tema de la fiducia en garantía vale la pena rememorar tres normas fundamentales, o mejor, tres principios del derecho de obligaciones: 1. "la obligación de conservar la cosa exige que se emplee en su custodia el debido cuidado"[29], es decir, el famoso principio del *praestare custodiam* o deber de cuidado; 2. "siempre que la cosa perece en poder del deudor, se presume que ha sido por el hecho o por culpa suya"[30], y 3. "la prueba de la diligencia o cuidado incumbe al que ha debido emplearlo; la prueba del caso fortuito al que lo alega"[31].

D. CASO BANCO SUPERIOR

En este pleito se discutió por parte del acreedor beneficiario que la garantía no se había constituido y que por tal razón la fiduciaria debía ser declarada responsable. En efecto, la garantía ofrecida por el constituyente estaba constituida por varios vehículos automotores que iban a ingresar al mercado para ser explotados como medios de transporte público y, precisamente, con esa explotación comercial se iban a pagar los créditos que le había otorgado la entidad bancaria beneficiaria. Por dificultades administrativas ciertos chasises no se ensamblaron y, en consecuencia, la garantía ofrecida, esto es, los vehículos, no pudieron operar en su totalidad dando lugar a que los créditos no pudieron ser pagados integralmente[32].

---

29 Art. 1605 C. C.
30 Art. 1730 C. C. Cfr. Corte Suprema de Justicia, Sala de Casación Civil. Sentencia del 11 de octubre de 2005, M. P.: OCTAVIO MUNAR CADENA. En este proveído se dijo que el deudor únicamente se libera demostrando una causa extraña; en consecuencia, no es admitido demostrar diligencia y cuidado para exonerarse de responsabilidad.
31 Art. 1604 C. C.
32 Cámara de Comercio de Bogotá, Tribunal de Arbitramento de Banco Superior *vs.* Fiduciaria Tequendama. Laudo del 12 de julio de 2000, árbitros: GILBERTO ARANGO LONDOÑO, ANTONIO COPELLO FACCINI y CARLOS NAVIA RAFFO.

Sobre el punto y en concreto sobre la conducta negligente de la fiduciaria el Tribunal afirmó:

> Igualmente no aparece demostrado en el acervo probatorio que la Fiduciaria hubiera dado cumplimiento a su obligación de "realizar a cualquier tiempo inspecciones a los bienes fideicomitidos y tomar las medidas necesarias para la conservación de los mismos, considerando que la tenencia de estos la conservarán las personas [a las] que con posterioridad se les entregarán los bienes para el desarrollo de su actividad económica" [...] pues si hubiera realizado inspecciones en ellas habría controlado la forma de ejecución del contrato de elaboración de las carrocerías y hubiera detectado la inactividad del contratista, con lo cual se podrían haber tomado las acciones pertinentes, o la de "asegurar los bienes que integran el patrimonio autónomo contra todos los riesgos a los que estos se puedan ver expuestos por la naturaleza de los mismos". Si hubiera realizado las inspecciones, hubiera descubierto que Disccar no tenía vocación de cumplimiento oportuno [ensamblar los vehículos], pues su atraso fue tal, que en los primeros días tenía que ser ostensible. Si hubiera tomado los seguros, el incumplimiento de Discaar lo habría asumido la aseguradora correspondiente.

En otras palabras, la negligencia de la fiduciaria consistió en no haber vigilado el proceso de ensamblaje, o mejor, la colocación de la carrocería en los chasises dado que de ello dependía la conformación del patrimonio autónomo, es decir, por un conjunto de vehículos que iban a ser explotados comercialmente por los terceros adquirentes a través de una cooperativa de transportadores quien era la deudora y a la vez la fideicomitente. "Así las cosas para el Tribunal es claro que hubo negligencia, ligereza y descuido por parte de la convocada, en el cumplimiento de sus obligaciones contractuales y legales en el contrato de fiducia en garantía celebrado" entre la cooperativa de transportes y la fiduciaria, del cual era acreedor el Banco Superior[33]. No está de más

---

33 También en el laudo se concluyó que "el negocio fiduciario quedó expósito, abandonado a su propia suerte, sin que apareciera por parte alguna la organización que supuestamente debía otorgarle el respaldo técnico y administrativo. En el caso que nos ocupa y frente al reiterado incumplimiento de Discaar fue manifiesta la ausencia de la Fiduciaria, cuya labor ciertamente exigía su presencia constante, para urgir el cumplimiento del contrato y subsanar las fallas que debió advertir en sus comienzos".

agregar que la referida cooperativa de transportadores fue citada al proceso en condición de litisconsorte necesario.

E. POSICIÓN DE LA CORTE SUPREMA DE JUSTICIA

Expuestos los anteriores precedentes, se puede inferir que la jurisprudencia arbitral se ha inclinado a sostener que el deber de cuidado en la constitución y en la suficiencia de la garantía recae en la sociedad fiduciaria; sin embargo, al parecer, la jurisprudencia de la Corte Suprema va a contrapelo de esta tesis[34]. En efecto, en un litigio en donde se discutió el comportamiento de la fiduciaria, en el análisis de la clase de bienes que recibe y su capacidad para servir de fuente de pago, la Corte Suprema consideró que el examen de la suficiencia jurídica y económica de la garantía también es un deber del beneficiario:

> [E]s claro que por ser la fiducia en garantía una arquetípica caución, es el acreedor a quien le es ofrecida la persona a la que, por excelencia, le corresponde verificar si ella envuelve un respaldo suficiente para su derecho de crédito, sin que pueda afirmarse categóricamente lo contrario por el sólo hecho de intervenir en ella un fiduciario, toda vez que éste, en esa tipología específica de fiducia mercantil, no asume responsabilidad puntual por la eficacia de la garantía, a menos, claro está, que hubiere recibido bienes fideicomitidos por un valor que, de bulto o por simple aplicación de las reglas de experiencia, se ofrezca desproporcionado o inconsulto con las condiciones de aquellos; o incurra en actos culposos en el cumplimiento de su gestión, que incidan en la idoneidad de aquella [...] Pero es incontestable que al fiduciario no se le puede atribuir responsabilidad, por el simple hecho de que los bienes fideicomitidos no resulten suficientes para pagar a los beneficiarios, o porque su valor se marchite por circunstancias sobrevinientes que le sean ajenas; al fin y al cabo, las obligaciones del fiduciario vinculadas a la finalidad de la fiducia, son obligaciones de medio, no de resultado. Desde luego que al momento de constituirse la fiducia, el fiduciario tiene el deber de cerciorarse de que los bienes que le son transferidos (transferencia formal), tengan la aptitud jurídica y económica para servir

---

[34] Corte Suprema de Justicia, Sala de Casación Civil. Sentencia del 18 de mayo de 2006, M. P.: CARLOS IGNACIO JARAMILLO JARAMILLO.

de garantía. Y es claro también, que en el desarrollo del contrato, el fiduciario debe prestar especial atención para que exista la proporción adecuada entre el valor de los bienes fideicomitidos y la cuantía de las obligaciones que se pretenden garantizar a los beneficiarios, de suerte que, en ningún caso, se rompa esa ecuación. Pero a ello no le sigue que el candidato o potencial beneficiario pueda soslayar el deber que le corresponde de analizar y verificar la admisibilidad jurídica y económica de la garantía que se le ofrece, so capa de la intervención del fiduciario, que es un tercero ajeno a la relación crediticia a la que accede la garantía, y que, por tanto, en puridad, no responde por la suficiencia de la misma.

La Corte Suprema con este pronunciamiento ha morigerado el rigor con que se ha solido medir y analizar el comportamiento contractual de las fiduciarias en punto de la admisibilidad técnica, jurídica y económica de los bienes fideicomitidos en la fiducia en garantía, al extender la diligencia, que se debe asumir en el análisis de esos bienes, al futuro acreedor beneficiario; de todas maneras no debe perderse de vista que el ente fiduciario es un profesional, cuya responsabilidad en razón de sus particulares condiciones técnicas se ha acentuado y que por tanto no deja de resultar una exageración de la Corte, en su propósito de mermar la rigurosidad en el análisis de la responsabilidad del fiduciario, decir que éste "es un tercero ajeno a la relación crediticia a la que accede la garantía, y que, por tanto, en puridad, no responde por la suficiencia de la misma". Tal afirmación se puede entender como una exageración conceptual sobre todo porque, tal como se expondrá más adelante, en virtud del principio de confianza y de la complejidad de las relaciones y actividades en el mundo actual, no es raro encontrar hipótesis, extraídas de la praxis, en donde el acreedor ha delegado el análisis de la admisibilidad de la garantía a ese ente profesional, gestor de negocios ajenos y, sin duda, generador de confianza.

IV. EXPEDICIÓN ILEGAL DE CERTIFICADOS DE GARANTÍA Y EJECUCIÓN DE LA GARANTÍA

La expedición de certificados de garantía[35] constituye un tema sensible y polémico en el campo de la fiducia en garantía porque en veces las fiduciarias los

---

35 "Debe tenerse presente que los certificados de garantía que emiten las sociedades fiduciarias

expiden sin seguir el procedimiento establecido en el acto de constitución del negocio fiduciario (documento privado o escritura pública, según la calidad de los bienes que conforman el patrimonio autónomo) o, incluso, por montos que sobrepasan el valor real de los bienes que constituyen la garantía de los acreedores garantizados.

En un interesante precedente arbitral la convocante (heredero del fideicomitente) le endilgaba a la fiduciaria incumplimiento contractual por haber expedido tres certificados de garantía después de la muerte del *de cuius* y por no haber respetado la exigencia previa a la expedición fijada en el contrato, esto es, que la orden del fideicomitente hubiese tenido el sello de la presentación personal y del reconocimiento del contenido ante notario público. La fiduciaria, señalaba el actor, había obrado de manera negligente, con culpa grave, al expedir certificados de garantía sin haber cumplido el requisito que ella misma había impuesto en el contrato de adhesión por ella elaborado[36].

Respecto del primer punto es claro que la muerte del fideicomitente no significa *per se* que el negocio se extinga; se requiere que dicha hipótesis se haya expresamente señalado como causal extintiva del negocio. Así lo dispone el artículo 1240 C. Co. cuando, al exponer las causales de extinción del negocio fiduciario, incluye: "por la muerte del fiduciante o del beneficiario, cuando tal suceso haya sido señalado en el acto constitutivo como causa de extinción". Es decir que para que la muerte del fideicomitente sea causal constitutiva de anonadamiento del negocio se requiere que ello sea reconocido en el acto constitutivo.

En cuanto a lo segundo, el tribunal recurrió a la ya clásica distinción entre derechos, obligaciones y cargas para inferir que el requisito de exigir una comunicación escrita del fideicomitente, con reconocimiento de texto y

---

en desarrollo de los contratos de fiducia son meros documentos probatorios, cuyo envío o pérdida no afecta ni modifica ni extingue la calidad de beneficiario o acreedor garantizado de su tenedor": Fiduciaria del Tolima S. A. *vs.* RAFAEL BONILLA ROMERO. Laudo del 23 de agosto de 2001. El certificado de garantía es un documento que da cuenta de la cobertura o respaldo de una acreencia y el cual debe expedirse, tal como se ha afirmado, una vez integrado y constituido el patrimonio autónomo.

36 Cámara de Comercio de Bogotá. JORGE ALBERTO VÉLEZ VELÁSQUEZ *vs.* Fiduciaria Colpatria S. A. Laudo del 28 de febrero de 2006, árbitros: FRANCISCO MORRIS ORDÓÑEZ, MANUEL ENRIQUE CIFUENTES MUÑOZ y JORGE LARA URBANEJA.

presentación ante notario, no constituía un derecho a favor de aquél, sino más bien una carga toda vez que el fideicomitente era el sujeto pasivo de esa exigencia. La formalidad, pues, fue interpretada por el tribunal como un requisito que actuaba a favor del fiduciario. Se lee en el laudo:

> En otras palabras, el certificado de garantía emitido a favor de un acreedor por solicitud del fideicomitente, aun en ausencia de las formalidades convencionalmente previstas entre el fideicomitente y el fiduciario para la solicitud de expedición, produce efectos vinculantes entre el fideicomitente y el acreedor garantizado, máxime cuando el cumplimiento de la formalidad es potestativo del fideicomitente que posee la condición de deudor frente al acreedor garantizado y así mismo ha asumido una carga a favor propio y un deber a favor de los acreedores del fideicomiso y del fiduciario.

El tribunal consideró que la exigencia de la formalidad más bien era tarea de los terceros o acreedores garantizados (no citados al proceso) y no del fideicomitente:

> Vista la formalidad omitida como un deber del fideicomitente a favor de la fiduciaria, la misma sería renunciable por ella. Vista la formalidad como una carga en cabeza del fideicomitente en su propio favor, su incumplimiento por parte del mismo le atrae potencialmente una situación gravosa derivada de la propia voluntad. Vista la formalidad en cuestión como pactada a favor de terceros, su no exigencia al fideicomitente por parte de la fiduciaria comportaría una responsabilidad de la misma frente a dichos terceros que serían los únicos legitimados para exigirla.

Así pues, para el laudo la formalidad, a más de renunciable, constituía un acto potestativo propio del fideicomitente, razón por la cual no se podía estructurar una responsabilidad en cabeza de la fiduciaria. En otras palabras, al constituir la formalidad una carga en cabeza del fideicomitente, el reclamo de responsabilidad para la fiduciaria resultó fallido.

También la convocante cuestionó la forma como se ejecutó la garantía y el avalúo de los bienes que para la ejecución tomó en cuenta el fiduciario. Aquí es importante mencionar que el tribunal, con muy buen criterio y entendiendo el deber de colaboración que las partes se deben entre sí, para buscar la finalidad que ellas mismas tuvieron en mente al momento de la celebración, acogió la noción moderna del contrato como instrumento de colaboración para aplicarlo de manera especial a la fiducia en garantía en la medida en que en este tipo de fiducias la actitud del fideicomitente no puede ser meramente pasiva[37]:

> No nos encontramos, entonces, con el tipo de negocios fiduciarios donde el protagonismo se concentra altamente en la fiduciaria y donde el fideicomitente o beneficiario se encuentran en una situación de marcada dependencia o inferioridad que llevan a emplear con un fin tuitivo una severidad extrema en el análisis de la conducta del fiduciario. El carácter colaborativo de la relación adquiere en este caso su mayor relevancia, y está llamado a incidir en el estándar de análisis judicial. Sin renunciarse al rigor en la evaluación de la conducta del fiduciario, la misma se entra a valorar en conjunto con la conducta del fideicomitente, entendiendo que al no existir el mismo grado de asimetría que en otros negocios fiduciarios, éste posee una carga mayor en la defensa y agenciamiento de sus propios intereses durante la ejecución del contrato.

Interesante postura que tendrá incidencia en pleitos futuros en donde se discuta la responsabilidad del fiduciario. Sin duda, dicha postura significa, a la luz del contrato como instrumento de colaboración, una reducción en el rigor con que tradicionalmente se ha calificado al fiduciario, a pesar de ser éste considerado un profesional. Para el tribunal la obligación de poner en funcionamiento el procedimiento de la ejecución de la garantía recae es en el fideicomitente; éste es actor principal en esta modalidad de negocio fiduciario.

---

[37] Se lee en el laudo: "Esta modalidad de fiducia, a diferencia de otros negocios fiduciarios, posee una connotación instrumental. Supone, por fuerza, la existencia, al margen del contrato, de obligaciones principales, usualmente de carácter crediticio, en las que el actor por excelencia es el propio fideicomitente. En él recae el vínculo obligacional básico que lleva en caso de incumplimiento a poner en funcionamiento el procedimiento para la ejecución de la garantía. Aún frente a las vicisitudes de las relaciones jurídicas que llevan a hacer efectiva la garantía, el fideicomitente no pierde su capacidad de maniobra y acción en el ofrecimiento a los acreedores de fórmulas de arreglo, como la dación en pago, usualmente consagrada en los contratos de fiducia, con el objeto de no exponerse a la pérdida de valor de la garantía que puede acaecer en caso de salir al mercado en un contexto de baja demanda".

V. NECESIDAD DE PROBAR CAUSALIDAD ENTRE EL DAÑO Y EL INCUMPLIMIENTO DE LA FIDUCIARIA

Una entidad fiduciaria resultó demandada por dos sociedades accionistas de la sociedad fideicomitente quienes habían garantizado en calidad de avalistas dos préstamos en dinero que aquélla había obtenido de un acreedor beneficiario. Éste, ante la insuficiencia de recursos del patrimonio autónomo que satisficiera sus créditos, decidió hacer efectivo los avales. Las sociedades accionistas, en consecuencia, decidieron demandar al fiduciario por el valor de lo por ellas pagado, con el argumento de que el patrimonio autónomo había sido administrado negligentemente por la entidad fiduciaria[38].

Los árbitros inicialmente hubieron de resolver la excepción de "la falta de legitimación en la causa" esgrimida por el fiduciario por cuanto éste estimó, *inter alia*, que los convocantes no habían suscrito el contrato de fiducia que sirvió de base a la demanda, y porque no ostentaban la calidad de acreedores del patrimonio autónomo. Es decir que los convocantes actuaban en consideración de avalistas de una obligación contraída por el fideicomitente, pero no pertenecían a la categoría de "acreedores" del patrimonio autónomo y no serían en consecuencia beneficiarios del contrato de fiducia, por lo cual no estarían vinculados por la cláusula compromisoria contenida en él.

El tribunal rechazó la excepción propuesta porque, entre otras razones, consideró que con el pago las convocantes se subrogaban en la posición jurídica del acreedor satisfecho:

> [L]as sociedades convocantes, al pagar al Banco Colpatria la obligación que avalaron, cayeron en la situación que tipifica el numeral 3 del artículo 1668 del Código Civil, y que implica subrogación de quien paga una deuda a la que se encuentra obligado solidaria o subsidiariamente. Lo anterior determina que, aun a falta de las consideraciones anteriores, el pago realizado por las convocantes las sustituye en la relación obligatoria dentro de la cual el Banco Colpatria, sin ninguna duda ocupaba la calidad de "acreedor" y les otorga tal calidad con todas las prerrogativas y beneficios que le son propios, entre ellos el derecho de

---

38 Cámara de Comercio de Bogotá, Tribunal de Arbitramento entre Industrias de Marko S. A. y Palacio Martínez y Cia. S. en C. *vs.* Fiduciaria Colpatria. Laudo del 2 de marzo de 2006, árbitros: ANDRÉS ORDÓÑEZ, SAÚL SOTOMONTE y ANTONIO PABÓN.

acogerse a lo previsto en el contrato para reclamar aquellos derechos que creen tener, es decir, la facultad de acudir al arbitraje, como en efecto ha ocurrido.

Obsérvese, pues, que la regla según la cual la cláusula compromisoria obliga sólo a quienes la suscribieron, no parece ser tan absoluta por cuanto hay casos, como el expuesto, en donde se impone la laxitud en su rigor de aplicación (subrogación, contrato a favor de tercero).

Resuelto el punto anterior, el tribunal expone los elementos de la responsabilidad contractual y los proyecta al específico vínculo que se gesta en la fiducia: el daño, la existencia de una obligación, el incumplimiento culposo o doloso de la obligación, y finalmente el nexo causal entre el daño sufrido por el demandante y el incumplimiento de las obligaciones del fiduciario.

Para los demandantes, según el tribunal, el daño consistió en el hecho de haber tenido que asumir el pago de los avales suscritos por ellos a favor del Banco Colpatria, como consecuencia de la insuficiencia de dinero en el encargo fiduciario para atender esa obligación. Respecto de la existencia de la obligación, el tribunal también halló que la fiduciaria se encontraba en la obligación de recaudar la cartera, la de realizar auditorías a la gestión del recaudo de cartera que directamente realizaba el fideicomitente y la de vender las materias primas. Respecto del incumplimiento de las obligaciones de la fiduciaria, el tribunal estimó que en efecto ésta había sido negligente en el cumplimiento de algunas de las obligaciones, conducta que le mereció reproche, más tratándose de un profesional y quien conocía la delicada situación financiera por la que atravesaba la sociedad fideicomitente.

Pero el punto interesante en este precedente arbitral consistió en el análisis que el tribunal hizo respecto del nexo causal y, en concreto, de si la negligencia de la fiduciaria fue la causa de que las convocantes se vieran obligadas a efectuar los pagos que como avalistas tuvieron que hacer a favor del Banco Colpatria. Frente a esto el tribunal precisó:

> ... el daño que reclaman las convocantes no puede hacerse consistir en la atención del pago de un aval, sino que debe concretarse en la imposibilidad de repetir o recuperar las sumas que como avalistas tuvieron que cancelar. En efecto, ha de tenerse en cuenta que las obligaciones de las sociedades actoras frente al Banco Colpatria surgieron desde el momento mismo en que suscribieron los avales, y no por el hecho o la conducta de la demandada [...] Y es que tratándose

de obligaciones cambiarias, cuya característica fundamental es su autonomía respecto de la relación subyacente que le dio origen, basta con la firma puesta en el título valor para que quien la impone quede obligado conforme al tenor literal del mismo, sin poder proponer excepciones distintas a las contenidas en el artículo 784 del Código de Comercio [...] Por ello entiende el Tribunal que el nexo causal que debe verificar es aquel que pudo haber existido entre el incumplimiento de la fiduciaria y la no recuperación de lo pagado por las demandantes, en ejercicio de la acción cambiaria de regreso que los avalistas podían haber ejercido. Ha quedado demostrado en el expediente que aun cuando la Fiduciaria hubiera recuperado eficiente y oportunamente la cartera encomendada, tampoco habría tenido fondos para la atención de la obligación del Banco Colpatria, de suerte que tampoco en esta hipótesis encuentra el Tribunal que la causa de los perjuicios alegados por las convocantes, haya sido la conducta negligente de la convocada.

Interesante, pues, observar que el error de conducta del profesional no necesariamente lleva a su responsabilidad por cuanto él puede no ser la causa adecuada, eficiente o directa del perjuicio que se reclama. En negocios fiduciarios en donde se suele combinar varias de sus modalidades, por ejemplo, de administración, garantía y fuente de pagos, como en el presente caso, hay que tener en la cuenta que existe un orden o prelación de pagos y que los recursos pueden resultar insuficientes para cancelarle a todos los acreedores del patrimonio autónomo, y esto no necesariamente implica responsabilidad de la fiduciaria para con los acreedores insatisfechos: "Por ello, a pesar de las fallas que puedan ser atribuidas a la Fiduciaria en el incumplimiento del encargo, como podría ser la dilación en las mismas, no aparece demostrado por parte de las convocantes que ello haya conducido al no pago de lo avalado por ellas, máxime que un alto porcentaje de la cartera fue recaudado y tampoco se demostró que en el orden de pagos se hayan desconocido sus derechos". En este orden de ideas, las pretensiones de la demanda no prosperaron por cuanto, se insiste, no se probó la relación de causalidad entre el incumplimiento de la fiduciaria y el daño sufrido por las convocantes.

La relación de causalidad es un presupuesto de la responsabilidad civil en el sentido que debe existir un vínculo jurídico entre el incumplimiento o los errores de conducta del deudor y el perjuicio ocasionado al acreedor. Por ejemplo, en el campo de la fiducia en garantía, los errores de conducta de la fiduciaria deben incidir de manera adecuada, directa y suficiente en la pérdida de la garantía para el acreedor beneficiario. Como se sabe, el negocio fiduciario es un negocio instrumental en el sentido de que se celebra en beneficio de otro: feidecomitente, beneficiario o acreedor beneficiario en el caso de la fiducia en garantía.

Bien conocida es la evolución de los sistemas, surgidos en el campo del derecho penal y trasladados al civil, para la concepción y el tratamiento del nexo causal: equivalencia de condiciones, causa próxima, causalidad adecuada, causa eficiente, que manuales y tratados, tanto generales como especiales y las mismas sentencias judiciales, repiten, con mayor o menor información e inmediación, y cita de ejemplos antiguos y clásicos; empero, e independientemente de la tesis que se acoja, es evidente que para que pueda atribuirse a un agente un resultado dañoso, debe éste resultar objetivamente imputable del mismo. Por tanto, no debe existir ninguna duda sobre su autoría.

De conformidad con la teoría de la causalidad adecuada, hoy por hoy la más exigente y de mejor recibo en los tribunales,

> ... se considera que cuando concurren diversos acontecimientos, todos ellos susceptibles de haber producido el resultado dañoso, se atribuye relevancia a aquel que sería la causa que normalmente debe haber producido el daño. Por tanto, una persona responde del daño sólo si su conducta ha tenido el carácter de causa normalmente generadora del mismo. Todos los demás acontecimientos que hayan podido suceder, sólo son periféricos e irrelevantes para determinar quién debe responder por el daño causado.

En otros términos: "se pide si la conducta del autor del acto es apropiada para la producción de un resultado de una clase dada y determinada y, tan sólo en el caso de que la contestación fuere afirmativa, cabría apreciar la existencia del nexo causal para la exigencia de responsabilidad"[39].

De acuerdo con la teoría de la equivalencia de las condiciones, "se considera que es suficiente que una persona haya intervenido en alguno de los acontecimientos que han llevado al resultado final para que se le impute la responsabilidad. Significa que todos los eventos son equivalentes y, por tanto, todo autor debe ser responsable porque el daño no se habría producido sin su

---

39 ENCARNA ROCA. *Derecho de daños*, Valencia, Tirant lo Blanch, 1998, pp. 138 y 139.

intervención"[40]. Se recuerda que en el caso FES, al cual ya se ha aludido en varias oportunidades, el daño se debió a no haberse constituido el patrimonio autónomo por cuanto si hubiese estado constituido por la transferencia del inmueble al fiduciario, éste habría podido venderlo para el pago u ofrecerlo en dación en pago al acreedor beneficiario.

Sin embargo, en punto de la relación de causalidad y más específicamente frente al abanico de sus diferentes teorías explicativas, "los únicos medios de resolver cuestiones como esta, que escapa a una definición rigurosamente científica, son el buen sentido y el espíritu de equidad y de ponderación del juez"[41].

Dos comentarios adicionales. En este tema de la relación de causalidad es conveniente mencionar, para evitar equívocos, que el fiduciario no es un asegurador. En efecto, se tiene la proclividad de demandar a la fiduciaria siempre que al acreedor no se le satisface su acreencia garantizada o porque el fideicomitente no obtuvo los ganancias esperadas al momento de celebrar el negocio, pero esto no significa que el proceso deba terminar con una sentencia de condena en contra del fiduciario dado que en la insatisfacción del crédito o en la gestión del negocio pudo no haber existido una conducta culposa o negligente de éste. Valga aquí la ilustrativa reflexión del profesor RAMIRO RENGIFO:

> ¿Deberá el fiduciario responder por el monto del avalúo ante los terceros acreedores que, confiados en la experiencia del fiduciario, aceptaron otorgar un crédito que después no pudo ser pagado porque del producto de la venta de los bienes no alcanzó para tales pagos en su totalidad? Una respuesta negativa parece obvia, si se recuerda una expresión que define la esencia de la fiducia y que expresa que el fiduciario no es un asegurador. En realidad, con la expresión se quiere recalcar que el fiduciario no puede garantizar un resultado específico al beneficiario, como sería, por ejemplo, un determinado porcentaje de ganancias en un negocio realizado por el patrimonio autónomo administrado por el fiduciario. Responder por el avalúo de los bienes aprobado por el fiduciario no es garantizar un resultado proveniente de la actividad del fiduciario, sino precisar el monto del patrimonio que se va a constituir en fiducia. La modalidad espe-

---

40 Ibíd., p. 139.
41 BORIS STARCK. *Droit civil. Les obligations*, Paris, Librairies Techniques, 1972, n.º 739, cit. por TAMAYO LOMBANA. *Manual de obligaciones*, Bogotá, Temis, 1998, p. 68.

cial de este tipo de fiducia involucra al fiduciario en la determinación del valor del bien o bienes que el fiduciario va a administrar (bienes fideicomitidos), porque en la ejecución de la fiducia, el fiduciario está dispuesto a registrar créditos hasta un porcentaje de su valor. Quiere decir ello que el fiduciario tiene que tener certidumbre del valor asignado a dichos bienes, para lo cual debe participar en su valoración. Ello no significa que el fiduciario esté garantizando en todo momento el valor del avalúo; pero sí tiene que responder si se prueba que actuó negligentemente en el proceso del avalúo, aceptando, por ejemplo, justificaciones no válidas para asignarle un mayor valor a los bienes u olvidando las evoluciones o ciclos del mercado, etc. y si a consecuencia de ese avalúo inadecuado al rematarse el bien, el valor por el cual se vende el bien es notoria e injustificadamente menor del avalúo asignado[42].

Resulta, pues, ilustrativa la cita anterior para que antes de iniciar un proceso de responsabilidad civil en contra de un fiduciario se examine con exquisito cuidado el papel de éste en su gestión y saber si en ésta hubo un comportamiento alejado de los estándares que se esperan de un profesional y el cual sería la causa del daño padecido por el fideicomitente o el beneficiario.

De otra parte, no hay ninguna relación de causalidad entre una presunta contabilidad mal organizada y el incumplimiento de un contrato causante de un daño. Cabría preguntarse si una culpa imputable a una sociedad demandante derivada de supuestas o reales irregularidades en torno del manejo de la contabilidad daría lugar a liberar de responsabilidad a una fiduciaria. Un supuesto o real desorden de contabilidad no es causa que conduzca a la no ejecución de la garantía o de cualquier contrato. No cualquier inobservancia contable atribuible al acreedor da lugar a la liberación de responsabilidad de la fiduciaria. La contabilidad no es una condición que haya facilitado el incumplimiento del contrato o la inejecución de la garantía. O como ha dicho la Corte Suprema de Justicia a propósito de la irregularidad contable: "El desorden de la contabilidad atribuible a la sociedad demandante no puede calificarse como una culpa con la envergadura suficiente para exonerar el Banco encausado"[43].

---

42 RAMIRO RENGIFO. *La fiducia*, Medellín, Universidad EAFIT, 2001, pp. 400 y 401.
43 Cfr. Corte Suprema de Justicia, Sala de Casación Civil. Sentencia del 9 de septiembre de 1999, M. P.: JORGE ANTONIO CASTILLO RUGELES.

VI. EL NEGOCIO FIDUCIARIO COMO NEGOCIO DE COLABORACIÓN Y EL PRINCIPIO DE CONFIANZA

A. NEGOCIO DE COLABORACIÓN

También en un fallo de la justicia arbitral a propósito de un negocio fiduciario de garantía en donde para satisfacer a los beneficiarios, o mejor, a los acreedores garantizados, con los bienes que constituían el patrimonio autónomo, se recurrió a la figura de la dación en pago, el Tribunal Arbitral insistió en que en este tipo de negocios existe un particular deber de colaboración, lo cual determina que las distintas partes vinculadas deben encaminar sus actividades a que el contrato cumpla sus efectos:

> El concepto de colaboración ha sido fundamentado en la doctrina en la buena fe contractual, de tal manera que se asegure el cumplimiento y la eficacia de los contratos. El profesor EMILIO BETTI considera que la buena fe contractual coincide con la actitud de cooperación, dirigida ésta a asegurar el cumplimiento de la expectativa de la otra parte. De suyo, según el autor, esta actitud busca afianzar la confianza, la fidelidad, el compromiso y la prontitud en auxiliar a la otra parte, para que se pueda cumplir con sus recíprocas obligaciones. En este orden de ideas, también la doctrina se asegura que las partes cumplan con sus obligaciones y que ninguna de ellas se limite a esperar que la otra cumpla las que le son propias, sino que a cada una le competen obligaciones complementarias en orden a facilitar la normal y adecuada ejecución del contrato, de acuerdo con la naturaleza del mismo [...] Pero el cumplimiento contractual no es una cuestión estática, sino dinámica, que impone el deber de colaboración mutua, en la cual es imperioso tener en cuenta que la buena fe contractual concierne a todos [...] [C]onsecuencia de ello es el deber de actuar en función de la finalidad [del negocio] y no de futuras controversias judiciales[44].

Respecto del deber de información, el tribunal conceptuó que este contribuye a la transparencia y lealtad a la que está obligado el fiduciario, deber que se

---

44 Cámara de Comercio de Bogotá, Tribunal de Arbitramento Droguenal y Cia. S. A. en liquidación *vs.* Fiduciaria Colpatria S. A. Laudo del 15 de septiembre de 2005, árbitros: BERNARDO CARREÑO VARELA, STELLA VILLEGAS DE OSORIO y RODRIGO LLORENTE MARTÍNEZ.

concreta, durante la ejecución del contrato, con la rendición de cuentas que comprende cuando menos el aviso sobre el estado actual del negocio, la localización e identificación de los bienes transferidos en fiducia, la relación de los beneficiarios garantizados, la indicación del valor de los créditos amparados con la garantía, el estado de ésta y sus condiciones tales como el plazo, el interés pactado y la modalidad de pago. Este deber de información también se deriva del principio de la buena fe y despuntará menos gravoso si la otra parte posee conocimientos relacionados con el objeto materia del contrato. Sin embargo, y esto es lo que se debe destacar en razón de ser la fiducia un negocio de colaboración, el deber de información no es sólo del fiduciario, sino también alcanza al fideicomitente y a los acreedores garantizados,

> ... en la medida en que el contenido de la información que ellos entregan es también base para la toma de decisiones de todos en las distintas etapas de este tipo de contrato, lo que deriva también en sus propias responsabilidades. Siendo éstos como son contratos onerosos y conmutativos (arts. 1497, 1498 C. C.), lo predicado de unos afecta o beneficia a los otros, en términos de provecho y consiguiente responsabilidad, tal como se establece en los artículos 1235 y ss. del Código de Comercio.

En el caso, el convocante solicitaba que se declarara que la fiduciaria había incumplido el contrato de fiducia en garantía por culpa, negligencia grave o dolo en la medida en que no había devuelto el remanente que según la actora existía en la dación en pago con la cual se había ejecutado extrajudicialmente la garantía a favor de los acreedores y que como consecuencia de la susodicha declaración se condenase a pagar ese remanente, más sus intereses moratorios y las costas del proceso. El tribunal estimó que en la dación en pago, a diferencia de una venta, no hay remanente y por lo tanto no había nada que devolver[45].

---

45 Se lee en el laudo: "Puede verse con claridad absoluta que la convocante dice que Fiducolpatria incumplió el contrato porque no ha entregado el remanente. Y es claro que ese remanente no se puede entregar porque ontológicamente no existe. Y porque las partes previeron la existencia y devolución del remanente para sumas de dinero provenientes de la venta del bien fideicomitido; no se previó jamás para el caso de la dación en pago. Para evitar tergiversaciones el Tribunal advierte que en este pasaje no se está refiriendo a que haya o no, diferencia entre el precio de la dación en pago y el valor de los créditos garantizados, sino al hecho de que ese

Lo importante para tener en la cuenta y más allá de la situación fáctica discutida, es que en este tipo de contratos de gestión de negocios ajenos las partes deben colocar lo mejor de sí para lograr el fin establecido en el acto que disciplina el negocio, y que si bien el fiduciario se debe comportar como un verdadero profesional y que de él se espera una particular dedicación, los otros beneficiarios del negocio también tienen que desplegar una actividad tal, de la cual se deduzca que iba en efecto dirigida a contribuir con la consecución de la finalidad buscada con el negocio. Dice el laudo: "[L]as partes están obligadas a poner los medios para lograr el fin buscado; y para lo cual cada una de ellas está en la obligación de prestar toda la colaboración en todas las etapas en que se desarrolla el contrato y que su responsabilidad nace de esa obligación general, pero, por decirlo así hay una división de trabajo ocasionada por la diferencia de obligaciones"[46].

Este es un reconocimiento doctrinario relevante y seguramente va a ser esgrimido en los futuros pleitos que involucren cuestiones fiduciarias, en el sentido de que durante la ejecución de negocios de gestión de intereses ajenos la mayoría de las veces no se observan intereses contrapuestos, sino de colaboración, incluso previamente indicados en el acto constitutivo del negocio. Así pues, frente a la existencia de negocios jurídicos de contraprestación, el contrato fiduciario —en algunas de sus modalidades— puede ser calificado de negocio de colaboración en la medida en que la consecución de la finalidad del negocio no depende de una sola de las partes, sino de la colaboración recíproca y de buena fe de todas las partes del negocio. En últimas, es la reconfirmación del valor normativo del principio de la buena fe recíproca que se deben las

---

    remanente no es un bien; y que el contrato regula la devolución de un remanente en dinero en caso de que [exista] venta".

46 En igual sentido cfr. CARLOS JULIO GIRALDO BUSTAMANTE. "La fiducia en Colombia según la justicia arbitral", *Revista de Derecho Privado*, n.º 35, Bogotá, Universidad de los Andes, diciembre de 2005, pp. 81 y 113. Aquí en p. 99 se lee: "Las diversas consideraciones hechas por los Tribunales de Arbitramento nos llevan a pensar que los contratos de fiducia son contratos de colaboración, por cuanto la conducta desarrollada por cada una de ellas debe orientarse al buen cumplimiento del contrato. La fiduciaria, el fideicomitente, y en su caso, el beneficiario deben colaborar al cumplimiento de la finalidad prevista en el contrato. De esta forma, hay una verdadera distribución de responsabilidades entre las partes que concurren a un contrato de fiducia".

partes. Tal como lo dijimos en precedencia: las partes contratantes se deben comportar según la buena fe y procurar que no queden fallidas las recíprocas expectativas. La buena fe es, esencialmente, una actitud de cooperación que vincula al deudor a poner lo mejor de sí, las mejores energías al servicio de los intereses ajenos[47].

B. PRINCIPIO DE CONFIANZA

No obstante el carácter de no contraposición, sino de colaboración de que está impregnado el negocio fiduciario, sobre todo el de garantía, no hay que olvidarse que éste es un negocio de confianza en la medida en que el lego o inexperto e, incluso, otro profesional, le encarga, o mejor, le confía a otro la gestión de uno o más negocios. En últimas el negocio fiduciario es sustancialmente un negocio de confianza (*trust*) en el experto o profesional que, precisamente por sus virtudes, aptitudes y capacidades, intuye y atisba los riesgos del negocio, los avatares del mercado.

---

[47] "Se advierte en la doctrina contemporánea una tendencia fuerte a resaltar y exigir con rigor los deberes de lealtad, corrección y buena fe, y más concretamente de consideración y colaboración mutuas entre los contratantes, inclusive de 'abnegación', se habla de *civismo contractual*, de *altruismo contractual*, de una *ética contractual*, del contrato como un punto de confluencia y de '*sociabilidad*', de '*contrat sociable*', en fin, de '*decencia*', todo lo cual, al margen de que tan profunda y expedita pueda estimarse tal orientación, pone de presente un anhelo contemporáneo de lograr una coexistencia pacífica y amable, indispensable en medio de la socialización absoluta de la vida en la actualidad y en el futuro oteable, de modo que sin incurrir en la ingenuidad de pensar en que cada cual está dispuesto a sacrificar lo suyo en obsequio de los demás y a deponer su natural egoísmo, se le exija a todos consideración por el otro, moderación, en pos de una armonía basada en el equilibrio, alcanzable a la postre por medio de la educación y, mientras, mediante la presencia activa de la jurisdicción para corregir los desajustes y reprimir los desafueros, de modo de privilegiar el interés colectivo de las partes, sin dejar de respetar los intereses particulares, lo cual conduce a anteponer el valor justicia contractual a la intangibilidad del contrato y al principio de la 'seguridad', vaya a saberse hasta dónde una utopía, pero en todo caso, como una concepción moralmente preferible al 'mito de la igualdad y libertad contractuales'": FERNANDO HINESTROSA. "Proyecciones políticas del contrato", ponencia en el Primer Congreso Internacional de Derecho Mercantil, "La Empresa en el Siglo XXI", organizado por la Universidad Externado de Colombia y la Cámara de Comercio de Bogotá, Bogotá, 22 a 24 de septiembre de 2004.

En aquellos casos de la vida social, en que los comportamientos de los seres humanos entran en contacto y se entrelazan, no forma parte del rol de cada uno controlar de manera permanente a los demás, porque en otro caso resultaría por completo imposible la división del trabajo. Toda una serie de divisiones del trabajo resultarían imposibles si cada uno tuviese que controlar absolutamente a todos los que cooperan con él. Por ejemplo, dice Jakobs, el piloto debe poder confiar en que el copiloto realizará su cometido respecto del correcto funcionamiento de los aparatos técnicos, y el cirujano que su auxiliar comprobará las compresas y los utensilios necesarios para la práctica quirúrgica[48].

Pues bien, quien recurre a un profesional lo mínimo que espera (expectativa de satisfacción) es que el gestor realice su cometido con base en las instrucciones dadas o señaladas en el acto constitutivo o en momentos posteriores de ejecución del contrato. La regla en esta materia y en razón del principio de confianza es que se exonera a quien actúa en virtud de una fundada confianza. En esto consiste precisamente el efecto jurídico del principio de confianza tan en boga, actualmente, en el derecho punitivo[49].

La confianza en la esfera del derecho

> ... constituye una ventana por la cual el elemento ético ingresa en el mundo jurídico, ya sea como principio básico de la vida social sin la cual sería imposible concebir la convivencia en sociedad o también, creando deberes específicos de conducta conforme a las expectativas de conductas razonables por parte de los sujetos portantes. El hombre actúa por motivaciones, y la primordial es la expectativa de confianza que supera la incertidumbre en cualquier orden especialmente en el ámbito jurídico económico para romper los riesgos del mercado creando un marco de expectativa favorable a su acceso, evitando daños innecesarios[50].

---

48 Luis Díez-Picazo. *Derecho de daños*, Madrid, Civitas, 1999, p. 343.
49 Se recomienda el trabajo de la aventajada estudiante Nathalia Elena Bautista Pizarro. *El principio de confianza en un derecho penal funcional*, tesis de grado, aclamada por el jurado, Bogotá, Universidad Externado de Colombia, 2005.
50 Celia Weingarten. "El valor económico de la confianza para empresas y consumidores", en *Responsabilidad Civil y del Estado*, n.º 7, Instituto Antioqueño de Responsabilidad Civil, noviembre de 1999, p. 72.

La confianza, en fin, constituye además un recurso económico para reducir la necesidad de información y ahorrar los costos que ésta implica. Desde otro punto de vista, las razonables expectativas generadas por la confianza se constituyen en fuente autónoma de obligaciones, en el plano extracontractual, precontractual, contractual y postcontractual, cuyo quebrantamiento determina por sí la reparación del daño causado.

La elaboración del principio de confianza parte de la necesidad y a la vez del supuesto de la complejidad del entorno, lo cual hace que se justifique aquella –la confianza– como mecanismo de solución en la medida en que no se cuenta con el tiempo para asir la diferenciación, o mejor, para el aprendizaje necesario que señale si confiar o no. En esta medida el principio de confianza surge como un delimitador del deber objetivo de cuidado. Mientras más compleja sea la sociedad, más nos veremos compelidos a reconocer la confianza en el otro o en los otros. El principio, pues, tiene una importante aplicación en los negocios fiduciarios en tanto y en cuanto en estos subyace la idea de la confianza en el gestor de negocios ajenos al cual se recurre precisamente por su experiencia y profesionalidad.

Sin exageración de ha dicho que vivimos en la sociedad del riesgo; pues bien, el derecho le ofrece a los particulares soluciones tendentes a la reducción de la complejidad del entorno mediante la generalización de expectativas de conducta. Para nuestro caso, es claro que se espera de la sociedad fiduciaria que despliegue todos sus atributos para satisfacer los intereses que se han forjado sus usuarios o clientes. La reducción de la complejidad en la era moderna, se logra precisamente con el reconocimiento normativo del principio de confianza, lo que significa que la frustración de expectativas puede originar su aplicación en orden a compensar la defraudación.

El principio de confianza significa, en términos coloquiales, que si me encuentro en Bogotá y conduzco mi vehículo por la carrera séptima en el sentido sur a norte, por ese mismo carril no me toparé con otro carro que se dirija en el sentido norte a sur. El principio de confianza es el fundamento de la actividad en equipo, de la división del trabajo y, obviamente, de aquellos contratos de colaboración en que cada parte debe hacer lo suyo, para contribuir en el logro de un propósito común; o mejor, el fundamento de aquellos contratos en donde se confía en que cada una de las partes haga lo propio para la satisfacción de la otra o de las otras, o de la finalidad para la cual fue establecido el respectivo negocio.

Se señaló que el principio actúa como un criterio delimitador del deber de cuidado y que él se extiende al ejercicio de todas las profesiones porque en el mundo actual, dada su complejidad, debemos contar casi que permanentemente con aportes ajenos para ejecutar nuestras funciones[51].

Así, genéricamente se puede decir que el principio de confianza se aplica siempre que en el actuar propio se emplee un aporte ajeno y, específicamente, que el principio de confianza permite delimitar el alcance del deber de diligencia para el caso concreto [...] Y desde la perspectiva del principio de confianza, el cirujano encargado de la operación, puede confiar con que el anestesista ha llevado a cabo su función correctamente [...] [C]uando se está frente a una división horizontal del trabajo, cada participante puede confiar libremente en el aporte no defectuoso ajeno; en cambio, cuando [existe] una división del trabajo vertical, el superior no puede confiar libremente en ese aporte ajeno porque tiene un deber de control y vigilancia frente a su subordinado. Por su parte, el subordinado puede confiar en las instrucciones de su superior, siempre que no existan motivos convincentes para pensar lo contrario[52].

---

51 "Así, por ejemplo, está el fallo del BGH del 8 de diciembre de 1959, en el cual se discute implícitamente sobre la protección de la confianza de un periodista que para la redacción de una nota utiliza una fuente de información ajena. El problema consistió en que se comprobó que los hechos reportados no correspondían a la realidad, vulnerando el honor de las personas implicadas en el artículo publicado. En este caso se preguntó en qué medida podía el periodista confiar con la veracidad del dato obtenido. Para ello, el Tribunal hace énfasis en dos aspectos, el primero consiste en la posibilidad de confiar en una fuente de información ajena y, el segundo, en el deber de confirmar la veracidad de los hechos cuando en ellos se está dudando del honor de las personas. Se le reprochó así el haber 'confiado manifiestamente en una información verbal dada por una persona a quien acababa de conocer' y que nada tenía que ver con los datos que le suministró. Además, el acusado no cumplió con el deber de controlar el contenido de dicha información. Este es un claro ejemplo de lo planteado, pues el análisis de la protección de la confianza se presentó aquí dentro de la profesión del periodista. Para ello, el juez se valió de los deberes de diligencia propios en este campo que, en este caso, por una parte consistieron en el deber de controlar la veracidad de la información dada por una persona que no era competente –fiable– para suministrarla [...] y, por otra, el deber de comprobar un dato que cuestione el honor de otra persona (aquí, en cambio, se ordena desconfiar)": BAUTISTA PIZARRO. *El principio de confianza en un derecho penal funcional*, cit., pp. 75 y 76, en vía de publicación. Obviamente el caso descrito no se acomoda al contrato de fiducia, pero es un ejemplo de la forma como encuentra cabida y aplicación el principio de marras. Y no aplica, porque los actos de la fiducia no deben ser, en principio, confrontados o corroborados por los clientes para creer en su veracidad o certeza.

Es decir que el principio no opera cuando se tiene un deber de control, cuidado o vigilancia sobre el comportamiento ajeno en relaciones de dependencia o en vínculos intersubjetivos de carácter vertical. Extendiendo lo dicho a la particular relación de confianza que subyace en los negocios fiduciarios, es obvio que en principio los actos y las manifestaciones de la fiducia no deben ser confrontados o corroborados por los clientes para creer en su existencia, validez, veracidad o certeza. En esas relaciones, pues, opera en toda su dimensión y alcance el principio de confianza como criterio delimitador del objetivo deber de cuidado[53].

VII. CRITERIO DE VALORACIÓN DE LAS DECISIONES DE LOS ADMINISTRADORES

Es fácil cuestionar un negocio *ex post facto* cuando ha producido pérdidas. Frente a esta tendencia de desvalorar la concreción de los negocios después de haber resultado frustrados para una de las partes, se debe proceder con cautela y ponderación. Sobre los inconvenientes e injusticias que pueden derivarse de evaluar a posteriori las decisiones de los hombres de empresa, sin que los jueces traten de colocarse en las circunstancias imperantes en el momento en que se toman, la jurisprudencia arbitral ha dicho:

> El Tribunal es de la opinión de que debe obrar con especial tino y cautela en la calificación de la forma como obró la actora al otorgar el crédito, pues es necesario preservar el margen de maniobra y discrecionalidad que tienen los administradores de negocios para decidir ciertas transacciones, o para prescindir de

---

52 Ibíd., pp. 77 y ss.
53 "Para el Tribunal, una entidad que como la Fiduciaria, desarrolla su actividad fundada sobre la confianza pública, como lo hacen todas las entidades del sector financiero, resulta inadmisible esa improvidencia para asumir obligaciones. ¿En qué quedaría el contrato de fiducia apoyado sobre la confianza depositada en instituciones especializadas y sometidas a la vigilancia y control del Estado, cuya consecuencia práctica es la transferencia de un derecho real, por parte del fideicomitente, a un fiduciario, si se aceptara como buena la tesis según la cual es irrelevante adquirir o no los bienes, materia del mismo, en el momento de suscribirlo?": Cámara de Comercio de Bogotá, Tribunal de Arbitramento de Banco Superior *vs.* Fiduciaria Tequendama. Laudo del 12 de julio de 2000, árbitros: GILBERTO ARANGO LONDOÑO, ANTONIO COPELLO FACCINI y CARLOS NAVIA RAFFO.

otras, o tomar determinados riesgos económicos. No es por tanto conveniente tratar de deducir –*ex post facto*– por el mero hecho de que a la postre una decisión resulte equivocada o un negocio genere pérdidas. Estos resultados negativos sólo podrán ser fuente de responsabilidad en la medida en que los administradores en cuestión no tengan la idoneidad o la experiencia para evaluar las circunstancias imperantes, o actúen sin recaudar la información usual o sin hacer las indagaciones normales o sin efectuar los estudios y análisis que habitualmente se llevan a cabo para la clase de negocios de que se trate. En otras palabras, los árbitros no pueden sustituir, con su propio criterio –formado a posteriori, en un ambiente calmado y desprevenido–, el criterio de los administradores, ni su percepción particular, ni su sentido de la oportunidad, ni su "olfato" negocial, forjados al calor de un mundo económico agitado, en el que cada vez hay que tomar más decisiones contando con informaciones incompletas, con el agobio de una competencia voraz, con la necesidad de reaccionar con celeridad y con la presión de mejorar los propios estados financieros y con ello la rentabilidad de los accionistas. El administrador diligente será, entonces, el que logre encontrar un equilibrio entre la rapidez de sus decisiones y la seguridad de las mismas, pero esta última estructurada sobre las precauciones y análisis usuales normales, no especialmente onerosos, complejos ni dilatados, pues esto, aunque es teóricamente posible, no permite la vida actual de los negocios. Los administradores deben tener la seguridad de que no serán responsables, a pesar de las malas decisiones y los malos negocios, en la medida en que hayan adoptado las precauciones y efectúen los análisis indicados, que se repite no han de ser minuciosos ni exhaustivos. La posición contraria generaría inmovilismo y el rechazo a tomar riesgos, que son connaturales a las actividades mercantiles y necesarias para el incremento de la rentabilidad, que es creación de riqueza[54].

Resulta afortunada la anterior reflexión por cuanto el concepto del "buen hombre de negocios" es un concepto jurídico indeterminado que habrá de precisarse con la ayuda de la jurisprudencia y la doctrina, y obviamente con base en la rica casuística contractual que hoy tiene el contrato de fiducia. En el medio está la

---

[54] Aparte del laudo arbitral proferido el 26 de agosto de 1997 en el proceso arbitral de Leasing Mundial *vs.* Fiduciaria FES S. A. Citado, además, en el laudo arbitral del 8 de junio de 1999 en el proceso arbitral del Inurbe contra Fiduagraria, p. 54. En este último proceso arbitral fueron árbitros José Ignacio Narváez García, Julio César Uribe Acosta y Jorge Suescún Melo.

virtud; por lo tanto, se prohija la regla señalada en la cita anterior en el sentido de que el administrador diligente será aquel que logre encontrar el equilibrio entre la rapidez de las decisiones y la seguridad de las mismas, y esta última basada en las precauciones y análisis usuales y normales que expresen objetivamente el obrar de un hombre profesional y cuidadoso.

VIII. EL BENEFICIARIO ESTÁ LEGITIMADO PARA DEMANDAR

Un tema sensible y bastante discutido sin que se haya llegado a una solución apodíctica e incontrovertible, es el de saber si el beneficiario, cuando no coincide esta condición con la del mismo fideicomitente, es parte o tercero en el contrato de fiducia mercantil. El punto ha sido expuesto fundamentalmente por la justicia arbitral y en especial cuando los tribunales de arbitramento han tenido que decidir sobre su competencia precisamente ante la circunstancia de que quien demanda es el acreedor beneficiario en los famosos contratos de fiducia en garantía en donde las partes son el deudor fideicomitente y el ente fiduciario. Una tesis, que podríamos llamar clásica, no acepta que el beneficiario de un certificado de garantía pueda ser considerado parte, y menos que tenga la facultad de hacer uso de la cláusula compromisoria contenida en el acto constitutivo de la relación fiduciaria. Para esta postura, pues, las partes son únicamente el fiduciante y el fiduciario[55]. Otros, quizá haciendo una interpretación extensiva del concepto de "parte" y mirando más la función económica y social que un mecanismo negocial como la fiducia en garantía está llamado a desempeñar en la vida práctica, aceptan la legitimación del acree-

---

[55] Sobre la estrecha relación de la noción de parte y de tercero con el concepto de contrato cfr. el magnífico trabajo de MARTHA ELENA PÁJARO. *La relatividad del contrato y los terceros*, Bogotá, Universidad Externado de Colombia, 2005, pp. 23 y ss. En este juicioso texto se lee: "En relación con la definición de tercero, se sostiene que ésta es de carácter negativo, por cuanto es evidente que frente a un determinado contrato es tercero quien no ha sido parte. Tal es la opinión de la doctrina francesa, que con fundamento en el artículo 1165 del Código Civil francés, según el cual el contrato no puede favorecer ni perjudicar a terceros, deduce que esa calidad la tienen todas aquellas personas que no han intervenido en el contrato ni por sí mismas ni por medio de representantes y que no han adquirido de las partes derecho alguno que las haga causahabientes" (pp. 28 y 29).

dor beneficiario para reclamar el uso de la justicia arbitral, cuando la cláusula compromisoria se halla en el contrato que celebran el deudor fideicomitente y la fiduciaria. Estas son, pues, las dos tesis en este punto.

La segunda postura llega a esa conclusión porque en esencia el contrato de fiducia en garantía está estructurado en función no solo de las partes celebrantes, sino también del acreedor beneficiario. Obsérvese, que la jurisprudencia arbitral esta cargada de demandas formuladas por los acreedores beneficiarios cuya expectativa de satisfacción se pudo haber diluido por errores de conducta del gestor de negocios ajenos (fiduciario). Así mismo, el acreedor beneficiario, al aceptar esta condición, suele adherir al contrato del cual se deriva su garantía, y ya se ha sostenido en trabajo anterior que en los contratos de adhesión o por adhesión puede hallarse una cláusula arbitral y esta será válida y eficaz para el adherente en tanto y en cuanto no sea desequilibrada o injusta[56].

Independientemente de la discusión de si el beneficiario es o no parte en un contrato complejo, como lo es el contrato de fiducia en garantía, sí creemos que el acreedor beneficiario detenta un interés jurídico sustancial, reconocido en el mismísimo artículo 1226 C. Co., lo cual lo legitima procesalmente para reclamar su protección civil con base en los derechos que se derivan del contrato de fiducia original. Cae como anillo al dedo en esta discusión la reflexión de MESSINEO: "También los acreedores del contratante, considerados originalmente terceros respecto del contrato que éste celebra, bajo ciertas circunstancias se asimilan a las partes en la medida en que no pueden desconocer los efectos del contrato celebrado por su deudor. Por este motivo el concepto de tercero, según este autor, es eminentemente relativo por cuanto depende de cada caso particular"[57].

De todos modos, para saber si el beneficiario puede demandar o ser demandado con base en una cláusula arbitral que él no ha suscrito, se debe analizar o discernir el punto en cada caso concreto. En otros términos: el tema es una *quaestio facti* que debe ser apreciada por el árbitro en cada asunto particular[58].

---

56 Cfr. ERNESTO RENGIFO GARCÍA. *Del abuso del derecho al abuso de la posición dominante*, Bogotá, Universidad Externado de Colombia, 2004, pp. 278 y ss.
57 FRANCESCO MESSINEO. *Trattato di diritto civile e commerciale*, Milano, Giuffré, 1951, par. 136, n.º 13 a 17, cit. por PÁJARO. *La relatividad del contrato y los terceros*, cit., p. 29.
58 En un asunto sometido a la justicia arbitral, el tribunal se declaró competente por cuanto "el

Por ejemplo, cuando se está en presencia de una demanda por incumplimiento del contrato, en donde quien demanda a la fiduciaria es el beneficiario, no sería extraño citar al constituyente como litisconsorcio necesario, o, en la hipótesis en donde el constituyente, actuando como actor en contra de una fiduciaria, solicita la nulidad del contrato, no es contrario a la lógica citar al beneficiario por cuanto extinguido el vínculo contractual, se extinguirá la garantía[59].

En razón de lo anterior se comparte lo expuesto por un destacado árbitro:

> En el derecho romano el tercero era denotado como *penitus extranei*, es decir como un alguien totalmente extraño al contrato, pero esta división tan tajante se debilitó paulatinamente en la propia dinámica de dicho derecho hasta que finalmente se llegó a reconocer acciones directas al propio beneficiario. Con mayor razón, en el derecho contemporáneo mucho más abierto a las relaciones de carácter complejo, resultan atendibles desde la perspectiva sustancial y procesal los derechos de terceros frente a ciertos contratos que les afecten [...] sin que ello implique de manera necesaria su transformación en parte propiamente dicha del contrato. No quiere ello decir, en modo alguno, y así conviene

---

nuevo material probatorio aportado, contiene ciertamente, no solo la aceptación tácita, sino además la aceptación expresa de los términos y condiciones de la relación, lo que se hace en los siguientes términos: 'Así mismo manifiesto que conozco el contenido del contrato de fiducia, el valor y el término del avalúo practicado por DITER CASTRILLÓN con fecha de mayo de 1997 y el certificado de garantía, los cuales acepto en su integridad'": Tribunal de Arbitramento de Fiduciaria del Estado *vs.* Pollocoa S. A. Auto n.º 9 del 22 de julio de 2005, árbitro único: MANUEL ENRIQUE CIFUENTES MUÑOZ.

59 En efecto, dispone el artículo 149 del Decreto 1818 de 1998 lo que sigue: "Cuando por la naturaleza de la situación jurídica debatida en el proceso, el laudo genere efectos de cosa juzgada para quienes no estipularon el pacto arbitral, el tribunal ordenará la citación personal de todas ellas para que adhieran al arbitramento. La notificación personal de la providencia que así lo ordene, se llevará a cabo dentro de los cinco (5) días siguientes a la fecha de su expedición. Los citados deberán manifestar expresamente su adhesión al pacto arbitral dentro de los diez (10) días siguientes. En caso contrario se declararan extinguidos los efectos del compromiso o los de la cláusula compromisoria para dicho caso". Es claro que la norma está siendo referencia al litisconsorcio necesario porque sin la presencia de esa parte no puede haber sentencia de fondo; esa la razón por la cual si este clase de litisconsorte no concurre al proceso, los efectos de la cláusula compromisoria se extinguen. Ahora bien, el artículo 52 CPC señala: "Podrán intervenir en un proceso como litisconsortes de una parte y con las mismas facultades de ésta, los terceros que sean titulares de una determinada relación sustancial a la cual se extiendan los efectos jurídicos de la sentencia, y que por ello estaban legitimados para demandar o ser demandados en el proceso".

reiterarlo, que no se haya advertido la especial penetración por parte del legislador dentro del ámbito del contrato de fiducia mercantil, pero esta en modo alguno justifica el salto argumentativo de sostener la transmutación del beneficiario en parte, pues el legislador dentro de su capacidad propia de prefiguración del ordenamiento bien puede deparar una protección intensa a favor de terceros con un interés relevante en el contrato sin afectar su condición de terceros o hacer parte a los mismos del contrato de manera explícita con ocasión de la regulación de una forma contractual, como lo hizo en materia del contrato de transporte. En ausencia de una definición contundente al respecto del legislador, consideramos mucho más prudente atenernos al contenido concreto del contrato y del certificado respectivo[60].

La dilución del concepto tradicional de parte se observa, por ejemplo, en el contrato de transporte en donde el legislador en el artículo 1008 C. Co. señala que "se tendrán como partes en el contrato de transporte de cosas el transportador y el remitente. Hará parte el destinatario cuando acepte el respectivo contrato". De modo pues que en esta hipótesis normativa, el aceptante se convierte en parte.

Nótese que un certificado de garantía no constituye la formalización o instrumentalización de un negocio jurídico abstracto, como lo son, *verbi gratia*, los títulos valores, sino más bien es un documento que da cuenta de la acreencia y va unido al negocio principal (contrato de fiducia) en la medida en que no tiene existencia propia o autómoma. Pues bien, el acreedor beneficiario al recibir el certificado de garantía sabe que dicho documento está vinculado al contrato de fiducia que ha celebrado su deudor con el ente que le ha expedido y registrado el correspondiente certificado de garantía.

El argumento en exceso formalista de excluir la posibilidad que tiene el acreedor beneficiario de demandar a la fiduciaria con base en una cláusula contractual contenida en el contrato de fiducia celebrado entre el deudor y la fiduciaria porque no se es parte, desconoce la finalidad jurídica y práctica de este tipo de contrato de carácter complejo que le implica al intérprete asumir una especial actitud mental para ensanchar el restringido concepto de parte –elaborado en un momento histórico en donde escaseaban figuras contractuales com-

---

60 Tribunal de Arbitramento de Fiduciaria del Estado S. A.-Fiduestado en liquidación *vs.* Pollocoa S. A. Auto 9 del 22 de julio de 2005, cit.

plejas–, o incluso, entender que el concepto de tercero es "eminentemente relativo" por cuanto depende, en efecto, de cada caso particular.

IX. DAÑOS, PERJUICIOS Y SU CUANTIFICACIÓN

El daño se pone a cargo de otra persona distinta del que lo sufre porque aquella no hizo lo que debía haber hecho y, si hubiera actuado debidamente, el daño no se hubiera producido. En efecto, la teoría del daño busca la reconstrucción de la situación patrimonial del perjudicado, esto es, colocar el patrimonio del dañado en la misma situación que tendría si no se hubiese presentado un hecho dañoso (incumplimiento contractual, por ej.).

Para resolver toda esa serie de problemas de pérdidas efectivas, gastos (daño emergente) y ganancias frustradas (lucro cesante), MOMMSEN acuñó la llamada "teoría de la diferencia", cuyo mayor mérito consistió en trasladar el punto de vista del concreto bien en el que se ha experimentado el daño al total patrimonio del perjudicado, lo que permite englobar pérdidas, gastos y ganancias no obtenidas. Lo que hay que reconstruir para medir la indemnización no es la situación concreta del bien dañado, sino la situación patrimonial del perjudicado. De esta suerte, de acuerdo con los esquemas de la teoría de la diferencia, el daño se concreta en la diferencia entre la situación, valorada económicamente, del patrimonio del dañado que éste tendría si el hecho dañoso no se hubiera producido y aquélla que tiene efectivamente tras el hecho dañoso. En otras palabras: "el resarcimiento abarca la totalidad del menoscabo económico y que éste consiste en la diferencia entre la situación actual del patrimonio que recibió el agravio y la que tendría de no haberse producido el hecho dañoso"[61].

La diferencia entre la situación actual, esto es, existiendo incumplimiento, y la que se tendría de no haberse producido el hecho dañoso (incumplimiento contractual). Así pues, el incumplimiento contractual en las varias formas que puede asumir, constituye la fuente de responsabilidad. En el caso de Fiducafé, atrás mencionado, el tribunal, para efectos de la indemnización de perjuicios, se preguntó dos cosas: 1. ¿La convocada incumplió sus obliga-

---

[61] LUIS DÍEZ-PICAZO. *Derecho de daños*, Madrid, Civitas, 1999, p. 311.

ciones relacionadas con el procedimiento establecido en el contrato para la ejecución de la garantía? Si la respuesta es sí, entonces, cabe la otra pregunta: 2. Con dicho incumplimiento, ¿se afectó la garantía del acreedor en cuyo favor el fideicomitente constituyó la fiducia en garantía, objeto del contrato?

Probado el hecho del retardo, del incumplimiento y de la no sujeción del deudor a los patrones de conducta establecidos en el contrato, el punto siguiente son los perjuicios y su *quantum*. Dispone el artículo 1615 C. C. que "se debe la indemnización de perjuicios desde que el deudor se ha constituido en mora". La pregunta obligada es: ¿a partir de qué momento se constituyó en mora de ejecutar la prestación debida (ejecución de la garantía, por ej.) la sociedad fiduciaria?

Como se sabe, para que surja el derecho a ser indemnizado, a más de la exigibilidad de la obligación, se requiere que el deudor se encuentre en mora, y el artículo 1608 C. C. establece que el deudor está en mora, sin necesidad de reconvención judicial, "cuando no ha cumplido la obligación dentro del término estipulado" o "cuando la cosa no ha podido ser dada o ejecutada sino dentro de cierto tiempo y el deudor lo ha dejado pasar sin darla o ejecutarla". Sobre esto ha dicho la Corte Suprema de Justicia: "Es principio general de derecho, que los contratos se celebran para cumplirse y, en consecuencia, que el deudor debe estar dispuesto a ejecutarlos íntegra, efectiva y oportunamente. La integridad está referida a la totalidad de la prestación debida, hecho o cosa; la efectividad, dice relación a solucionar la obligación en la forma pactada; y la oportunidad alude al tiempo convenido"[62].

"El que responde de daños y perjuicios debe restablecer el estado de cosas que hubiera existido si la ocurrencia que obliga a la indemnización no hubiera ocurrido"[63]. En general se requiere la concurrencia de tres condiciones para que la inejecución total o parcial o la ejecución tardía de una obligación pueda dar lugar a la indemnización de perjuicios: 1. Que se haya causado un perjuicio al acreedor; 2. Que sea imputable al deudor; y 3. Que el deudor se haya constituido en mora[64].

---

62 Corte Suprema de Justicia, Casación Civil. Sentencia del 3 de julio de 1963.
63 Artículo 249 Código Civil alemán (BGB).
64 Sobre el punto cfr. al más encomiable comentarista del Código de BELLO: LUIS CLARO SOLAR.

De conformidad con el numeral 1 artículo 1608, el deudor está en mora "cuando no ha cumplido la obligación dentro del término estipulado". Para la Corte Suprema de Justicia, "El deudor estará en mora cuando ha sido reconvenido judicialmente por el acreedor, salvo que la obligación sea a término o que sólo pueda ser cumplida dentro de cierto término, puesto que en este caso se aplica el principio *dies interpellat pro homine*, o sea que se presume que tal deudor ha sido prevenido desde el momento de la celebración del contrato, que si no satisface su compromiso dentro del plazo estipulado se hace responsable de los respectivos perjuicios"[65].

Sobre el *quantum* con ocasión de los perjuicios que se ocasionen se debe recordar que de acuerdo con el numeral 2 artículo 1617, "El acreedor no tiene necesidad de justificar perjuicios cuando solo cobra intereses; basta el hecho del retardo". Por consiguiente, si además de los intereses cobra otros perjuicios, éstos sí deberá justificarlos. Ha dicho la Corte Suprema de Justicia en reconocido fallo:

> De los dos anteriores preceptos (arts. 1613 y 1617 C. C.) se desprende que la indemnización compensatoria como la moratoria comprenden el daño emergente y el lucro cesante, fuera de que, cuando se trata de la última, es decir de la indemnización moratoria, el acreedor está legitimado para reclamar intereses y a la vez otros perjuicios, si así lo permite la equidad. En otros términos, que es lo que aquí interesa precisar, el artículo 1617 del Código Civil establece claramente dos situaciones alrededor de la indemnización de perjuicios moratorios, a saber: una, que el deudor queda siempre obligado al pago de intereses; y otra, que el acreedor, a más del derecho que tiene sobre ellos, también puede reclamar el pago de otros perjuicios que le haya causado el comportamiento moroso del deudor, siempre que, en este último caso, los demuestre[66].

Finalmente, en el tema de la valoración de daños y perjuicios se ha de rememorar el artículo 16 de la Ley 446 de 1998: "Dentro de cualquier proceso que se surta ante la Administración de justicia, la valoración de daños irrogados a

---

Explicaciones de derecho civil chileno y comparado, vol. v, Santiago, Jurídica de Chile, 1988, pp. 728 y ss.
65 Casación Civil. Sentencia del 24 de septiembre de 1983, M. P.: HÉCTOR GÓMEZ URIBA.
66 Corte Suprema de Justicia, Casación Civil. Sentencia del 29 de mayo de 1991.

las personas y a las cosas, atenderá los principios de reparación integral y equidad y observará los criterios técnicos actuariales". Y el artículo 307 CPC dispone: "La condena al pago de frutos, intereses, mejoras, perjuicios u otra cosa semejante, se hará en la sentencia por cantidad y valor determinados. Cuando el juez considere que no existe prueba suficiente para la condena en concreto, decretará de oficio, por una vez, las pruebas que estime necesarias para tal fin".

CAPÍTULO SEXTO
Fiducia pública

I. INTRODUCCIÓN

En la discusión del proyecto de estatuto de la contratación administrativa las entidades fiduciarias, por supuesto, se mostraron interesadas en la inclusión expresa de la fiducia mercantil. Argumentaron con grande énfasis sus bondades: eficiencia, optimización de recursos, agilidad en los pagos, descentralización administrativa. Sin embargo, la figura fue incluida en la Ley 80 con grandísimas limitaciones porque, precisamente, con el surgimiento de las fiducias en el sector público antes de la Ley 80, la Contraloría General de la República había expresado su disconformidad mediante críticas y censuras.

En efecto, el ente fiscalizador en un conocido concepto esgrimió[1], en contra de la fiducia dentro del sector público, entre otras razones, las siguientes: 1. Al utilizarse el mecanismo de la fiducia mercantil, los organismos de la Administracion Pública estarían eludiendo la ejecución de los planes y programas que por su ley de creación les correspondía y aun aquellos que en forma especial les había asignado el Gobierno Nacional y que habían sido debidamente presupuestados en la ley anual del presupuesto. 2. Si el funcionario de un organismo de la Administración, en virtud de un contrato de fiducia, se obliga a transferir el dominio de los bienes presupuestados de una entidad a otro para su manejo, se estaría extralimitando en sus funciones, por cuanto les estaría dando el tratamiento de bienes privados cuando, por el contrario, ellos están sujetos al presupuesto nacional que por su naturaleza es una norma rígida. 3. Mediante el contrato de fiducia mercantil, el ente fiduciario se convertiría en ejecutor del presupuesto de determinado ente público, asignado por la ley anual de presupuesto, contrariándose de esta manera el Estatuto Orgánico del Presupuesto Nacional que es el que señala quiénes son los ordenadores y ejecutores del presupuesto de las entidades públicas. Es decir que a través de la fiducia se presentaría una delegación de la delegación en la ejecución del presupuesto, lo cual está prohibido. 4. Los entes estatales no están facultados para recurrir a otros entes en la intermediación de la contra-

---

1 Contraloría General de la República. *Contratos de fiducia mercantil celebrados por entidades oficiales sujetas al presupuesto nacional, con bancos que desarrollen fiducia o compañías fiduciarias*, concepto legal de la Oficina Jurídica, suscrito por MATILDE REY DE URIBE, Bogotá, 30 de septiembre de 1988.

tación. 5. El fiduciario, al asumir la propiedad de los bienes transferidos, los administra y los maneja de acuerdo con el respectivo contrato, situación que para las entidades públicas del orden nacional no está permitida por el Estatuto Orgánico del Presupuesto Nacional. 6. Se esgrimió, en fin, el alto costo que para la administración implicaba el recurrir al mecanismo fiduciario.

Con estos antecedentes de censura y muchas otras prevenciones de carácter político se disciplinó la figura en el Estatuto de la Contratación con una gran cantidad de trabas, lo cual hizo exclamar a defensores y críticos que la fiducia pública en Colombia había muerto. Para el ministro de Justicia de la época, NÉSTOR HUMBERTO MARTÍNEZ, era un contrasentido que se le prohibiera al Estado utilizar sistemas de contratación eficientes a cargo del sector privado:

> Aunque la nueva legislación, irónicamente, regula dentro de los distintos tipos de contratos estatales los negocios fiduciarios, lo hace no exactamente para permitirlos o viabilizarlos, sino para proscribirlos del sistema de contratación pública [...] Por ahora se nos antoja inconsecuente que mientras avanzamos con paso firme en el redimensionamiento del Estado y en la redifinición de su papel, al propio tiempo se le niegue la posibilidad al sector privado de contribuir a hacer más eficaz la acción del sector público a través del uso de los mecanismos fiduciarios[2].

Sin embargo, el hecho de que una sentencia de la Corte Constitucional –como se verá infra– haya declarado inexequible la parte de la norma que exigía la autorización previa de una ley, ordenanza o acuerdo para la celebración de la fiducia pública, hace que la figura recobre en cierta medida importancia dentro de la contratación administrativa.

II. CONSAGRACIÓN NORMATIVA

Para efectos de claridad en la exposición, se transcribirá el artículo pertinente contenido en la Ley de Contratación Administrativa (Ley 80 de 1993) por incisos en cursiva y seguidamente se hará el comentario respectivo:

---

2 "La fiducia pública ha muerto", *El Tiempo*, 16 de enero de 1994, p. 6C.

Artículo 32. De los contratos estatales. Son contratos estatales todos los actos jurídicos generadores de obligaciones que celebren las entidades a que se refiere el presente estatuto, previstos en el derecho privado o en disposiciones especiales, o derivados del ejercicio de la autonomía de la voluntad, así como los que, a título enunciativo, se definen a continuación:

[...]

5. Encargos fiduciarios y fiducia pública.

1. Las finalidades de la fiducia dentro del tráfico pueden ser tan amplias y extensas como el mismo talento y la creatividad humanos, encontrando como límites únicamente las normas ordenadoras de la institución. No obstante la variedad de finalidades, la doctrina ha elaborado la siguiente clasificación: la fiducia de inversión, de administración y de garantía.

a. Por fiducia de inversión se debe entender todo negocio fiduciario que celebren las entidades autorizadas por la Superintendencia Bancaria con sus clientes, para beneficio de éstos o de los terceros designados por ellos, en el cual se consagre como finalidad principal o se prevea la posibilidad de invertir o colocar a cualquier título sumas de dinero, de conformidad con las instrucciones impartidas por el constituyente.

b. La fiducia de administración consiste en la transferencia de unos bienes para que una entidad fiduciaria los administre en beneficio del constituyente o del fideicomisario. El alcance de esta clase de fiducia puede calificarse como ilimitado. Su funcionamiento depende, en últimas, de una extensa variedad de necesidades que padecen los miembros sociales, las empresas, las fundaciones, etc.

c. En virtud de la fiducia en garantía, el deudor transfiere determinados bienes a una entidad fiduciaria con el objeto de respaldar el cumplimiento de una o más obligaciones principales para que en el evento de que no se satisfagan se proceda a la venta de los bienes y con el producto se le cancelen los créditos al acreedor.

Las anteriores modalidades implican siempre transferencia de los bienes fideicomitidos al fiduciario y la constitución de un patrimonio autónomo; pero como esto no ocurre tratándose de la fiducia de la Ley 80, estamos ante un nuevo negocio fiduciario en el derecho colombiano, llamado fiducia pública.

2. La otra modalidad de negocio fiduciario es el llamado encargo fiduciario el cual, a diferencia de los tres conceptualizados, no implica transferencia de los bienes; sin embargo el Estatuto Financiero para efectos de su interpretación e integración normativa hace el siguiente reenvío:

> Artículo 146. *Normas aplicables a los encargos fiduciarios.* En relación con los encargos fiduciarios se aplicarán las disposiciones que regulan el contrato de fiducia mercantil, y subsidiariamente las disposiciones del Código de Comercio que regulan el contrato de mandato, en cuanto unas y otras sean compatibles con la naturaleza propia de estos negocios y no se opongan a las reglas especiales previstas en el presente Estatuto.

En esencia, el encargo es un mandato, pero sin transferencia de bienes. Esta ha sido su nota característica, que lo diferencia de la fiducia y, además, con este negocio fiduciario no se constituye un patrimonio autónomo.

Por su parte, en materia de contratación estatal la Ley 80 de 1993 hubo de limitar de gran manera la aplicación de los negocios fiduciarios dentro de la actividad de la Administración Pública. Sobre el particular, resulta importante, señalar que el Estatuto de Contratación de la Administración Pública distinguió en su artículo 32 precitado dos tipos de negocios fiduciarios, a saber: la fiducia pública y el encargo fiduciario. En concepto emitido por la Sala de Consulta y Servicio Civil del Consejo de Estado[3], se precisaron algunas de las notas distintivas de estas dos figuras.

En efecto, con ocasión de la existencia y disponibilidad de unos fondos presupuestales destinados para la atención a la población del interior del país que había sido desplazada por la violencia, el Ministerio del Interior consultó a la Sala de Consulta y Servicio Civil del Consejo de Estado acerca de la viabilidad de adoptar, para el manejo de dichos recursos, la modalidad contractual de la fiducia mercantil, utilizando únicamente las normas contenidas en el Código de Comercio. Así mismo, la entidad consultante indagó acerca del alcance y sentido que debía dársele al inciso 9.° numeral 3 del artículo 32 de la Ley 80 en cuanto a la eventual compatibilidad entre la fiducia mercantil y la fiducia pública.

---

3   Consejo de Estado, Sala de Consulta y Servicio Civil. Concepto del 4 de marzo de 1998, C. P.: César Hoyos Salazar.

Al absolver la consulta, el Consejo de Estado luego de hacer un recorrido histórico, en el que hubo de recabar por los diversos tratamientos que han recibido los negocios fiduciarios en materia de contratación pública, realzó la eficacia y funcionalidad que tales negocios ofrecían a la Administración Pública antes de la Ley 80 de 1993; pese a ello, advirtió el Consejo de Estado que el legislador al expedir el Estatuto General de la Contratación Administrativa, haciendo eco de las críticas provenientes de algunos organismos de control del sector público, entró a regular la fiducia de manera estricta. En efecto, debe observarse que el tratamiento legal de los negocios fiduciarios de carácter público, difiere notablemente de la fiducia mercantil o civil, pues la Ley 80 configuró una serie de limitaciones que resultan por completo ajenas a la concepción que el derecho privado le ha otorgado a la fiducia. Así, la Ley 80, al tratar el tema de los negocios fiduciarios, estableció dos tipos de ellos: 1. Los encargos fiduciarios (inc. 3.° num. 5 art. 32)[4] y 2. La fiducia pública (inc. 8.° num. 5 art. 32).

---

[4] Sobre las particularidades y naturaleza del encargo fiduciario, el Consejo de Estado señaló: "se tiene entonces que el contrato de encargo fiduciario que se origina en la Ley 80 de 1993, artículo 25 numeral 20 y artículo 32, numeral 5, tiene como objeto la administración o el manejo de los recursos vinculados a los contratos que tales entidades celebren, del cual pueden destacarse las siguientes características: 1.Consiste su objeto en la entrega de bienes, por parte de la entidad pública fideicomitente a la entidad fiduciaria, con el propósito de que esta última los maneje o administre, para obtener un fin determinado, bienes y administración sobre los cuales, deberá rendir las cuentas pertinentes a la entidad fideicomitente. 2. La selección del fiduciario debe hacerse con observancia de los procedimientos de licitación o concurso previstos en el estatuto contractual. 3. La entidad fideicomitente entrega los bienes objeto del contrato a la fiduciaria, a título no traslativo de dominio, lo cual implica que éstos no salen de su patrimonio, ni constituyen un patrimonio autónomo. 4. Por virtud del contrato, la gestión de la entidad fiduciaria está limitada por las estipulaciones de la Ley 80 de 1993, lo cual implica que no está facultada para adjudicar contratos en desarrollo de la administración de los recursos, aunque una vez adjudicados, sí puede celebrarlos para cumplir su gestión, cuando la entidad fideicomitente la faculte expresamente para ello y obviamente con el adjudicatario que ésta designe. 5. En desarrollo de lo anterior, la forma de selección y la suscripción de los contratos que se celebren en desarrollo del negocio fiduciario, deberán sujetarse en un todo la Ley 80 de 1993 y sus decretos reglamentarios. 6. La remuneración del fiduciario, no puede pactarse con cargo a los rendimientos de los bienes fideicomitidos, salvo que dichos rendimientos se encuentren presupuestados, esto es, que hayan sido incluidos como parte del presupuesto de ingresos y gastos de la entidad, pues de lo contrario se eludiría su contabilización. 7. Las sociedades fiduciarias estarán sujetas a inspección y vigilancia de la Superinten-

Acerca de los encargos fiduciarios, en punto de sus características y diferencias, el Consejo de Estado afirmó que se trataba de una figura, similar al encargo fiduciario tradicional, en la que no existe transferencia de propiedad y que opera sólo para el manejo y administración de los recursos de los contratos que las entidades celebren para la prestación de los servicios de salud y para el pago y cancelación de las obligaciones derivadas de los contratos estatales[5].

Así mismo, la fiducia pública constituye una nueva expresión de los negocios fiduciarios, creada por la Ley 80 de 1993, pero que, pese a la denominación que le otorgó el legislador, difiere ostensiblemente, en cuanto a su caracterización y elementos esenciales, de la fiducia mercantil regulada en el Código de Comercio[6]. En efecto, en la llamada fiducia pública no hay lugar a la transferencia del dominio a favor del fiduciario de los bienes que son objeto del negocio fiduciario, y los bienes fideicomitidos no conforman un patrimonio autónomo, distinto del resto de bienes del fideicomitente, por lo que aquellos continúan bajo la égida de éste último, incluyéndose, por supuesto, en la prenda general de sus acreedores.

Al rompe se advierte que las condiciones que se echan de menos en la fiducia pública, patrimonio autónomo y transferencia del dominio a favor del fiduciario, son notas distintivas de la tradicional fiducia mercantil. De ahí que resulte paradójico que se llame fiducia a un negocio que, en puridad, no es tal,

---

dencia Bancaria, y las Contralorías competentes gozan de plenas facultades para ejercer el control respectivo sobre el manejo de los recursos, los cuales siguen siendo públicos. 8. Así mismo, el fiduciante o fideicomitente (entidad estatal), ejercerá el control sobre el desarrollo del contrato, conforme a las disposiciones constitucionales y legales aplicables, así como a las convenidas por las partes": Sala de lo Contencioso Administrativo, Sección Tercera. Sentencia del 23 de junio de 2005, M. P.: GERMÁN RODRÍGUEZ VILLAMIZAR.

5 El Consejo de Estado después de insistir en que en los encargos fiduciarios no hay transferencia de la propiedad de los bienes fideicomitidos señaló: "La Ley 80 de 1993 la autoriza solamente para administrar o manejar los recursos vinculados a contratos que las entidades estatales celebren (art. 32-5 inc. 3.º) [...] lo cual se encuentra en consonancia con la disposición según la cual los pagos correspondientes a los contratos celebrados por las entidades para la prestación de los servicios de salud, se pueden hacer mediante encargos fiduciarios": Consejo de Estado, Sala de Consulta y Servicio Civil. Concepto del 4 de marzo de 1998, M. P.: CÉSAR HOYOS SALAZAR.

6 Indicó el Consejo de Estado: "La fiducia pública, la cual constituye una nueva figura jurídica, creada por la Ley 80 de 1993, y que si bien porta el nombre de fiducia se diferencia en varios elementos esenciales de la tradicional fiducia mercantil" (ídem).

y que se asemeja más a un encargo fiduciario de aquellos que ya se encontraban establecidos en el ordenamiento jurídico.

Para ahondar en la confusión que la figura genera, el legislador incluyó dentro de las reglas aplicables a la fiducia pública una norma según la cual a ella la rigen, en cuanto resulten compatibles, las disposiciones propias de la fiducia mercantil contenidas en los artículos 1226 a 1244 C. Co. El Consejo de Estado aclaró, en el concepto antes citado, que a la llamada fiducia pública le son aplicables tales normas, con las salvedades siguientes[7]: 1. "La fiducia pública no implica transferencia de la propiedad de los bienes o recursos fideicomitidos", por ende, en esta materia no aplica el artículo 1226 C. Co.; 2. "Tampoco constituye un patrimonio autónomo afecto a la finalidad de la fiducia, en manos de la sociedad fiduciaria", en consecuencia, no aplica el artículo 1233 C. Co.; 3. "La adjudicación de los subcontratos debe ser realizada por el fideicomitente, y 4. "No se puede pactar que la comisión de la sociedad fiduciaria sea tomada de los rendimientos del fideicomiso, salvo que éstos se encuentren presupuestados".

Nótese que la Ley 80 terminó consagrando dos clases o modalidades de encargos fiduciarios: uno que se denomina como tal, y otro, bajo el apelativo de fiducia pública. También, puede decirse que la única diferencia existente entre ellas radica en el origen, destinación y naturaleza de los recursos manejados, pues el encargo fiduciario sería el aplicable para el manejo de los recursos derivados de los contratos estatales, mientras la fiducia pública, con las limitaciones anotadas, sería la adecuada para cualquier otro fin buscado por la Administración.

> *Las entidades estatales sólo podrán celebrar contratos de fiducia pública, cuando así lo autorice la ley, la Asamblea Departamental o el Concejo Municipal, según el caso.*

El inciso fue declarado inexequible por la Corte Constitucional en virtud de la sentencia C-086 del 2 de marzo de 1995, M. P.: VLADIMIRO NARANJO MESA. Para la Corte, la autorización previa por vía de ley, de ordenanza o de acuerdo para celebrar un contrato de fiducia pública es inconstitucional:

---

[7] Consejo de Estado, Sala de Consulta y Servicio Civil. Concepto del 4 de marzo de 1998, cit.

> ... la autorización general para contratar por parte de las entidades públicas estatales, que se encuentra en la Ley 80 de 1993, permite que no sea necesario contar con una norma especial expedida por una corporación pública cada vez que se pretenda celebrar un contrato por parte de alguna de las entidades u organismos a que hace referencia la citada ley [...] [S]e observa que no se puede convertir en regla general las autorizaciones expresas contenidas en los artículos 150-9, 300-9 y 313-3 de la Carta Política, como pretende hacerlo la norma acusada respecto del contrato de fiducia, por cuanto dicho contrato ya ha sido regulado por el Congreso Nacional en uso de las atribuciones consagradas en el parágrafo final del artículo 150 superior. En consecuencia, deberá declararse la inexequibilidad de la disposición en comento por transgredir el texto del numeral 9 del artículo 150 de la Carta Política.

En efecto, el artículo 150 C. P. estableció la cláusula general de competencia normativa en el Congreso, y el último inciso de la norma citada lo facultó para expedir el estatuto general de la contratación de la Administración Pública y en especial de la Administración nacional. Para la Corte, la autorización para celebrar contratos de fiducia ya estaba establecida y no había necesidad, pues, de consagrar nuevas autorizaciones. De esta forma, en sentir del alto tribunal las autorizaciones exigidas por el inciso 1.° numeral 5 del artículo 32 de la Ley 80 se colocaban en contravía con el numeral 9 del artículo 150 C. P. que otorga al Congreso facultad para autorizar al Gobierno la celebración de contratos, la negociación de empréstitos y la enajenación de bienes nacionales, pero dicha autorización tiene el carácter de previa y especial y no tiene nada que ver con la facultad de autorización general al Gobierno para celebrar contratos que se extrae del último inciso del artículo 150 C. P.

> *Los encargos fiduciarios que celebren las entidades estatales con las sociedades fiduciarias autorizadas por la Superintendencia Bancaria tendrán por objeto la administración o el manejo de los recursos vinculados a los contratos que tales entidades celebren. Lo anterior sin perjuicio de lo previsto en el numeral 20 del artículo 25 de esta ley.*

De conformidad con este inciso, los encargos fiduciarios, que no implican transmisión de bienes, son de administración: "tendrán por objeto la administración o el manejo de los recursos vinculados a los contratos que tales entidades celebren". Así mismo, a través de ellos se pagarán las obligaciones que surgen de los contratos que celebran las entidades estatales: "los fondos destinados a la cancelación de obligaciones derivadas de contratos estatales podrán ser entregados en administración fiduciaria o bajo cualquier otra forma de manejo que permita la obtención de beneficios y ventajas financieras y el pago oportuno de lo adeudado" (num. 20 art. 25 Ley 80 de 1993).

Así pues, los encargos fiduciarios de la Ley 80 son de objeto limitado: sólo pueden realizarse para el manejo de los recursos vinculados a los contratos que las entidades celebren y para la administración de los fondos destinados a la cancelación de obligaciones derivadas de contratos estatales. Y precisamente por su limitación normativa en el estatuto de la contratación pública es que algunos arguyen que en el caso de que una entidad estatal pretendiera celebrar un encargo fiduciario cuyo objeto fuera diferente a los ya enunciados podría hacerlo, siéndole aplicable la legislación mercantil, y citan como sustento jurídico de esta interpretación el artículo 13 de la Ley 80 y el artículo 8.° del Decreto 679 de 1994. En virtud del primero, los contratos que celebren las entidades estatales "se regirán por las disposiciones comerciales y civiles pertinentes, salvo en las materias particularmente reguladas en esta ley"; y en virtud del segundo, "los contratos estatales se sujetarán a la Ley 80 de 1993 y en las materias no reguladas en dicha ley, a las disposiciones civiles y comerciales".

Sin embargo, esta interpretación desconoce la salvedad impuesta por el legislador en el artículo 13 ("*salvo en las materias particularmente reguladas en esta ley*") y el artículo 22 del mismo Decreto Reglamentario 679 en donde se ve a las claras que el deseo del legislador es el de someter cualquier encargo fiduciario a la preceptiva de la Ley 80: los contratos fiduciarios (encargo y fiducia) que la respectiva entidad estatal no pudiere celebrar a partir de la vigencia de la Ley 80, en adelante no podrán ser prorrogados. Además, el inciso 3.° del mismo numeral 5 artículo 32 refuerza nuestro aserto: "Los encargos fiduciarios [...] sólo podrán celebrarse por las entidades estatales con estricta sujeción a lo dispuesto en el presente estatuto, únicamente para objetos y con plazos precisamente determinados".

> *Los encargos fiduciarios y los contratos de fiducia pública sólo podrán celebrarse por las entidades estatales con estricta sujeción a lo dispuesto en el presente estatuto, únicamente para objetos y con plazos precisamente determinados. En ningún caso las entidades públicas fideicomitentes podrán delegar en las sociedades fiduciarias la adjudicación de los contratos que se celebren en desarrollo del encargo o de la fiducia*

> *pública, ni pactar su remuneración con cargo a los rendimientos del fideicomiso, salvo que éstos se encuentren presupuestados.*

Este inciso prohibió pactar la remuneración del fiduciario con cargo a rendimientos del fideicomiso, salvo que se encuentren presupuestados, así como la posibilidad de delegar en las sociedades fiduciarias los contratos que las entidades celebren. Esta última prohibición implica una gran limitación operativa a la actividad de la fiduciaria en la medida en que si bien sus obligaciones son de medio, con ocasión del desarrollo del contrato se encontrará en muchas oportunidades ante la imperiosa necesidad de celebrar contratos coligados a su actividad principal como, *verbi gratia*, la contratación de una obra pequeña, la compra de equipos o la prestación de servicios. Pues bien, estos contratos, que serían un complemento al desarrollo de su obligación principal, no los podrá celebrar la fiduciaria sino la entidad estatal fideicomitente. En otros términos, dentro del *iter* contractual se pueden distinguir dos momentos: la constitución y la ejecución. Si de la ejecución del negocio resulta necesario celebrar otros contratos, éstos los celebrará la entidad estatal y no el ente fiduciario.

Si bien no existe la posibilidad de delegar en el fiduciario la adjudicación de los contratos que se celebren en desarrollo del encargo fiduciario o la fiducia pública, las entidades estatales pueden encomendarle al fiduciario la suscripción de tales contratos y la ejecución de todos los trámites inherentes a la licitación o concurso: artículo 23 del Decreto 679 de 1994.

> *Los encargos fiduciarios y los contratos de fiducia mercantil que a la fecha de promulgación de esta ley hayan sido suscritos por las entidades estatales, continuarán vigentes en los términos convenidos con las sociedades fiduciarias.*

La legislación sobreviniente no afecta los contratos celebrados bajo una ley anterior, que seguirán rigiéndose por las cláusulas en ellos convenidas: *pacta sunt servanda*, el contrato es ley para las partes. Además, el artículo 27 del Decreto Reglamentario 679 de 1994 atinadamente advierte: "Los contratos celebrados con anterioridad a la entrada en vigencia de la Ley 80 de 1993 se continuarán rigiendo por las normas vigentes en la fecha de su celebración"[8].

---

8   El parágrafo del artículo 27 del Decreto Reglamentario 679 de 1994 rezaba: "Parágrafo: Sin

Sin embargo, para los negocios fiduciarios celebrados antes de la vigencia de la Ley 80, el decreto reglamentario citado estableció en norma anterior, especial y prevalente: "En adelante, sólo podrán celebrarse acuerdos para adicionar el plazo o el valor de los contratos de fiducia o de encargos fiduciarios celebrados con anterioridad a la Ley 80 de 1993, con sujeción a las disposiciones de la misma. Por consiguiente, los contratos fiduciarios que la respectiva entidad estatal no podrá [sic] celebrar a partir de la vigencia de la Ley 80 de 1993, en adelante no podrán ser prorrogados" (art. 22). Es decir que para la adición tanto del plazo como del valor de los contratos antes de la Ley 80, sí se requiere la sujeción a ésta y en particular al numeral 5 artículo 35, y no podrá haber prórroga de contratos existentes que estén en desavenencia con lo preceptuado en la Ley 80.

La selección de la sociedad fiduciaria a contratar, sea pública o privada, se hará con rigurosa observancia del procedimiento de licitación o concurso previsto en esta ley.

El escogimiento del fiduciario se hará siempre a través de licitación o concurso público y no cabe la contratación directa así el negocio fiduciario sea de menor cuantía. La excepción de contratación directa para los contratos de menor cuantía no se aplica ni al encargo fiduciario ni a la fiducia pública por

---

perjuicio de lo dispuesto por el artículo 25, numeral 8 de la Ley 80 de 1993, los contratos que se celebren como consecuencia de concursos o licitaciones abiertos bajo la vigencia de la legislación anterior o la Ley 80 de 1993, se sujetarán a las disposiciones de la ley bajo la cual se inició el proceso de selección". Y decimos que el parágrafo rezaba por cuanto fue declarado nulo por el Consejo de Estado previa demanda de nulidad. En el sentir del más alto organismo de la jurisdicción contencioso administrativa dicha norma contradecía la filosofía misma de la ley de contratación estatal y en esencia su artículo 78 que dispone: "*De los contratos, procedimientos y procesos en concurso*. Los contratos, procedimientos de selección y los procesos judiciales en curso a la fecha en que entre a regir la presente ley, continuarán sujetos a las normas vigentes en el momento de su celebración o iniciación". Para el Consejo de Estado, pues, el legislador quiso indudablemente, según el artículo 78 y el inciso 3.º del artículo 81, que todos los contratos celebrados después del inicio de la Ley 80 se rigieran por ésta y no por la anterior: "El reglamento quiso, según el parágrafo acusado, desbordar ese mandamiento, extendiendo la vigencia de la legislación anterior más allá del querer del legislador. Es decir, extendiéndola a contratos celebrados después de la vigencia de la Ley 80, cosa naturalmente incostitucional". Cfr. Consejo de Estado, Sala de lo Contencioso Administrativo, Sección Tercera. Sentencia del 19 de febrero de 1998, exp. 9825, C. P.: LUIS FERNANDO OLARTE.

ser este inciso norma especial frente a la mencionada excepción establecida en el literal a numeral 1 del artículo 24 de la Ley 80.

El anterior aserto también encuentra apoyatura jurídica en el Decreto 855 de 1994, reglamentario de la contratación directa, cuando en su artículo 7.º dispone que "los contratos interadministrativos, es decir, aquellos que celebren entre sí las entidades a que se refiere el artículo 2.º de la Ley 80 de 1993, con excepción de los contratos de seguro, encargo fiduciario y fiducia pública, se celebrarán directamente".

Sin embargo, en el año 2004 fue proferido el Decreto 3740 del 26 de noviembre, con el que se adicionó el mencionado Decreto 855 de 1994. Tal adición[9] buscaba autorizar la contratación directa para la celebración de aquellos negocios fiduciarios requeridos para el manejo de los fondos destinados a la reinserción de los grupos armados al margen de la ley.

Poco tiempo después de la promulgación de la norma, se presentó en su contra una acción pública de nulidad con solicitud de suspensión provisional del artículo 1.º, que es el único del decreto. El fundamento de la nulidad interpuesta estriba en que el Decreto 3740 de 2004, al autorizar la contratación directa para los negocios fiduciarios, desconoció normas de carácter superior, como los incisos 3.º y 5.º numeral 5 del artículo 32 de la Ley 80, que de manera tajante establecieron la necesidad de someter los procesos contractuales previos a la celebración de los negocios fiduciarios al riguroso proceso de selección de los contratistas del Estado; por ende, no sería ajustado a derecho permitir la contratación directa de las entidades fiduciarias a través de un reglamento, cuando la norma superior proscribe tal posibilidad.

El Consejo de Estado[10], al estudiar la admisión de la demanda, decidió admitirla y, además, decretar la suspensión provisional de la expresión "in-

---

9   En virtud del Decreto 3740 de 2004 se reglamenta parcialmente la Ley 80 de 1993 y se adiciona el artículo 40 del Decreto 855 de 1994, y en su artículo 1.º se señala: "Adiciónese con un nuevo numeral el artículo 4.º del Decreto 855 de 1994, así: 'Los bienes y servicios, incluso contratos fiduciarios que demanden los programas de protección de derechos humanos y de desmovilización y reincorporación a la vida civil de personas y grupos al margen de la ley para la atención de las personas desmovilizadas y reinsertadas, así como las de sus respectivos grupos familiares, en los términos del Decreto 128 de 2003 o de la norma que lo sustituya, modifique o adicione'".

10 Consejo de Estado, Sala de lo Contencioso Administrativo, Sección Tercera. Auto del 23 de junio de 2005, M. P.: RUTH STELLA CORREA PALACIO.

cluso contratos fiduciarios", recogiendo para ello, en gran parte, los argumentos esbozados por el demandante. Además, señaló que en la norma atacada no se encontraba ninguna conexión directa con aspectos de seguridad o defensa nacional, evento en que el artículo 24 de la Ley 80 exceptuó la selección del contratista del trámite de la licitación o del concurso público, posibilitando en tal caso la contratación directa. A la fecha de revisión de este texto, el proceso se encontraba aún en etapa probatoria, y sin que se hubiese proferido la sentencia definitiva sobre la nulidad del decreto, por lo que, hasta el momento, continúa teniendo plena aplicación el inciso 5.º del artículo 32 de la Ley 80. Por tal razón, la selección del fiduciario se halla sujeta a los procedimientos de licitación o concurso establecidos en la citada ley.

> *Los actos y contratos que se realicen en desarrollo de un contrato de fiducia pública o encargo fiduciario cumplirán estrictamente con las normas previstas en este estatuto, así como con las disposiciones fiscales, presupuestales, de interventoría y de control a las cuales esté sujeta la entidad estatal fideicomitente.*

Ya se ha hablado de ello. Para la celebración de los actos y contratos que se realicen en desarrollo de un negocio fiduciario ténganse en la cuenta de manera especial las siguientes normas del Estatuto de la Contratación Pública: artículos 12[11]; 24.c y l; 24.3; 24 parágrafo 3; 25 numerales 6, 8, 9, 10, 11, 13, 14, 19 y 20; 30, y el parágrafo; 32 *ab initio*; 39; 41 y su parágrafo 2.

Lo anterior no sólo es predicable de la fiducia pública o de los encargos fiduciarios celebrados en los términos de la Ley 80, sino que también tiene igual fuerza para aquellos contratos de fiducia mercantil celebrados por las entidades estatales, de conformidad con el sentido de un pronunciamiento de la Contraloría General de la Nación, proferido en razón del manejo dado a los dineros que se entregaron a un concesionario del Estado, como anticipo para la realización de la obra que iba a entregarse en concesión. La Contraloría señaló que incluso en los casos en que las entidades públicas celebren contratos de fiducia mercantil para el desarrollo y ejecución de los contratos, el hecho de que se involucren recursos de carácter público los hace susceptibles

---

[11] Declarado exequible por la Corte Constitucional mediante sentencia C-374 del 25 de agosto de 1994, M. P.: Jorge Arango Mejía.

de un control fiscal estricto. Se indicó en el proveído que en virtud del artículo 1244 C. Co., el fiduciario no puede hacerse a la propiedad de los bienes fideicomitidos, por lo que no es válido afirmar que tales recursos pasaron a convertirse en privados por la vía de la celebración de un contrato de fiducia mercantil. En consecuencia, el hecho de que se forme un patrimonio independiente no implica que los dineros entregados en fiducia dejaron de ser públicos, y que no están sujetos al control fiscal.

Según la Contraloría, lo que ocurre en el contexto de un contrato de fiducia mercantil es que se da una transferencia formal y aparente, no real, por lo que los recursos entregados en fiducia continúan sujetos al control fiscal. Para la Contraloría, la fiducia es un contrato instrumental frecuentemente utilizado en desarrollo de las concesiones viales, con el fin de que los recursos destinados al contrato sean administrados y ejecutados en función de la concesión, y no como un mecanismo adecuado para la elusión del control fiscal. Tan instrumental es el negocio fiduciario, que según el artículo 1234 C. Co., el fiduciario tiene la obligación de rendir cuentas sobre la gestión encomendada, y el fideicomitente tiene el derecho de exigir la rendición de dichas cuentas. Por ello, al rendirse esas cuentas al fideicomitente, los organismos de control, en plena atribución de su competencia legal, bien pueden fiscalizar los recursos de esos contratos, pues el control fiscal opera para cualquier contratista del Estado, en la medida que hay manejo de recursos públicos, sin que para el efecto importe el tipo de contrato que implica el manejo de los recursos. Por supuesto, que la fiducia mercantil celebrada por entidades públicas no escapa a tal regla, y muchísimo menos los negocios fiduciarios regulados por la Ley 80, donde el control fiscal es igualmente estricto[12].

Sin perjuicio de la inspección y vigilancia que sobre las sociedades fiduciarias corresponde ejercer a la Superintendencia Bancaria y del control posterior que deben realizar la Contraloría General de la República y las contralorías departamentales, distritales y municipales sobre la administración de los recursos públicos por tales sociedades, las entidades estatales ejercerán un control sobre la actuación de la sociedad fiduciaria en desarrollo de los encargos fiduciarios o contratos de fiducia, de acuerdo con la Constitución Política y las normas vigentes sobre la materia.

---

12 Cfr. *Ámbito Jurídico*, año IX, n.º 202, Bogotá, Legis, 5 a 18 de junio de 2006, p. 9.

Además del control a que están sometidas las sociedades fiduciarias por parte de la Superintendencia Bancaria y del control posterior de las contralorías según el caso, las entidades estatales, esto es, las entidades fideicomitentes, deben ejercer un control de gestión en la actividad desplegada por el fiduciario con ocasión del encargo o negocio fiduciario. Dentro de este control se ubica el control previo administrativo, el cual le corresponde a las oficinas de control interno.

La fiducia que se autoriza para el sector público en esta ley nunca implicará transferencia de dominio sobre bienes o recursos estatales, ni constituirá patrimonio autónomo del propio de la respectiva entidad oficial, sin perjuicio de las responsabilidades propias del ordenador del gasto. A la fiducia pública le serán aplicables las normas del Código de Comercio sobre fiducia mercantil, en cuanto sean compatibles con lo dispuesto en esta ley.

Los elementos esenciales de la fiducia mercantil son la transferencia de bienes y la constitución de un patrimonio autónomo. En el caso de esta modalidad de fiducia, es decir de la fiducia pública, no se pueden transferir los bienes, ni constituir un patrimonio autónomo, lo cual hace que no coincida con la fiducia del Código de Comercio. Así mismo el legislador, previendo el uso indebido del presupuesto, sigue radicando la responsabilidad del gasto en el representante de la entidad estatal fideicomitente. Es decir, al establecerse la no constitución de un patrimonio autónomo se mantiene el principio de la no delegación en la ordenación del gasto.

Merece un breve comentario la afirmación según la cual "a la fiducia pública le serán aplicables las normas del Código de Comercio sobre fiducia mercantil, en cuanto sean compatibles con lo dispuesto en esta ley", porque no obstante que el legislador consagró una nueva modalidad de fiducia aplicable al sector público que se distancia de manera ostensible de la fiducia común, extrañamente nos remite al código mercantil para efectos de su interpretación e integración normativa utilizando la no siempre fácil técnica del reenvío, la cual supone analizar qué normas del código encontrarían aplicación en una modalidad de fiducia que no admite ni la transferencia de bienes ni la constitución de un patrimonio autónomo. Quien se detenga en el análisis de las normas de la fiducia mercantil caerá fácilmente en la cuenta que ellas parten de la base de la conformación de un patrimonio autónomo administrado por un fiduciario. El punto, por consiguiente, es el de saber qué normas mercantiles tendrían aplicación en una figura diferente como lo es la pública que no admite la conformación de un patrimonio autónomo. Al parecer las normas sobre fiducia mercantil compatibles con la fiducia pública serían aquellas que establecen los derechos del fideicomitente (art. 1236 C. Co.), del beneficiario (art. 1235) y las obligaciones del fiduciario (art. 1234). Así mismo, la norma sobre la remuneración del fiduciario de conformidad con las tarifas que para el efecto expida la Superintendencia Bancaria (art. 1237)[13].

De otra parte, obsérvese que el reenvío a la reglamentación de la fiducia contenida en legislación mercantil se aplica únicamente a la fiducia pública y no al encargo fiduciario el cual –en sana lógica– deberá integrarse o interpretarse de conformidad con las reglas y principios fijados en la ley de contratación pública. Para tal efecto, la Ley 80, en lo referente a la normatividad aplicable a los contratos estatales, dispuso que "los contratos que celebren las entidades a que se refiere el artículo 2.º del presente estatuto se regirán por las disposiciones comerciales y civiles pertinentes, salvo en las materias particularmente reguladas en esta ley" (art. 13), y en cuanto al contenido del contrato estatal dijo:

> ... las estipulaciones de los contratos serán las que de acuerdo con las normas civiles, comerciales y las previstas en esta ley, corresponden a su esencia y naturaleza [...] En los contratos que celebren las entidades estatales podrán incluirse las modalidades, condiciones y, en general, las cláusulas o estipulaciones que las partes consideren necesarias y convenientes, siempre que no sean contrarias a la Constitución, la ley, el orden público y a los principios y finalidades de esta ley y a los de la buena administración (art. 40).

En otros términos y pese a que la norma no lo afirma, el encargo fiduciario también podría integrarse con las normas contenidas en el capítulo de la fiducia

---

13 Sobre el particular, véase el pronunciamiento de la Sala de Consulta y Servicio Civil del Consejo de Estado del 30 de noviembre de 1994, C. P.: ROBERTO SUÁREZ FRANCO. En dicha providencia se aclaró que en todos los contratos de fiducia hay que precisar, cuando ello sea posible, su valor. Como la Ley 80 guardó silencio en cuanto al valor de los contratos, en aquellos casos en los que no se haya mencionado el valor del contrato fiduciario, haciendo uso de la remisión a las reglas generales del estatuto mercantil que se autorizó en materia de encargo fiduciario y fiducia pública, y siguiendo el artículo 1237 C. Co., el valor del contrato o la remuneración del respectivo contrato corresponde a la comisión de administración o manejo de los bienes o servicios que constituyen el objeto del contrato.

mercantil, las normas del mandato comercial y las normas que sobre el encargo fiduciario aparecen en el Estatuto Orgánico del Sistema Financiero (arts. 29, 146 y ss. Dcto. 663 de 1993).

> *So pena de nulidad no podrán celebrarse contratos de fiducia o subcontratos en contravención del artículo 355 de la Constitución Política. Si tal evento se diese, la entidad fideicomitente deberá repetir contra la persona, natural o jurídica, adjudicataria del respectivo contrato.*

Este último inciso evita que a través de estos contratos fiduciarios se eluda la prohibición constitucional según la cual ninguno de los órganos del poder público podrá decretar auxilios o donaciones en favor de personas naturales o jurídicas de derecho privado.

> *Parágrafo 1.º Sin perjuicio de lo dispuesto en esta ley sobre fiducia y encargo fiduciario, los contratos que celebren los establecimientos de crédito, las compañías de seguros y las demás entidades financieras de carácter estatal, que correspondan al giro ordinario de las actividades propias de su objeto social, no estarán sujetos a las disposiciones del presente estatuto y se regirán por las disposiciones legales y reglamentarias aplicables a dichas actividades.*

Los contratos que celebren las entidades financieras del sector público que correspondan al giro ordinario de las actividades propias de su objeto social estarán sujetos a las leyes y reglamentaciones propias del sector financiero (Dcto. 663 de 1993, por ej.), pero si llegasen a celebrar un negocio fiduciario con un ente estatal quedan gobernadas por la Ley 80, y en particular por el numeral 5 artículo 32.

III. POSICIÓN DE LA CORTE CONSTITUCIONAL

Esbozados los aspectos más relevantes del numeral 5 artículo 32, se verá ahora cómo la Corte Constitucional en su sentencia C-086 del 2 de marzo de 1995, que declaró inexequible el inciso 1.º del artículo analizado, introduce elementos que sin duda producirán equívocos interpretativos en cuanto al real significado de la norma e incidirán indefectiblemente en el plano de la operatividad práctica de la figura:

> ... el Estatuto General de Contratación Administrativa creó un nuevo tipo de contrato, sin definirlo, denominado "fiducia pública", el cual no se relaciona con el contrato de fiducia mercantil contenido en el Código de Comercio y en las disposiciones propias del sistema financiero. Se trata, pues, de un contrato autónomo e independiente, más parecido a un encargo fiduciario que a una fiducia (por el no traspaso de la propiedad, ni la constitución de un patrimonio autónomo), al que le serán aplicables las normas del Código de Comercio sobre fiducia mercantil, "en cuanto sean compatibles con lo dispuesto en esta ley". Así, por ejemplo, al establecer la Ley 80 que el contrato de fiducia pública no comporta la transferencia de dominio ni la constitución de un patrimonio autónomo, entonces no le serán aplicables las normas correspondientes contenidas en el Código de Comercio, sin que ello signifique que se altera la naturaleza del contrato de fiducia mercantil. En otras palabras, esta corporación encuentra que, en la actualidad, las entidades estatales podrán celebrar el contrato de fiducia pública en los términos del numeral 5 del artículo 32, o el contrato de fiducia mercantil de acuerdo con lo dispuesto en el Codigo de Comercio y en las normas generales de contratación administrativa previstas en la citada Ley 80 de 1993.

Pese a lo confuso del aparte transcrito, se puede afirmar que para la Corte Constitucional una cosa es la limitada fiducia pública –figura *sui generis*– de la ley de contratación administrativa y otra cosa diferente es la fiducia del derecho común contenida en el Código de Comercio. Al establecer esta meridiana distinción concluye que las entidades estatales podrán celebrar cualquiera de las dos. En el caso de que se seleccione la segunda de todas maneras se deberán respetar las normas generales de la contratación administrativa previstas en la ley.

Si la entidad decide celebrar un contrato de fiducia pública es lógico y razonable que se incluyan disposiciones tales como la prohibición de delegar en las sociedades fiduciarias la adjudicación de los contratos que celebren las entidades estatales; la determinación de que ese contrato de fiducia pública nunca implicará transferencia del dominio ni se constituirá patrimonio autónomo; y que la adjudicación de este tipo de contratos deberá hacerse siempre a través de la licitación o concurso público. Si la entidad decide, por el contrario, recurrir a la fiducia mercantil, la cual implica transferencia de dominio y constitución de patrimonio autónomo, deberá respetar las normas generales de la contratación administrativa, dentro de las cuales se encuentra la de la licitación pública siempre y cuando el contrato sea de mayor cuantía. Si es de menor, podrá existir la contratación directa.

Al parecer con ocasión de ese pronunciamiento judicial se tornó más fácil realizar fiducias mercantiles que recurrir al encargo fiduciario o a la fiducia pública de la Ley 80 de 1993. Obsérvese, además, que el encargo fiduciario es limitado por cuanto está consagrado para la administración de fondos destinados a la cancelación de obligaciones derivadas de contratos estatales.

IV. CRÍTICA Y EXCEPCIONES A LA PROHIBICIÓN

Sin embargo, la posibilidad de celebrar fiducias mercantiles por parte de las entidades públicas que implican transferencia de los bienes fideicomitidos y la constitución con ellos de un patrimonio autónomo, a pesar de la posición de la Corte Constitucional, no resulta clara. En una tesis de grado, dos aventajados estudiantes sostienen que el pronunciamiento de la Corte va en contravía de la norma porque la intención del legislador fue la de establecer una clase especial de fiducia para el sector público[14].

Quien estas líneas escribe piensa igualmente que el criterio de la Corte esbozado en la parte considerativa de la referida sentencia inducirá a muchas entidades estatales a recurrir a la fiducia mercantil para efectos de soslayar la aplicación del numeral 5 artículo 32. Pero consideramos que el soporte jurídico para la celebración de las fiducias debe seguir siendo el mencionado artí-

---

14 "A nuestro entender solamente es correcto aplicar en materia de contratación administrativa la fiducia pública. En efecto, si bajo la vigencia del Decreto 222 de 1983 las entidades públicas utilizaban la figura de la fiducia mercantil, se debió, entre otras razones, a que no existía otra figura semejante a través de la cual se pudiera realizar lo que se hacía mediante la fiducia mercantil, es más, existía un total vacío al respecto, ninguna norma regulaba este tópico del contrato de fiducia consagrado y regulado por el derecho privado, especialmente el comercial [...] [S]i el legislador hubiese pretendido darle vía libre a la figura de la fiducia mercantil no se habría preocupado por crear un nuevo tipo contractual que lo reemplazara [...] Claramente se ve que la única fiducia que se autoriza para las entidades públicas es la pública. La Ley 80 solamente autoriza la fiducia *pública* para el sector *público*, pues el texto no dice 'una de las fiducias que se autoriza para el sector público' o 'entre otras fiducias'; se refiere a la fiducia pública como la *única* autorizada para el sector público colombiano [...] Desde estas páginas lanzamos nuestra voz de alarma, pues como consecuencia de esta sentencia muchas entidades intentarán celebrar contratos de fiducia mercantil por sobre el de la fiducia pública, con las implicaciones nocivas que ya analizamos": XIMENA PEÑAFORT GARCÉS y GERMÁN VALLEJO ALMEDIDA. *Fiducia pública y encargo fiduciario: confrontación entre derecho público y derecho privado*, tesis de grado, Bogotá, Universidad Externado de Colombia, 1995, pp. 186 y ss.

culo. Si la entidad pública desea celebrar un contrato de fiducia, debe tomar atenta nota de la Ley 80 y en particular de las restricciones impuestas en el artículo 32 (no transferencia de bienes, no constitución de patrimonio autónomo, no delegación de la facultad de contratación, no delegación del gasto, no pactar la remuneración al fiduciario con cargo a los rendimientos de los bienes fideicomitidos, salvo que se encuentren presupuestados)[15]. De la lectura del artículo 22 del Decreto Reglamentario 679 de 1994 se observa que la intención del legislador es la de someter los negocios fiduciarios a la normativa de la Ley 80 porque allí se prevé que las entidades estatales no podrán prorrogar contratos que a partir de la entrada en vigencia de la Ley 80 estuviesen en contradicción con sus disposiciones[16].

Ahora bien, es cierto que la prohibición para que el fiduciario pueda adjudicar los contratos que se generen en desarrollo de encargos fiduciarios o de fiducias públicas regulados por la Ley 80, está plenamente vigente. Sin embargo, tal proscripción no opera cuando las entidades estatales celebran

---

[15] De conformidad con nuestro planteamiento, el Consejo de Estado conceptuó que el Ministerio del Interior no podía adoptar para el manejo y administración de los recursos del Fondo Nacional para la Atención de la Población Desplazada por la Violencia la modalidad contractual de la fiducia mercantil, sino la fiducia pública o encargo fiduciario siguiendo el procedimiento de licitación pública. Cfr. Consejo de Estado, Sala de Consulta y Servicio Civil. Concepto 1074 del 4 de marzo de 1998, C. P.: César Hoyos Salazar.

[16] Tal como lo observamos en nota anterior, para el Consejo de Estado el artículo 78 de la Ley 80 de 1993 es claro en cuanto al problema de la aplicación de la ley contractual en el tiempo; en consecuencia: 1. Los contratos en curso, es decir, que estén celebrados y en ejecución a la fecha en que entró a regir la Ley 80, continúan sujetos a las normas vigentes en el momento de su iniciación; 2. Si, por ejemplo, la administración inició el procedimiento licitatorio A en julio de 1993, bajo la vigencia del Decreto 222 de 1983, cuya culminación se efectuó en 30 de enero de 1994, fecha en que se celebró el respectivo contrato y época para la cual la Ley 80 ya había entrado en vigor (1.° de enero de 1994), el contrato debe quedar sometido a la Ley 80, porque su celebración ocurrió luego del primero de enero de 1994, así su procedimiento de selección se hubiese iniciado antes, esto es, bajo la vigencia del Decreto 222. En otras palabras, en el caso propuesto, el contrato se regirá no por la ley vigente al tiempo en que se inició el proceso de selección, sino por la ley vigente en el tiempo en que se celebró; 3. Los procesos judiciales relativos a contratos iniciados antes de regir la Ley 80 de 1993 continuarán su tramitación bajo la legislación aplicable al momento de su iniciación, y 4. Los contratos celebrados después del inicio de la Ley 80 se regirán por ésta y no por la legislación anterior. Cfr. Consejo de Estado, Sala de lo Contencioso Administrativo, Sección Tercera. Sentencia del 19 de febrero de 1998, C. P.: Luis Fernando Olarte.

fiducias mercantiles. En efecto, ya se ha dicho que las entidades públicas, por regla general y para la celebración de negocios fiduciarios, se encuentran vinculadas a las disposiciones pertinentes de la Ley 80, pero de manera excepcional se han expedido numerosas leyes, que funcionan como autorización a entidades estatales específicas, para que celebren contratos de fiducia en los términos del Código de Comercio[17]. Por supuesto, en tales casos, las entidades estatales autorizadas no se someten a las limitaciones del Estatuto General de Contratación pudiendo, incluso, y como es usual en materia de fiducia de derecho privado, delegar la realización de todo tipo de actos en la persona del fiduciario. Así, a las luces del artículo 1234 C. Co., bien se puede considerar la posibilidad de que entre esos actos se incluya la facultad para que el fiduciario adjudique los contratos que surjan a raíz del desarrollo del negocio fiduciario primigenio. Lo recomendable sería incluir tal facultad dentro de los deberes que, en cabeza del fiduciario, se hayan previsto en el acto constitutivo del negocio fiduciario.

Este criterio fue el acogido por la Sala de Consulta y Servicio Civil del Consejo de Estado, al ser consultada por el Ministerio del Interior sobre la viabilidad de radicar en la persona del fiduciario la posibilidad de adjudicar los contratos que surjan como consecuencia de una fiducia enmarcada en los términos del artículo 36 de la Ley 388 de 1997[18]. El Consejo de Estado al señalar tal directriz, delimitó su alcance, haciendo la salvedad que por tratar-

---

[17] Aunque debe advertirse que a partir de una interpretación de la parte considerativa de la sentencia C-086 de 1995 hay quienes estiman que la Administración aparte de los contratos fiduciarios regulados en la Ley 80 de 1993, puede, con total libertad, celebrar contratos de fiducia mercantil en los términos del Código de Comercio. Es decir que para ello no se requeriría autorización legal de manera excepcional, pues la celebración de ese tipo de contratos es una facultad propia de la Administración, que no tiene límite, y puede, en ejercicio de su autonomía privada, celebrar cualquier tipo de negocio jurídico. Como fundamento jurídico se cita el artículo 32 de la Ley 80, que en lo pertinente indica que se podrán celebrar todos los contratos "previstos en derecho privado o en disposición especiales o derivados del ejercicio de la autonomía de la voluntad, así como los que, a título enunciativo, se definen a continuación…". Al respecto, cfr. la aclaración de voto de Susana Montes de Echeverri al concepto emitido por la Sala de Consulta y Servicio Civil el 4 de julio de 2003, C. P.: César Hoyos Salazar.

[18] Consejo de Estado, Sala de Consulta y Servicio Civil. Concepto del 4 de julio de 2003, C. P.: César Hoyos Salazar.

se de una fiducia mercantil, la facultad para adjudicar los contratos se puede radicar en cabeza del fiduciario, pero sin que ello signifique que haya un total desprendimiento de lo establecido en la Ley 80 en cuanto a los procedimientos de escogencia de los contratistas estatales, pues se trata, en últimas, de la inversión de dineros públicos. Es decir, en estos casos el fiduciario cuenta con la posibilidad de adjudicar el contrato, pero deberá de manera previa a la adjudicación haber realizado los procedimientos de selección del contratista de que trata la Ley 80, esto es, licitación o concurso, para proceder luego a la adjudicación del contrato surgido en desarrollo de la fiducia.

Para el Consejo de Estado, por tratarse de una ley posterior y especial (proyectos de urbanización e interés social), el régimen fiduciario de la Ley 388 de 1997 es excepcional frente a la reglamentación que recibieron los negocios fiduciarios en la Ley 80. Además el mismo texto de la Ley 388 de 1997 establece que este tipo de fiducias se sujetarán en un todo a las reglas generales y del derecho comercial; situación que se pone de manifiesto cuando el mismo texto de la ley indica que dichos negocios fiduciarios se llevarán a cabo "sin las limitaciones y las restricciones previstas en el numeral 5 del artículo 32 de la Ley 80 de 1993"[19].

---

19 El Consejo de Estado, Sala de Consulta y Servicio Civil, allí mismo, señaló: "En desarrollo del encargo fiduciario y el contrato de fiducia, con frecuencia, se requiere celebrar varios contratos para cumplir con la finalidad propuesta por el negocio jurídico. La consulta se refiere a si es viable otorgar a la sociedad fiduciaria la facultad de adjudicar estos subcontratos, para lo cual se debe distinguir: a) Si se trata del encargo fiduciario o el contrato de fiducia pública, contemplados en el numeral 5 del artículo 32 de la Ley 80 de 1993, existe prohibición para las entidades públicas fideicomitentes de delegar en las sociedades fiduciarias la adjudicación de los subcontratos, conforme lo establece expresamente el inciso tercero de dicha norma, en concordancia con lo dispuesto por el inciso sexto de la misma. b) Si se trata de un contrato de fiducia mercantil, existe libertad de las partes para pactar al respecto, de conformidad con lo establecido por los artículos 822, 864 y 1234 del Código de Comercio, norma esta última que señala los deberes indelegables de la sociedad fiduciaria, 'además de los previstos en el acto constitutivo', con lo cual deja margen para que en el contrato se acuerden otros adicionales. Esta apreciación se encuentra ratificada, en el caso del tema analizado, por la disposición que contiene el inciso final del artículo 36 de la Ley 388 de 1997, en el sentido de que el contrato de fiducia mercantil que éste autoriza, se confiere para celebrarlo 'sin las limitaciones y las restricciones previstas en el numeral 5 del artículo 32 de la Ley 80 de 1993', de manera que está levantando, en este caso específico, la prohibición de delegar la adjudicación de los subcontratos en la fiduciaria. Por tanto, puede delegar dicha facultad pero para seleccionar, el

En suma, y más allá del alcance particular que tiene la respuesta dada a la consulta, lo que se quiere hacer ver es que en los numerosos casos en que legislación posterior y especial frente a la Ley 80 ha autorizado a entidades estatales específicas la celebración de contratos fiduciarios en los términos del derecho comercial, permitiéndoles actuar como personas de derecho privado, la presencia constante de intereses generales y dineros públicos limita la autonomía privada de las fiduciarias, quienes en virtud del deber de colaboración propio de quienes contratan con la Administración no pueden actuar como lo hacen de manera cotidiana en el resto de sus negocios. Lo usual sería que el fiduciario escogiera al subcontratista, sin atender a nada distinto que a la expectativa de su propio beneficio y, en especial, a la experiencia recogida de su ejercicio profesional. En estos casos, por la carga que significa contratar con la Administración, los fiduciarios pueden realizar de manera directa la adjudicación del subcontrato, pero para ello tienen que someterse a unos procedimientos de selección de contratistas, que si bien pueden resultar beneficiosos, en la mayoría de casos, les son extraños, y por los trámites que aparejan, pueden ir en contravía de la celeridad y rapidez que caracterizan el giro normal de sus actividades.

Existe una excepción a la prohibición de constituir patrimonios autónomos, con los bienes de los entes públicos, contenida en la misma Ley 80 y que no ha sido objeto de mayor reflexión. En efecto, curiosamente dentro del artículo 41, cuyo *nomen iuris* es "*Del perfeccionamiento del contrato*", se incluyó a última hora un parágrafo intitulado "*Operaciones de crédito público*" –rompiendo la lógica discursiva del contenido de la norma– en donde expresamente se contempla la posibilidad de constituir patrimonios autónomos para efectos de permitir la financiación de las entidades estatales. Dice el extenso parágrafo en lo pertinente:

---

subcontratista correspondiente, dada la inversión de recursos públicos, debe aplicar el estatuto de contratación pública (Ley 80 de 1993). Se debe observar que en cualquiera de los dos casos, la fiduciaria tiene el compromiso de cumplir a cabalidad con sus obligaciones, para lograr la finalidad de la fiducia, al punto de que responde hasta de la culpa leve en el desarrollo de su gestión (art. 1243 C. Co.). También en ambos casos, los subcontratos no pueden constituirse en un mecanismo de elusión de lo dispuesto por el artículo 355 de la Constitución, en torno a la prohibición de dar auxilios o donaciones de recursos estatales a personas naturales o jurídicas de derecho privado, por la misma norma constitucional que se aplica como mandato superior y lo establecido por el inciso noveno del numeral 5 del artículo 32 de la Ley 80".

> *Sin perjuicio de lo previsto en las leyes especiales, para efectos de la presente ley se consideran operaciones de crédito público las que tienen por objeto dotar a la entidad de recursos con plazo para su pago, entre las que se encuentran la contratación de empréstitos, la emisión, suscripción y colocación de bonos y títulos valores, los créditos de proveedores y el otorgamiento de garantías para obligaciones de pago a cargo de las entidades estatales.*
>
> *Así mismo, las entidades estatales podrán celebrar las operaciones propias para el manejo de la deuda, tales como la refinanciación, reestructuración, renegociación, reordenamiento, conversión, sustitución, compra y venta de deuda pública, acuerdos de pago, cobertura de riesgos, las que tengan por objeto reducir el valor de la deuda o mejorar su perfil, así como las de capitalización de ventas de activos, titularización y aquellas operaciones de similar naturaleza que en el futuro se desarrollen.*
>
> *Para efectos del desarrollo de procesos de titularización de activos e inversiones se podrán constituir patrimonios autónomos con entidades sometidas a la vigilancia de la Superintendencia Bancaria, lo mismo que cuando estén destinados al pago de pasivos laborales.*

En otros términos, la misma Ley 80, que expresamente en su numeral 5 artículo 32 prohibió en la fiducia pública el acto de transferencia y la constitución de un patrimonio autónomo –para distanciarse de la comercial–, incurrió en tamaña contradicción al permitir, en norma posterior (parág. 2 art. 41), a las entidades estatales celebrar operaciones de capitalización con ventas de activos (titularización) y las operaciones de similar naturaleza que en un futuro se desarrollen. Y para efecto de llevar a cabo procesos de titularización de activos e inversiones se les dio la posibilidad de constituir patrimonios autónomos con entidades sometidas a la vigilancia de la Superintendencia Bancaria, configurándose de esta manera la típica fiducia mercantil que estructuralmente requiere la previa transferencia de bienes y la posterior constitución del patrimonio autónomo.

Sobre las características generales de la fiducia de titularización que hubo de autorizar la Ley 80 de 1993, el Consejo de Estado puntualizó en providencia que las entidades estatales pueden, de manera general y atendiendo las reglas respectivas, realizar procesos de titularización que comporten la celebración de un contrato de fiducia mercantil, para transferir los bienes o derechos titularizables, de la entidad pública originadora al patrimonio autónomo constituido al efecto, con el objeto de que la sociedad fiduciaria, vigilada por la Superintendencia Financiera, lo administre, emita y coloque títulos en el mercado, bajo los parámetros generales de la legislación mercantil. Ello, porque las limitaciones propias de los negocios fiduciarios públicos sólo aplican a los eventos mencionados en el numeral 5 artículo 32 de la Ley 80 de 1993, sin que sea dable afirmar que las entidades estatales nunca pueden celebrar fiducias mercantiles, pues esto último es permitido en desarrollo de los procesos de titularización autorizados a las entidades públicas en el inciso 2.º parágrafo 2 artículo 41 de la Ley 80[20].

El marco jurídico de la titularización está expresado en la Resolución 400 del 22 de mayo de 1995 de la Sala General de la Superintedencia de Valores. Aquí se dispone en el artículo 1.3.1.2 que la titularización puede llevarse a efecto a partir de las siguientes vías jurídicas:

> 1. Contratos de Fiducia Mercantil Irrevocables, utilizando o no el mecanismo de fondos comunes especiales. En el caso de entidades sometidas al Estatuto General de Contratación de la Administración Pública, los procesos se sujetarán al mecanismo de fiducia previsto en el parágrafo 2 del artículo 41 de la Ley 80 de 1993. 2. Constitución de Fondos de Valores. 3. Constitución de Fondos Comunes Ordinarios.

En conclusión, con la expedición de la Ley 80 y de la resolución mencionada –y ya analizada en el aparte intitulado "Fiducia de titularización"–, las entidades estatales podrán celebrar fiducias mercantiles con el objeto de titularizar activos o bienes. Esta es la única posibilidad de recurrir a la fiducia del derecho privado, prevista en el Código de Comercio (arts. 1226 y ss.), por los entes del Estado, dentro del marco jurídico contenido en la ley de contratación administrativa. Empero, se debe aclarar que existen otras excepciones establecidas en regímenes especiales que expresamente han dispuesto la posibilidad de celebrar negocios fiduciarios mercantiles.

Así, el Decreto 1421 de 1993, artículo 150, permite a las entidades del Distrito Capital de Santafé de Bogotá celebrar contratos de fiducia y de en-

---

20 Consejo de Estado, Sala de lo Contencioso Administrativo, Sección Tercera. Sentencia del 27 de julio de 2005, C. P: Ramiro Saavedra Becerra.

cargo fiduciario con sociedades autorizadas por la Superintendencia Bancaria, pero les prohibe delegarles la adjudicación de los contratos que celebren en desarrollo del encargo y las compele a cumplir con las normas fiscales, presupuestales, de interventoría y control a las cuales está sujeta la entidad fideicomitente. Así mismo el decreto limita el objeto de esos negocios fiduciarios a: la administración y colocación de acciones, bonos, títulos valores; la ejecución de programas de vivienda de interés social y proyectos de vivienda para servidores distritales; la administración y manejo de recursos fiscales, y la ejecución de programas de prevención y atención de desastres.

El régimen de seguridad social, Ley 100 de 1993, en su artículo 122, prevé la constitución de patrimonios autónomos:

> Las Cajas, Fondos o Entidades del sector público que no hayan sido sustituidos por el Fondo de Pensiones Públicas del nivel nacional, destinarán los recursos necesarios para el cumplimiento de las obligaciones derivadas de sus correspondientes bonos pensionales y de las cuotas partes que les correspondan, mediante la constitución de patrimonios autónomos manejados por encargo fiduciario de acuerdo con las disposiciones que expida la Superintendencia Bancaria y las garantías que exija el Gobierno Nacional.

Así mismo, el régimen de los servicios públicos domiciliarios, Ley 142 de 1994, en el capítulo referido a los contratos especiales para la gestión de los servicios públicos, en su artículo 39.2, tipifica *los contratos de administración profesional de acciones*, los cuales son celebrados por las entidades públicas que participan en el capital de empresas de servicios públicos con sociedades fiduciarias, corporaciones financieras, organismos cooperativos o sociedades especiales para la administración o disposición de sus acciones, aportes o inversiones. Además de la administración de sus inversiones, al fiduciario o mandatario se le puede encargar la venta de las acciones de las entidades públicas en las condiciones y por los procedimientos que el contrato indique.

De otra parte, el régimen del sector energético, Ley 143 de 1994, artículo 13, afirma que la Unidad de Planeación Minero-Energética manejará sus recursos presupuestales y operará a través del contrato de fiducia mercantil que celebrará el Ministerio de Minas y Energía con una entidad fiduciaria, el cual se someterá a las normas de derecho privado. Y la norma va aún más lejos al contemplar que los actos y contratos que se realicen en desarrollo del respectivo contrato de fiducia se regirán igualmente por las normas de derecho privado.

Fuera de los anteriores ejemplos, existen numerosos casos en la legislación colombiana en los que, previa expedición de autorización legal, se permite que las entidades estatales celebren contratos de fiducia mercantil regulados de manera exclusiva por normas de derecho comercial y financiero. Así, entre muchas otras, citamos las siguientes[21]:

– Decreto 197 de 1999, por el cual se crea un fondo para la reconstrucción del Eje Cafetero.

– Decreto 1065 de 1999, que faculta al liquidador de la Caja Agraria para celebrar contratos de fiducia.

– Decreto 2153 de 1999, que dispone que la administración y el manejo de los recursos para el pago del pasivo pensional de Ecopetrol estarán a cargo de uno o varios patrimonios autónomos, que servirán como garantía y fuente de pago del pasivo pensional de Ecopetrol.

– Ley 550 de 1999, que con el fin de adelantar la reestructuración de pasivos de las entidades territoriales, autoriza a dichas entidades a celebrar contratos de fiducia de administración de recursos que garanticen el funcionamiento de la entidad, para lo cual se establecen gastos preferentes definidos por la ley y que deben ser atendidos por la fiduciaria con cargo a los recursos que reciba la entidad territorial.

– Ley 549 de 1999, que crea el Fondo de Pensiones Públicas del Nivel Territorial, y establece que sus recursos pueden ser administrados en patrimonios autónomos constituidos en sociedades fiduciarias.

– Decreto 149 de 2000, que autoriza el manejo del Fondo de Inversión para la Paz mediante encargos fiduciarios, fondos fiduciarios y contratos de fiducia.

– Ley 617 de 2000, que exige la celebración de un contrato de fiducia para la administración de los recursos dedicados a garantizar el pago de las deudas de las entidades territoriales. La entidad territorial puede efectuar la contratación directa de la fiduciaria, contratación que también podrá darse para la administración del fondo de contingencias que se incrementa con re-

---

21 Tomado de la página *web* de la Asociación de Fiduciarias de Colombia, [www.Asofiduciarias.org.co].

cursos provenientes del tesoro nacional, cuya finalidad consiste en respaldar el pago de las deudas que deben ser cubiertas por las entidades territoriales.

– Decreto 1813 de 2000, que establece que el Director Ejecutivo del Fondo de Inversión para la Paz podrá contratar el manejo de recursos del fondo mediante contratos de encargo fiduciario, fondos fiduciarios y contratos de fiducia.

– Ley 688 de 2001, que crea el Fondo de Reposición y Renovación del Parque Automotor de Servicio Público de Transporte Terrestre de Pasajeros, y señala que este fondo podrá ser administrado mediante contrato de fiducia.

– Ley 710 de 2001, mediante la cual se autoriza al Ministerio de Comercio Exterior a celebrar una fiducia mercantil con los terrenos de la antigua Zona Franca de Buenaventura.

– Decreto 070 de 2001, que autoriza al Ministerio de Minas y Energía la celebración de fiducia mercantil para el manejo y administración de los recursos presupuestales de la Comisión de Regulación de Energía y Gas, CREG, y de la Unidad de Planeación Minero Energética, UPME.

– Decreto 555 de 2003, que crea el Fondo Nacional de Vivienda-Fonvivienda, encargado de consolidar el sistema de información de vivienda en el país y ejecutar las políticas del Gobierno en cuanto a vivienda de interés social, cuyos recursos pueden ser manejados total o parcialmente a través de contratos de fiducia, encargo fiduciario, fondos fiduciarios, o contratos de mandato.

– Ley 793 de 2003, ley de extinción de dominio, que establece que cuando se tomen medidas cautelares sobre bienes se otorgue la administración de estos a sociedades fiduciarias, bajo las reglas del derecho mercantil y el derecho financiero.

Al traerse a colación las anteriores normas especiales se evidencia la erosión de una preceptiva que tuvo el loable propósito de ser general. Esperemos que este paralelismo normativo, propio de nuestra deformada mentalidad legalista de establecer excepciones, salvedades y regímenes especiales a normas generales, se haya realizado para beneficio del país en una de las áreas más sensibles entre la Administración y los administrados como es la contratación pública; y que los argumentos de eficiencia, optimización de recursos, agilidad en los pagos, descentralización administrativa y moralidad pública, que se esgrimieron para la implantación del negocio fiduciario en sede estatal, no dejen de ser meros postulados retóricos, o mejor, ideológicos, y pasen, efectivamente, a expresarse en realidades. Gran labor y responsabilidad social tiene, pues, el sector privado en el manejo de los muchos recursos que a título de fiduciario irá a manejar o administrar en los próximos años[22].

Por último, la Directiva Presidencial 08 del 19 de febrero de 1998, sobre recomendaciones en torno de la celebración de negocios fiduciarios, frente al punto concreto del manejo y responsabilidad del fideicomiso afirmó:

> La sociedad fiduciaria como responsable del desarrollo integral del negocio es la encargada de responder por la selección del personal que va a ejecutar el contrato, por lo que no compete a la entidad contratante intervenir sobre el particular. Así como tampoco, imponer la institución o instituciones en las cuales debe realizar la inversión de los recursos administrados con ocasión del correspondiente contrato. Sin embargo, cuando la entidad estatal se reserve el derecho o la facultad de impartir instrucciones precisas de inversión, debe, bajo su responsabilidad, evaluar el riesgo, para lo cual verificará solvencia, liquidez, etc. de la institución que proponga.

V. LOS DINEROS Y LOS BIENES ENTREGADOS A UN ENCARGO FIDUCIARIO, SÍ SE PUEDEN EMBARGAR

Ya se ha dicho que por disposición legal, en virtud de la celebración de contratos de encargo fiduciario o de fiducia pública, los bienes fideicomitidos no se transfieren al fiduciario, como tampoco han de conformar un patrimonio autónomo distinto al del fideicomitente. Por ende, continúan adscritos al patrimonio del fideicomitente, y siguen haciendo parte de la prenda general de

---

[22] Queda pues la impresión que todo aquello que pretendía evitarse con la expedición de la Ley 80 de 1993 y sus estrictos términos en cuanto a la celebración de los negocios fiduciarios, terminó por alcanzar efectiva realización, por la vía de numerosas leyes, que excepcionaron el régimen general de contratación estatal, viabilizando que varias entidades estatales pudiesen celebrar contratos de fiducia en los términos del Código de Comercio. Ello tal vez obedezca a que los creadores de las normas posteriores que excepcionan el régimen de la Ley 80 de 1993 fueron conscientes de las enormes ventajas que por funcionalidad y eficiencia brindaba la fiducia mercantil, sin hacer mayor contrapeso en las críticas realizadas a una figura que, con el paso del tiempo, ha terminado por demostrar su potencial valía como vehículo idóneo para la consecución de los fines buscados con la contratación estatal.

sus acreedores. Sin embargo, y acorde con la tradición de la fiducia de derecho privado, se ha mencionado la sugerente posibilidad de que los dineros o bienes entregados a título de encargo fiduciario o de fiducia pública, no puedan perseguirse por los acreedores del fideicomitente, por tener una destinación específica, buscada por la Administración Pública con la celebración de ese negocio, la cual, además, es representativa del interés público, siempre presente en la contratación estatal, el que, como se sabe, tiene primacía sobre el interés particular del acreedor.

El Consejo de Estado hubo de aclarar el punto en un pronunciamiento[23], cuyo sustrato fáctico puede resumirse así: un municipio celebra un contrato de encargo fiduciario con una entidad financiera, para que ésta última maneje los recursos destinados a la ejecución de un contrato de obra pública. El contratista que fue seleccionado para la ejecución del contrato, una vez finaliza su término de ejecución, emprende una demanda ejecutiva contra el municipio para obtener el pago de algunos dineros que se le adeudan. Para tal efecto, decide solicitar al juez de instancia el decreto de las medidas cautelares de embargo y secuestro sobre los dineros existentes en la cuenta corriente bancaria en la que se manejaban los recursos destinados al pago del contrato.

La demanda es admitida y se decretan las medidas cautelares solicitadas por el contratista. Frente a esa decisión, el municipio interpone recurso de reposición, señalando que de acuerdo con lo establecido en el artículo 684 CPC[24] los bienes que se posean fiduciariamente son inembargables. El tribunal halló la razón al recurrente y revocó el auto que decretó las medidas cautelares.

El contratista interpuso recurso de apelación ante el Consejo de Estado con el argumento según el cual los dineros que ingresan en un encargo fiduciario no constituyen patrimonio autónomo y, por ende, tampoco abandonan el patrimonio del constituyente, razón por la cual nada obsta para que sobre esos dineros puedan recaer medidas cautelares. Esta corporación al desatar el recurso de apelación señaló que la norma contenida en el Código de Procedimiento Civil era claramente aplicable a los negocios fiduciarios de carácter

---

23 Consejo de Estado, Sala de lo Contencioso Administrativo, Sección Tercera. Sentencia del 25 de marzo de 2004, C. P.: ALIER HERNÁNDEZ ENRÍQUEZ.

24 Artículo 684 CPC: "Además de los bienes inembargables de conformidad con leyes especiales, no podrán embargarse: [...] 13. Los objetos que se posean fiduciariamente".

privado regulados en el Código de Comercio, y no a los negocios fiduciarios celebrados bajo el esquema de la Ley 80 de 1993.

En efecto, el numeral 13 del artículo 684 CPC tiene una naturaleza y raigambre claramente procesal, cuyo contenido está acorde con lo establecido en los artículos 1238 y 1227 C. Co., en virtud de los cuales la fiducia mercantil, que no la pública, se caracteriza por la constitución de un patrimonio autónomo y, por ello, los bienes fideicomitidos no hacen parte de la prenda general de los acreedores; consecuencialmente, esos bienes no pueden ser perseguidos, ni ser objeto de medidas cautelares impetradas por parte de los acreedores anteriores a la fecha de constitución del fideicomiso.

Sin embargo, no acontece lo mismo con los negocios fiduciarios de carácter público. Para el Consejo de Estado, siguiendo la regla según la cual en ellos no se configuran patrimonios autónomos, ni hay transferencia de los bienes fideicomitidos, no es aceptable la posibilidad de que los dineros que se entreguen en un encargo fiduciario o conformen una fiducia pública no sean parte de la prenda general de los acreedores del fideicomitente. Por tal razón, como los bienes no abandonan el patrimonio de la entidad estatal, los mismos son embargables por los acreedores de la misma.

De esta manera, clarificó el Consejo de Estado que los bienes y recursos que una entidad estatal entrega a una fiduciaria en desarrollo de un encargo fiduciario o de una fiducia pública, pese a estar afectos a una finalidad específica y al desarrollo y ejecución del contrato estatal, también hacen parte del patrimonio de la entidad pública, conformando, por ende, la prenda general de los acreedores. Señaló el Consejo de Estado que la norma del Código de Procedimiento Civil hace referencia a la fiducia mercantil, pues la expresión "los bienes poseídos fiduciariamente" debe entenderse referida a los negocios fiduciarios donde se transfiere el dominio; además, por simple vigencia temporal de la norma, el mencionado código no pudo haber hecho referencia a los encargos y fiducias públicas, pues dichas figuras son de creación posterior, en la medida en que surgieron con la expedición de la Ley 80 de 1993.

BIBLIOGRAFÍA

AA. VV. *Fiducia pública*, Bogotá, Universidad de los Andes, 1991.

ABELIUK MANASEVICH, R. *Las obligaciones*, t. II, Santiago de Chile, Jurídica de Chile, 1993.

ALESSANDRI et al. *Los bienes y los derechos reales*, t. II, Santiago de Chile, Imprenta Universal, 1987.

ALTERINI Y CABANA. *Temas de responsabilidad civil*, Buenos Aires, Universidad de Buenos Aires, 1995.

ALFARO, RICARDO. *El fideicomiso: estudio sobre la necesidad y conveniencia de introducir en la legislación de los pueblos latinos una institución civil nueva, semejante al trust del derecho inglés*, Panamá, Imprenta Nacional, 1920.

ALFARO, RICARDO. "El trust en el derecho civil, adaptación, concepción, definición", *Revista IUS*, t. XVII, n.º 97, México, 1946.

ALFARO, RICARDO. *Adaptación del trust del derecho anglosajón al derecho civil*, vol. I, La Habana, Academia Interamericana de Derecho Comparado e Internacional, 1948.

ALFARO, RICARDO. "The trust and the civil law with special reference to Panama", *Journal of Comparative Legislation and International Law*, 3.ª serie, vol. 33, 1951.

ÁLVAREZ, MARCO ANTONIO. "La fiducia mercantil y el derecho de los acreedores sobre los bienes fideicomitidos", *Revista de Derecho Privado*, Bogotá, Universidad de los Andes, 1995.

ARISTIZÁBAL TOBÓN, GUSTAVO. *Titularización de activos*, Medellín, Ediciones Bancarias y Financieras, 1992.

ARRUBLA PAUCAR, JAIME. "La titularización de activos y sus instrumentos contractuales", en *Nuevos enfoques del derecho comercial*, Medellín, Biblioteca Jurídica Diké et al., 1995.

Asociación Bancaria de Colombia. *Régimen legal de la fiducia*, Bogotá, Presencia, s. f.

Asociación de Fiduaciarias. *La cartilla fiduciaria, fiducia para todos*, 1994.

Banco Mexicano SOMEX, S. A. *Las instituciones fiduciarias y el fideicomiso en México*, Fondo Cultural de la Organización SOMEX, 1982.

BARCELLONA, PIETRO. *La formación del jurista*, Madrid, Civitas, 1993.

BATIZA, RODOLFO. *El fideicomiso*, 3.ª ed., México, Porrúa, 1976.

BETTI, EMILIO. *Teoría general del negocio jurídico*, MARTÍN PÉREZ (trad.), Madrid, Revista de Derecho Privado, 1959.

BETTI, EMILIO. *Teoría general de las obligaciones*, JOSÉ LUIS DE LOS MOZOS (trad.), Madrid, Revista de Derecho Privado, 1969.

BONFANTE, PIETRO. *Corso di diritto romano*, vol. IV, Milano, Giuffrè, 1979.

CALDERÓN, JOSÉ MIGUEL. "Fideicomiso de garantía", en *Foro de Derecho Mercantil*, n.º 10, Bogotá, Legis, enero-marzo de 2006.

CÁMARA LAPUENTE, SERGIO. *La fiducia sucesoria secreta*, Navarra, Universidad de Navarra y Dykinson, 1996.

CASAS, EDUARDO. *La fiducia*, Bogotá, Temis, 1997.

CLARET Y MARTI. *De la fiducia y del trust*, Barcelona, Bosch, 1946.

Contraloría General de la República. *Contratos de fiducia mercantil celebrados por entidades oficiales sujetas al presupuesto nacional, con bancos que desarrollen fiducia o compañías fiduciarias*, concepto legal de la Oficina Jurídica, suscrito por MATILDE REY DE URIBE, Bogotá, 30 de septiembre de 1988.

COPETE, IGNACIO. *La fiducia*, tesis de grado, Universidad Nacional de Colombia, ABC, 1940.

CÓRDOBA, PABLO A. *La fiducia y los procesos concursales*, documento de estudio elaborado para el Departamento de Derecho Comercial de la Universidad Externado de Colombia, Bogotá, marzo de 1998.

De la Peza, J. L. *Memorias del Seminario Latinoamericano sobre Fideicomiso*, México, Banamex, 1978.

De Semo, Giorgio. *La gestión de negocios ajenos*, Madrid, Revista de Derecho Privado, 1961.

Demogue, René. *Traité des obligations*, t. v, Paris, 1923.

Domínguez Martínez, José A. *El fideicomiso ante la teoría general del negocio jurídico*, México, Porrúa, 1975.

Escobar Sanín, Gabriel. *Negocios civiles y comerciales*, t. I, 2.ª ed., Bogotá, Universidad Externado de Colombia, 1987.

Ferrara, Francisco. *La simulación de los negocios jurídicos*, Madrid, Revista de Derecho Privado, 1960.

Fideicomiso, cuaderno de la Biblioteca Feleban, n.º 11, Bogotá, Kelly, 1989.

Franceschelli, Remo. *Il trust nel diritto inglese*, Padova, Cedam, 1935.

Galgano, Francesco. *El negocio jurídico*, Blasco y Prats (trad.), Valencia, Tirant lo Blanch, 1992.

Garriguez, Joaquín. "Law Trust", 2 *American Journal Comparative Law*, 1953.

Garriguez, Joaquín. *Los negocios fiduciarios en el derecho mercantil*, Madrid, Civitas, 1981.

Gayo. *Instituciones*, Madrid, Civitas, 1985.

Giraldo, Carlos Julio. "La fiducia en Colombia según la justicia arbitral", *Revista de Derecho Privado*, n.º 35, Bogotá, Universidad de Los Andes, diciembre de 2005.

Hart, Walter G. "What is a trust?", *The Law Quarterly Review*, vol. LIX, n.º 15, julio de 1890.

Hefti, Peter. "Trust and their treatment in the civil law", 5 *The American Journal of Comparative Law*, 1956.

Hinestrosa, Fernando. "De la representación", en *El contrato en el sistema jurídico latinoamericano*, t. II, Bogotá, Universidad Externado de Colombia, 2001.

Hinestrosa, Fernando. *Obligaciones*, Bogotá, Universidad Externado de Colombia, 1977.

Hinestrosa, Fernando. "Proyecciones políticas del contrato", ponencia en el Primer Congreso Internacional de Derecho Mercantil, "La Empresa en el Siglo XXI", Universidad Externado de Colombia, Bogotá, 22 a 24 de septiembre de 2004.

Hinestrosa, Fernando. "Responsabilidad por productos defectuosos", en AA. VV. *Derecho económico. Colección Enrique Low Murtra*, t. IV, Bogotá, Universidad Externado de Colombia, 2003.

James, Philip. *Introducción al derecho inglés*, Jesús Torres García (trad.), Bogotá, Temis, 1989.

Kaser, Max. *Derecho privado romano*, 2.ª ed., Madrid, Reus, 1982.

Krieger, Emilio. *Manual del fideicomiso mexicano*, México, Banco Nacional de Obras y Servicios Públicos, 1976.

"La fiducia pública ha muerto", en *El Tiempo*, 16 de enero de 1994.

Larroumet, C. *Teoría general del contrato*, vol. II, Jorge Guerrero (trad.), Bogotá, Temis, 1993.

Lawson, F. H. *Introduction to the Law Property*, Oxford, Clarendon Press, 1958.

Lawson, F. H. *Introduction to the Law Property*, Oxford, Clarendon Press, 1958.

Le Tourneau, Ph. *De l'allégement de l'obligation de renseignements ou de conseil*, Chronique, XIX, Dalloz, Sirey, 1987.

López Blanco, Hernán Fabio. "La fiducia en garantía, implicaciones procesales", *Revista Jurídica del Externado de Colombia*, vol. 7, n.° 1, enero-junio de 1993.

López Blanco, Hernán Fabio (dir.). *La jurisprudencia arbitral en Colombia*, t. II, Bogotá, Universidad Externado de Colombia, 1993.

MAITLAND, F. W. *Equity*, Cambridge University Press, 1969.

MANRIQUE NIETO, CARLOS E. *La fiducia de garantía*, Bogotá, Ediciones Jurídicas Gustavo Ibáñez y Universidad de los Andes, 1998.

MARTORELL, ERNESTO. *Tratado de los contratos de empresa, contratos bancarios*, t. II, Buenos Aires, Depalma, 1996.

MERUZZI, GIOVANNI. *La trattativa maliziosa*, Padova, Cedam, 2002.

MOSSET ITURRASPE, JORGE. *Negocios simulados, fraudulentos y fiduciarios*, Buenos Aires, Ediar, 1975.

NAVARRO MARTORELL, MARIANO. *La propiedad fiduciaria*, Barcelona, Bosch, 1950.

PAJARO, MARTHA ELENA. *La relatividad del contrato y los terceros*, Bogotá, Universidad Externado de Colombia, 2005.

PEÑA CASTILLÓN, GILBERTO. "La fiducia mercantil", en *Fiducia pública*, Bogotá, Universidad de los Andes, 1991.

PEÑA CASTRILLÓN, GILBERTO. *La fiducia en Colombia*, Bogotá, Temis, 1986.

PEÑAFORT GARCÉS, XIMENA y GERMÁN VALLEJO ALMEDIDA. *Fiducia pública y encargo fiduciario: confrontación entre derecho público y derecho privado*, tesis de grado, Bogotá, Universidad Externado de Colombia, 1995.

PUGLIESE, GIOVANNI. *Istituzioni di diritto romano*, parte segunda, Padova, Piccin, 1986.

RABASA, ÓSCAR. *El derecho angloamericano*, México, Fondo de Cultura Económica, 1944.

RENGIFO, RAMIRO. *La fiducia*, Bogotá, Colección Pequeño Foro, 1984;

RENGIFO, RAMIRO. *La fiducia*, Medellín, Universidad Eafit, 2001.

RENGIFO GARCÍA, ERNESTO. "La fiducia", *Memorias del X Foro Nacional de Notariado y Registro*, Bogotá, Superintendencia de Notariado y Registro, 1992.

Rengifo García, Ernesto. *Del abuso del derecho al abuso de la posición dominante*, Bogotá, Universidad Externado de Colombia, 2004.

Rodríguez, Sergio. *Contratos bancarios: su significación en América Latina*, 4.ª ed., Bogotá, ABC, 1990.

Rodríguez, Sergio. *La responsabilidad del fiduciario*, Medellín, Ediciones Rosaristas y Biblioteca Jurídica Diké, 1997.

Rodríguez, Sergio. *Negocios financieros*, Bogotá, Legis, 2005.

Roppo, Vincenzo. *Il contratto del duemila*, Torino, Giappichelli, 2002.

Rubino, Doménico. *El negocio jurídico indirecto*, Madrid, Revista de Derecho Privado, 1953.

Salazar, Solarte, Sossa y Vargas. *Estructura jurídica de la titularización en Colombia*, tesis de grado, Bogotá, Universidad Externado de Colombia, 1997.

Sacco, R. y G. de Nova. *Trattato di diritto civile, Il contratto*, t. II, Torino, Utet, 1993.

Salmond, John. *Jurisprudence*, London, 1930.

Schulz, Fritz. *Principios del derecho romano*, Manuel Abellán Velasco (trad.), Madrid, Civitas, 1990.

Scognamiglio, Renato. *Teoría general del contrato*, Fernando Hinestrosa (trad.), Bogotá, Universidad Externado de Colombia, 1983.

Scott Austin, W. *The Law of Trust*, 3.ª ed., Boston y Toronto, Little Brown, 1967.

Serafini, Felipe. *Instituciones de derecho romano*, t. I.

Souci, Gerard. "La especificidad jurídica de la obligación de pagar una suma de dinero", Fernando Hinestrosa (trad.), *Revista de la Universidad Externado de Colombia*, n.º 2, 1984.

Superintendencia de Valores. *Titularización, normas contables*, Bogotá, 1996.

TAMAYO JARAMILLO, JAVIER. *De la responsabilidad civil*, t. I, vol. 2, Bogotá, Temis, 1996.

VALENTE, ARNALDO. *Nuovi profili della simulazione e della fiducia*, Milano, Giuffrè, 1969.

VALLEJO, F. "Responsabilidad civil médica. Ensayo crítico de la jurisprudencia", *Revista de la Academia Colombiana de Jurisprudencia*, n.º 300-301, mayo-noviembre de 1993.

VELÁSQUEZ, CARLOS ALBERTO. "El negocio fiduciario comercial en Colombia", en *Evolución del derecho comercial*, Medellín, Diké.

VILLAGORDA, JOSÉ M. *Doctrina general del fideicomiso*, México, Porrúa, 1976.

VISINTINI, GIOVANNA. *Tratado de la responsabilidad civil*, AIDA KEMELMAJER DE CARLUCCI (trad.), t. I, Buenos Aires, Astrea, 1999.

SENTENCIAS

CORTE SUPREMA DE JUSTICIA, SALA CIVIL

23 de noviembre de 1936, XLIV, 483.
28 de noviembre de 1944, LVIII, 143.
24 de septiembre de 1983, M. P.: HÉCTOR GÓMEZ URIBA.
9 de agosto de 1995, M. P.: NICOLÁS BECHARA SIMANCAS.
9 de septiembre de 1999, M. P.: JORGE ANTONIO CASTILLO RUGELES.
1.º de abril de 2003, M. P.: JORGE SANTOS BALLESTEROS.
29 de julio de 2005, M. P.: CARLOS IGNACIO JARAMILLO JARAMILLO.
3 de agosto de 2005, M. P.: SILVIO FERNANDO TREJOS.
11 de octubre de 2005, M. P.: OCTAVIO MUNAR CADENA.
14 de diciembre de 2005, M. P.: MANUEL ISIDRO ARDILA VELÁSQUEZ.
14 de febrero de 2006, M. P.: CARLOS IGNACIO JARAMILLO JARAMILLO.
18 de mayo de 2006, M. P.: CARLOS IGNACIO JARAMILLO JARAMILLO.
31 de mayo de 2006, M. P.: PEDRO OCTAVIO MUNAR CADENA.

CORTE CONSTITUCIONAL

C-374, 25 de agosto de 1994, M. P.: JORGE ARANGO MEJÍA.

C-086, 2 de marzo de 1995, M. P.: Vladimiro Naranjo Mesa.
C-586 de 2001, M. P.: Álvaro Tafur Galvis.

CONSEJO DE ESTADO

Sección Cuarta, 14 de junio de 1996, C. P.: Delio Gómez Leyva.
Sección Tercera, 19 de febrero de 1998, C. P.: Luis Fernando Olarte.
Sección Tercera, 25 de marzo de 2004, C. P.: Alier Hernández Enríquez.
Sección Tercera, 23 de junio de 2005, C. P.: Germán Rodríguez Villamizar.
Sección Tercera, 27 de julio de 2005, C. P: Ramiro Saavedra Becerra.

CONCEPTOS

CONSEJO DE ESTADO,
SALA DE CONSULTA Y SERVICIO CIVIL

4 de marzo de 1998, C. P.: César Hoyos Salazar.
4 de julio de 2003, C. P.: César Hoyos Salazar.
30 de noviembre de 1994, C. P.: Roberto Suárez Franco.

SUPERINTENDENCIA BANCARIA

97011542-3, 29 de mayo de 1997.
040130, 31 de agosto de 1989.
OJ-416-21887, 4 de noviembre de 1974.

SUPERINTENDENCIA DE SOCIEDADES

220-53824, 30 de diciembre de 2001.

AUTOS

CONSEJO DE ESTADO

Sección Tercera, 23 de junio de 2005, M. P.: Ruth Stella Correa Palacio.

SUPERINTENDENCIA DE SOCIEDADES

410-6017, 18 de junio de 1995.
410-38498, 18 de julio de 1995.
410-653, 5 de febrero de 1997.
410-3480, 4 de junio de 1997.
410-4202, 4 de julio de 1997.
410-4253, 8 de julio de 1997.

LAUDOS

TRIBUNALES DE ARBITRAMENTO
CÁMARA DE COMERCIO DE BOGOTÁ

Ingeniería Ltda. *vs.* Banco Ganadero, 3 de junio de 1992, árbitros: ERNESTO GAMBOA MORALES, ANTONIO DE IRISARRI RESTREPO y LUIS FERNANDO VARELA SÁNCHEZ.
Bloch Niño y Cia. S. en C., Blomag S. en C. *vs.* Fiduciaria Colmena, 14 de octubre de 1993, árbitros: XIMENA TAPIAS, DARÍO LAGUADO y RAMIRO BEJARANO.
Leasing Mundial S. A. *vs.* Fiduciaria FES S. A., 26 de agosto de 1997, árbitros: JORGE SUESCÚN MELO, JORGE CUBIDES CAMACHO y ANTONIO ALJURE SALAME.
CÉSAR AUGUSTO RESTREPO ALZATE *vs.* Fiduciaria Cafetera S. A., 26 de marzo de 1999, árbitros: ROBERTO VALDÉS SÁNCHEZ, ENRIQUE CALA BOTERO y CÉSAR URIBE URDINOLA.
Inurbe *vs.* Fiduagraria, 8 de junio de 1999, árbitros: JOSÉ IGNACIO NARVÁEZ GARCÍA, JULIO CÉSAR URIBE ACOSTA y JORGE SUESCÚN MELO.
Fundación Tomás Rueda Vargas *vs.* Sociedad Fiduciaria Cooperativa de Colombia, 27 de abril de 2000, árbitro: ANTONIO ALJURE SALAME.
Banco Superior *vs.* Fiduciaria Tequendama, 12 de julio de 2000, árbitros: GILBERTO ARANGO LONDOÑO, ANTONIO COPELLO FACCINI y CARLOS NAVIA RAFFO.
Construcciones Ampomar Ltda. et al. *vs.* Fiduciaria Extebandes S. A., 9 de agosto de 2001, árbitros: CARLOS BARRERA TAPIAS, ANTONIO DE IRISARRI RESTREPO y JOSÉ BONIVENTO FERNÁNDEZ.
Fiduciaria del Tolima S. A. *vs.* RAFAEL BONILLA ROMERO, 23 de agosto de 2001, árbitros: JUAN CARLOS VARÓN, DANIEL SUÁREZ y ÁLVARO ISAZA.
Fiduciaria del Estado *vs.* Pollocoa S. A., 22 de julio de 2005, árbitro único: MANUEL ENRIQUE CIFUENTES MUÑOZ.
Droguenal y Cia. S. A. en liquidación *vs.* Fiduciaria Colpatria S. A., 15 de septiembre de 2005, árbitros: BERNARDO CARREÑO VARELA, STELLA VILLEGAS DE OSORIO y RODRIGO LLORENTE MARTÍNEZ.

Jorge Alberto Vélez Velásquez *vs.* Fiduciaria Colpatria S. A., 28 de febrero de 2006, árbitros: Francisco Morris Ordóñez, Manuel Enrique Cifuentes Muñoz y Jorge Lara Urbaneja.

Industrias de Marko S. A. y Palacio Martínez y Cia. S. en C. *vs.* Fiduciaria Colpatria, 2 de marzo de 2006, árbitros: Andrés Ordóñez, Saúl Sotomonte y Antonio Pabón.

Editado por el Departamento de Publicaciones
de la Universidad Externado de Colombia
en marzo de 2009

Se compuso en caracteres Ehrhardt de 12 puntos
y se imprimió sobre papel propalibros de 70 gramos
Bogotá (Colombia)

Post tenebras spero lucem